中国国际经济交流中心 | 智库丛书
China Center for International Economic Exchanges

国家出版基金项目 "中国经济新发展阶段"丛书
NATIONAL PUBLICATION FOUNDATION

CHINA
中国 方案 智慧

CHINESE SOLUTIONS CHINESE WISDOM
THINK TANK SERIES

新视野：
共建"一带一路"高质量发展

中国国际经济交流中心课题组 著

中国经济出版社
CHINA ECONOMIC PUBLISHING HOUSE

·北京·

图书在版编目（CIP）数据

新视野：共建"一带一路"高质量发展／中国国际
经济交流中心课题组著 . -- 北京：中国经济出版社，
2023.4

ISBN 978 - 7 - 5136 - 6829 - 3

Ⅰ. ①新… Ⅱ. ①中… Ⅲ. ①"一带一路" - 国际合
作 - 可持续性发展 - 研究 Ⅳ. ①F125

中国版本图书馆 CIP 数据核字（2022）第 033307 号

责任编辑　贺　静
责任印制　马小宾
封面设计　赵　飞

出版发行　中国经济出版社
印 刷 者　北京艾普海德印刷有限公司
经 销 者　各地新华书店
开　　本　710mm×1000mm　1/16
印　　张　17.25
字　　数　231 千字
版　　次　2023 年 4 月第 1 版
印　　次　2023 年 4 月第 1 次
定　　价　88.00 元

广告经营许可证　京西工商广字第 8179 号

中国经济出版社 网址 www.economyph.com **社址** 北京市东城区安定门外大街 58 号 **邮编** 100011
本版图书如存在印装质量问题，请与本社销售中心联系调换（联系电话：010 - 57512564）

课题组成员

课题负责人　张晓强

课题组组长　陈文玲

课题组成员　徐占忱　任海平　颜少君

　　　　　　　李　锋　张茉楠　田　栋

　　　　　　　梅冠群　夏友仁　张　瑾

编写说明

党的十九届五中全会提出，全面建成小康社会、实现第一个百年奋斗目标之后，我们要乘势而上开启全面建设社会主义现代化国家新征程、向第二个百年奋斗目标进军，这标志着我国进入了一个新的发展阶段。

2021 年，习近平总书记在省部级主要领导干部学习贯彻党的十九届五中全会精神专题研讨班开班式上，深刻分析了进入新发展阶段的理论依据、历史依据、现实依据，强调进入新发展阶段明确了我国发展的历史方位。新发展阶段，我国发展仍然处于重要战略机遇期，但机遇和挑战都有新的发展变化。进入新发展阶段，我国发展的内部条件和外部环境发生了深刻复杂变化。当今世界正经历百年未有之大变局，外部环境出现更多不稳定性不确定性。我国已进入高质量发展阶段，继续发展具有多方面优势和条件，同时发展不平衡不充分问题仍然突出。因此，深入研究阐释"十四五"时期我国发展的战略目标和任务部署，阐释进入新发展阶段、贯彻新发展理念、构建新发展格局、推动高质量发展的丰富内涵和实践要求，围绕高质量发展主题，加强对宏观经济政策的研究阐释，对深化供给侧结构性改革、创新驱动发展战略、建设现代化经济体系、构建双循环发展格局，以及实施乡村振兴战略、实行高水平对外开放等重大举措进行解读，具有重要的研究意义。

　　中国国际经济交流中心课题组所著的"中国经济新发展阶段"丛书是国内第一套以"中国经济新发展阶段"为主题的丛书，本套丛书深入贯彻党的十九届五中全会精神，准确把握新发展阶段，从新发展阶段中国经济的创新、发展、开放三个方面，围绕高质量发展主题，聚焦科技创新、经济发展新动力、更高水平开放进行研究，深入研究阐释了进入新发展阶段我国构建关键核心技术攻关的新型举国体制、"十四五"时期中国经济高质量发展中新动力成长问题，以及以加强"一带一路"高质量发展顶层设计的更高水平开放促进更高质量发展，对我国科技自强自立的国家发展战略、创新驱动发展战略、宏观经济政策、高水平对外开放政策等重大举措进行了解读。

　　本套丛书内容翔实，结构合理，成果丰富，具有较强的战略性、系统性、针对性和实用性，可以为政府和企业提供重要的决策参考，具有较高的应用价值和研究参考价值。

前　言

2013 年 9 月和 10 月，习近平主席在哈萨克斯坦和印度尼西亚分别提出建设"丝绸之路经济带"和"21 世纪海上丝绸之路"。近十年来，"一带一路"建设已形成较好的基础框架，与 147 个国家和 30 多个国际组织签署了 200 余份合作文件，成为由中国倡议、中国方案推动形成的全球性跨国经济合作行动，成为中国向全球提供的公共产品，成为构建人类命运共同体的重要实践平台。

近十年来，习近平主席在国内外多个重要场合就共建"一带一路"发表讲话，对高质量共建"一带一路"的重大意义、指导思想、核心要义等进行了深刻阐述，是习近平新时代中国特色社会主义经济思想和习近平新时代中国特色社会主义外交思想的重要组成部分，进一步丰富和发展了马克思主义科学理论，为深入推进"一带一路"建设高质量发展提供了根本遵循。2021 年 11 月 19 日，习近平总书记在第三次"一带一路"建设座谈会上强调以高标准可持续惠民生为目标继续推动共建"一带一路"高质量发展。

在习近平总书记关于共建"一带一路"的重要论述指引下，在各参与国和有关方面共同努力下，共建"一带一路"始终坚持共商共建共享原则，把基础设施"硬联通"作为重要方向，把规则标准"软联通"作为重要支撑，把同共建国家人民"心联通"作为重要基础，推动共建"一带一路"高质量发展，取得实打实、沉甸甸的成就。当前，百年变局和世纪疫情交织叠加，世界进入动荡变革期，共建"一带一路"面临日趋复杂的国际国内环境，机遇和挑战前所未有，必须以习近平新时代中国特色社会主义思想为指导，正确认识和把握共建"一带一路"面临的新形势，保持战略定力，抓住战略机遇，积极应对挑战，坚定不移推进共建"一带一路"高质量发展，为实现中华民族伟大复兴的中国梦、推动构建人类命运共同体做出新的更大贡献。

中国国际经济交流中心（CCIEE）自成立以来，把服务国家重大战略决策作为全部工作的核心和重中之重，是国内最早开展"一带一路"研究的智库之一，对决策参考提供了重要的智力支持。2012 年国经中心曾培炎理事长提出《关于设立亚洲基础设施投融资机构的建议》并上报中央，得到习近平主席等中央领导同志的重要批示。2014 年，中心开展了《"一带一路"战略构想研究》，获国家领导人批示，相关研究成果转化为《愿景与行动》，并获 2015 年度国家发展改革委优秀研究成果一等奖。2017 年承办首届"一带一路"国际高峰论坛智库平行分论坛，撰写《"一带一路"：文明交流互鉴的"连心路"共同美好生活的"圆梦路"》，中心与国开行合作撰写的《"一带一路"贸投指数报告（2017）》在智库平行分论坛上发布；2018 年，承担起草《共建"一带一路"倡议：进展、贡献与展望》（白皮书）被翻译成 8 种语言在第二届"一带一路"国际合作高峰论坛上发布；中心承担的中老中缅经济走廊研究与规划编制，纳入"二高峰"成果清单。2019 年与新华社共同承办"二高峰"智库媒体平行分论坛，中心与对外经贸大学、汤森路通联合发布的《"一带一路"贸投指数报告（2019 年)》引起广泛反响。2021 年 11 月 19 日，中心总经济师陈文玲作为专家代表出席第三次"一带一路"建设座谈会并作大会发言。

自 2014 年起，"一带一路"重大课题研究成为国经中心持续性跟踪研究的年度重大基金课题，有关"一带一路"重要研究成果——《"一带一路"：倡议与构想——"一带一路"重大倡议总体构想研究》《"一带一路"：愿景与行动——"一带一路"视角下的重点领域与路径》《"一带一路"：合作与互鉴——"一带一路"视角下的国际地缘关系》《"一带一路"理论框架与实践研究》已先后由中国经济出版社出版。为深入领会并贯彻落实习近平总书记关于共建"一带一路"高质量发展重要论述精神，推动共建"一带一路"行稳致远，国经中心将《共建"一带一路"高质量研究》列为2020—2021年度重点基金研究课题，本书即该课题研究成果。未来，国经中心将继续在习近平新时代中国特色社会主义思想指导下开展"一带一路"相关战略研究和决策研究，为推动"一带一路"建设走深走实、行稳致远不断贡献智慧和力量。

张晓强

2022 年 3 月 4 日

目 录
CONTENTS

新视野：共建「一带一路」高质量发展

总报告

"一带一路"是我国相当长时期内高水平对外开放和对外合作的总规划，也是我国推动全球治理体系变革的主动作为。近十年来，"一带一路"已形成较好的基础框架，得到 140 个国家、31 个国际组织响应，签署了 205 份合作文件，形成了我国与国际组织和相关国家的广泛合作格局。"十四五"时期，是世界百年未有之大变局深度演化和我国开启全面建设社会主义现代化国家新征程、向第二个百年奋斗目标进军的历史交汇期，也是推动"一带一路"高质量发展的关键时期。"十四五"规划纲要明确提出了推动共建"一带一路"高质量发展，以及加强发展战略和政策对接、推进基础设施互联互通、深化经贸投资务实合作和架设文明互学互鉴桥梁等四方面发展要求。我国应坚定不移地继续推进"一带一路"这一以我国为主的跨国经济合作行动，形成更大范围的国际共识；同时，根据"一带一路"建设中的新进展、新变化，完善面向"十四五"乃至更长时期"一带一路"高质量发展的布局、战略重点和路径，优化"一带一路"倡议顶层设计，为我国在未来更激烈的国际竞争中始终把握战略主动权、占据战略制高点、实现战略性胜利创造有利条件。

一、深刻认识"一带一路"在当前和未来一个时期日益激烈国际竞争博弈中的独特战略价值

　　"一带一路"建设是以习近平同志为核心的党中央着眼于我国两个一百年发展伟大目标和世界百年未有之大变局，在激烈的全球和地区

竞争博弈中赢得战略主动的重大谋篇布局。近十年来，在习近平主席亲自谋划、亲自部署、亲自推动下，"一带一路"从构想到倡议，从愿景到行动，取得的伟大成就来之不易。我们必须高度肯定已取得的伟大成就，充分认识"一带一路"独特的战略价值，在"十四五"乃至更长时期全面推进高水平对外开放、构建中国更大"朋友圈"的跨国区域布局中，始终把推进"一带一路"建设作为中国整体战略推进的着力点，更好地谋划和调整优化，继续坚定不移地深入推动，实现"一带一路"高质量和可持续发展。

（一）"一带一路"增加了我国在大国博弈特别是中美博弈中的战略筹码和战略回旋空间

当今世界正经历百年未有之大变局，以美国为主的发达经济体与以中国为代表的发展中国家和新兴经济体之间力量对比发生深刻而剧烈的变动，新兴经济体和发展中国家整体崛起，推动原来的南北关系、东西关系发生深刻变化，新兴经济体、发展中国家与发达国家在国际社会和世界经济发展上的话语权、主导权、规则制定权的竞争与博弈日益激烈，全球进入全面竞争新时代。新冠肺炎疫情又加速国际格局变化，中美竞争博弈日益激烈成为百年变局的核心特征和长期趋势性特征。美国把我国作为主要战略竞争对手、采取多种措施对我国进行全方位的打压遏制成为新常态。在以习近平同志为核心的党中央的坚强领导下，我们统筹疫情防控和经济社会发展，2020 年中国成为全球唯一实现经济正增长的主要经济体。我国疫情防控取得战略性胜利，实现了全面消除绝对贫困的历史性伟大目标。在维护全球产业链供应链稳定、支持发展中国家及国际社会抗击疫情方面做出了重要贡献。这些都与美国、印度等国的情况形成鲜明反差，进一步彰显了中国特色社会主义制度的独特优势，中国作为负责任大国的担当和实力，也为高质量共建"一带一路"注入了新的强大动力。

"一带一路"成为我国应对美国打压遏制，开展地缘政治经济博弈、软实力竞争的重要战略抓手。从习近平主席 2013 年提出"一带一路"重大倡议，到特朗普上台时，"一带一路"建设已进行了近 5 年，"六廊六路多国多港"合作格局已基本建立，初步呈现出一张规模庞大的合作网络，形成了中国全面开放与对外合作新格局。若没有"一带一路"建设，在美国对中国进行全面战略遏制、特朗普政府强力打压中国的情况下，我国会更加被动。拜登政府虽然会与特朗普政府有所不同，但在对我国进行战略遏制特别是在干扰"一带一路"方面仍会延续特朗普的战略取向，并将联合盟友加大对"一带一路"的战略遏制。因此，"一带一路"对于我国在激烈国际竞争中，特别是在中美战略博弈中更有效地进行战略运筹具有独特战略价值。

（二）"一带一路"是唯一一个由中国倡议、中国方案推动形成的全球性跨国经济合作行动，已成为中国向全球提供的公共产品

新中国成立 70 多年、改革开放 40 多年来，中国走出了一条不平凡的道路，取得了令人瞩目的成就。总体来看，前 30 年我们在自力更生的基础上，注重学习苏联经验；改革开放和中美建交以来，主要是融入以美国为首的西方国家主导的世界秩序和经济全球化中。随着苏联解体和以美国为首的西方模式弊端的日益显现，中国坚持走自己的道路，取得了更高速度、更高质量和更高水平的发展，彰显了中国特色社会主义的制度优势和治理效能，得到了全球的普遍认同。

"一带一路"是习近平主席向世界发出的首个中国倡议，体现了中国思想、中国理念、中国文化、中国道德观和中国制度优势。习近平总书记重要讲话和党中央文件提出了"人类命运共同体"的理念、共商共建共享的基本原则及政策沟通、设施联通、贸易畅通、资金融通和民心相通（"五通"）的重要路径，具有强大的生命力。从实践来看，在世界各国和各有关方面共同努力下，"五通"全面推进，共建"一带一路"形成了一批好的做法和经验，沿线国家和地区获得了实实在在的好处，在国际社会引起积极反响，越来越多的发展中国家、发达国家以及国际组织积极参与到"一带一路"这项全球性跨国经济合作行动之中。"人类命运共同体"的理念与目标成为共建"一带一路"的共识，被多次写入联合国决议，"一带一路"已成为中国向全球提供的公共产品。实践证明，通过参与国共同努力，"一带一路"为更多国家特别是贫困国家探索和寻求发展机遇、加快经济社会发展及脱离贫困，找到了一条道路、一个载体、一种方式。

面对突如其来的新冠疫情全球大流行给全球带来的严峻挑战，习近平主席提出"把'一带一路'打造成团结应对挑战的合作之路、维护人民健康安全的健康之路、促进经济社会恢复的复苏之路、释放发展潜力的增长之路"，为"十四五"乃至更长时期高质量推动"一带一路"公共产品提供、携手推动构建人类命运共同体指明了方向。面对疫情考验，2020 年，中国与东盟货物贸易逆势增长 6.7%，2021 年中国—东盟贸易额再创历史新高，达到 8782 亿美元，占中国对外贸易总额的14.5%[①]。截至 2021 年年底，中欧班列累计开行突破 5 万列、运送货物超 455 万标准箱、货值达 2400 亿美元，通达欧洲 23 个国家 180 个城市，为保障国际产业链供应链稳定、推动共建"一带一路"高质量发展做出积极贡献[②]。截至 2021 年年底，中欧班列累计发送国际合作防疫物资 1362 万件、10.5 万吨[③]，成为各国携手抗疫的"生命通道"和"命运纽带"。在"一带一路"框架下，全球公共卫生合作加强，"健康丝绸之路"正在加快形成，数字经济、绿色经济和区域经济一体化等领域合作不断深化；商品、服务等的贸易和投资线上交易方兴未艾，线上线下融合程度不断加深，合作形式更加多元化，"一带一路"建设更

---

① 北京专报丨再创历史新高！2021 年中国—东盟贸易额达 8782 亿美元［EB/OL］. https://baijiahao. baidu. com/s? id = 1726068999834110249&wfr = spider&for = pc,2022 - 09 - 30.

② 中欧班列累计开行超五万列［EB/OL］. https://baijiahao. baidu. com/s? id = 1724248838322 633322&wfr = spider&for = pc,2022 - 09 - 30.

③ 中欧班列是高质量共建"一带一路"的互联互通大动脉——《中欧班列发展报告（2021）》解读之三［EB/OL］. https://baijiahao. baidu. com/s? id = 1741908076826517767&wfr = spider&for = pc, 2022 - 09 - 30.

具活力；政策沟通和规则对接不断深化，如签署《区域全面经济伙伴关系协定》（Regional Comprehensive Economic Partnership，RCEP）、完成中欧投资贸易协定谈判等，"一带一路"合作朝着制度化、机制化方向发展。

（三）"一带一路"构建了新型国际合作关系，推动形成基于共商共建共享共赢的国家关系

20 世纪 50 年代，中国提出的和平共处五项原则，为构建世界平等、可持续发展的国际关系奠定了基础，是中国对世界的重大贡献。

"一带一路"是新形势下中国对世界做出的又一项重大贡献。自2013 年"一带一路"倡议提出以来，中国始终秉承共商共建共享的原则，积极利用既有双边合作机制、国际组织和多边论坛等平台，在推动形成共识的基础上，以公路、铁路、港口、航空运输、能源管道等为核心的硬基础设施，以及政策、规则、标准"三位一体"的软基础设施联通水平不断提升，大大降低了区域间商品、资金、物流、信息、技术等的交易成本。共商共建共享成为全球化新形势下推动各国合作共赢新型国际合作关系的基本准则，这种新型国际合作关系，并不像美国的"马歇尔计划"，即由一个国家设计、实行单方面附加政治条件的经济援助，使被援助国成为其附庸。中国的"一带一路"倡议之所以得到了 140 个国家和 31 个国际组织响应，亚洲基础设施投资银行之所以有103 个国家和地区参加并成为成员数量上仅次于世界银行的第二大银行，就在于"一带一路"坚持相互尊重、平等互利，秉持共商共建共享的基本原则，把政策沟通、设施联通、贸易畅通、资金融通、民心相通（"五通"）落到实处，形成了一大批基础设施重大项目建设和产能合作等高质量成果，为更多国家和平发展、携手发展、共享发展、包容发展寻找到"最大公约数"，使"一带一路"成为更多国家破解发展鸿沟、实现优势互补和联动发展的繁荣之路。

（四）"一带一路"将成为新时期我国加快构建国内国际双循环相互促进的新发展格局的重要支撑

面对当前和今后一个时期我国发展环境面临的深刻复杂变化，以习近平同志为核心的党中央及时提出了加快构建以国内大循环为主体、国内国际双循环相互促进的新发展格局。"一带一路"建设取得的重大进展为加快形成新发展格局提供了基础保障。

经过多年努力，"一带一路"已形成了立体化、多维度的基础构架和布局。所谓立体化空间布局，主要是"陆海空网"四位一体的空间布局，陆上、海上、网上、天上及冰上"一带一路"建设正在推进。"数字丝绸之路"和"空中丝绸之路"进展较快，如郑州"空中丝绸之路"已和186个国家建立了关系。郑州作为内陆城市，通过"空中丝绸之路"建设，在航空港经济综合实验区和跨境电商平台建设了6个内陆一级口岸。所谓"冰上丝绸之路"，即俄罗斯提出的北极航道，中国也参与了北极航道建设，通过北极航道打通地中海、太平洋、印度洋的连接，使其成为一条新的国际航运通途。同时，初始的"六廊六路多国多港"也有了新发展。一方面，RCEP已达成15国协议，日本已表态作为第三方参与"一带一路"建设，中国与韩国已建立自贸区，中日韩东北亚经济通道前景可期；另一方面，非洲是"海上丝绸之路"的重要组成部分，意大利等更多国家加入"一带一路"后，通向欧洲的"海上丝绸之路"将逐步形成，"一带一路"从沿线国家参加发展成全球更多国家和地区参与的经济合作行动。

"一带一路"是新发展格局的重要载体和平台，为形成以国内大循环为主体、国内国际双循环相互促进的新发展格局，以及中国国际贸易、国际投资提供了新的发展空间。贸易方面，面对疫情冲击，2020年，我国对"一带一路"沿线国家进出口9.37万亿元，增长1.0%。

其中，与 RCEP 国家的贸易增长 3.5%[①]；2021 年，中国与沿线国家货物贸易额 11.6 万亿元，创新高，同比增长 23.6%[②]。投资方面，2020年，我国企业在"一带一路"沿线对 58 个国家非金融类直接投资177.9 亿美元，同比增长 18.3%，占同期总额的 16.2%，较上年同期提升 2.6 个百分点[③]；其中对东盟全行业投资 143.6 亿美元，同比强劲增长 52.1%。2021 年，我国企业在"一带一路"沿线对 57 个国家非金融类直接投资 1309.7 亿元人民币，同比增长 6.7%（折合 203 亿美元，同比增长 14.1%），占同期总额的 17.9%，较上年同期上升 1.7 个百分点[④]。对外承包工程方面，2020 年，我国企业在"一带一路"沿线的61 个国家新签对外承包工程项目合同 5611 份，新签合同额 1414.6 亿美元，占同期我国对外承包工程新签合同额的 55.4%；完成营业额 911.2亿美元，占同期总额的 58.4%[⑤]。2021 年，我国企业在"一带一路"沿线的 60 个国家新签对外承包工程项目合同 6257 份，新签合同额8647.6 亿元人民币，同比下降 11.4%（折合 1340.4 亿美元，同比下降5.2%），占同期我国对外承包工程新签合同额的 51.9%；完成营业额5785.7 亿元人民币，同比下降 7.9%（折合 896.8 亿美元，同比下降1.6%），占同期总额的 57.9%[⑥]。中国与"一带一路"沿线国家和相关国家在"一带一路"框架下开展的经贸合作，成为中国和参与国在开放中实现经济共享发展和加快发展的新引擎，在国际大循环方面可实现

① 海关总署:2020 年我国对"一带一路"沿线国家进出口 9.37 万亿元[EB/OL]. https://baijia-hao. baidu. com/s? id =1688950580493413935&wfr = spider&for = pc,2022 – 09 – 30.

② 商务部:2021 年我国与"一带一路"沿线国家货物贸易额创八年来新高[EB/OL]. https://wap. yzwb. net/wap/news/1918495. html,2022 – 09 – 30.

③ 2020 年中国对"一带一路"沿线非金融类直接投资同比增长 18.3%[EB/OL]. https://baiji-ahao. baidu. com/s? id =1689638336148409118&wfr = spider&for = pc,2022 – 09 – 30.

④ 2021 年我国对"一带一路"沿线国家投资合作情况[EB/OL]. http://hzs. mofcom. gov. cn/ar-ticle/date/202201/20220103239000. shtml,2022 – 09 – 30.

⑤ 2020 年中国对"一带一路"沿线国家投资合作情况[EB/OL]. http://sg. mofcom. gov. cn/arti-cle/ydyl/zhdt/202104/20210403055049. shtml,2022 – 09 – 30.

⑥ 2021 年我国对"一带一路"沿线国家投资合作情况[EB/OL]. http://hzs. mofcom. gov. cn/ar-ticle/date/202201/20220103239000. shtml,2022 – 09 – 30.

最先链接、最先突破、最先形成"双循环"的交汇点与链接点，也是未来形成新发展格局的重要引领和支撑。要充分认识"一带一路"多年来打下的基础，是我国发展的重要战略机遇。

（五）"一带一路"为我国参与塑造全球经济治理体系提供了重大机遇

当前，全球治理体系仍然由美国等西方国家主导，但我国参与和塑造全球治理体系的有利条件越来越多。推动国际秩序和全球治理体系更加公正合理，关系我们的切实利益和长远发展。"一带一路"顺应全球治理体系变革的内在要求，以更加开放包容的国际经济合作新模式，为完善全球治理机制提供了新路径，有力推动了开放型世界经济发展。

我国一直遵循以联合国宪章为宗旨的国际法和国际关系准则，积极践行多边主义，坚定维护在规则基础上的多边贸易体制和自由贸易。多年来，在"一带一路"框架下，中国积极推动与各国、国际组织开展规则、标准、制度对接，在一些全球和地区性问题上积极贡献中国智慧和中国经验。中国与联合国开发计划署、联合国工业发展组织、联合国贸发会、亚太经社会、世界卫生组织、世界知识产权组织、国际刑警组织、国际海底管理局等签署共建"一带一路"的合作文件，"一带一路"倡议或其核心理念被写入联合国、二十国集团、亚太经合组织、上海合作组织、中非合作论坛等重要文件，"一带一路"逐渐成为国际社会的发展共识和全球公共品。截至 2021 年 12 月，我国共与 26 个国家和地区签署了 19 个自贸协定①。此外，我国已与 16 个国家签署了"数字丝绸之路"合作文件，与 52 个国家或地区的标准化机构和国际组织签署了 92 份标准化合作协议等。亚洲基础设施投资银行、丝路基金和南南合作援助基金等的建立，为有关国家和国际社会提供了新的机

---

① 商务部：目前我国共与 26 个国家和地区签署 19 个自贸协定［EB/OL］. https://baijiahao. baidu. com/s？ id = 1718664593090236617&wfr = spider&for = pc，2022 - 09 - 30.

会和选择。截至 2021 年 10 月，亚投行的成员数量由开业时的 57 个增至 104 个，覆盖亚洲、欧洲、非洲、北美洲、南美洲、大洋洲六大洲。目前，亚投行已批准了 158 个项目，累计投资总额超过 319.7 亿美元①。同时，"一带一路"还通过第三方合作，将更多国家和更多资源吸引到公共产品建设中来，在"一带一路"沿线国家和地区逐渐形成了区域性或区域间公共产品供应的新格局。此外，中国积极开展中非减贫惠民合作计划、东亚减贫合作示范等活动，通过南南合作援助基金与国际组织开展各类援助项目合作，推动落实联合国 2030 年可持续发展议程。中国积极参与联合国、世界卫生组织等的人道主义行动。截至 2021 年 1 月底，中国已向 150 多个国家和 13 个国际组织提供了新冠疫情抗疫援助，为有需要的国家派出 36 个医疗专家组，积极支持并参与疫苗国际合作，与相关国家人民携手前行，推动构建人类命运共同体。

面对错综复杂的国际环境，我国无意寻求势力范围，但一定要更加积极主动作为。应以"一带一路"建设推进为抓手，继续践行多边主义框架下的国际经济合作，推动开放型世界经济发展，提升我国在国际事务中的发言权和影响力。应将"一带一路"建设与破解全球性和地区性问题等相结合，为国际社会提供更多公共产品和机制化平台，推动全球治理体系变革，同时，稳妥有效地施加影响、拓展利益，推动世界政治经济格局演变继续朝对我国有利的方向发展。

二、推动"一带一路"高质量发展当前面临的主要风险和挑战

应该清醒地认识到，"一带一路"是一项需要持续努力推动的系统工程，是一项中长期的跨国行动，绝不可能一蹴而就，必须在正视和不

---

① 资料来源:[新闻直播间]亚投行成立六周年 成员数已经过百 亚投行助力多国发展 改善当地民生_CCTV 节目官网 – CCTV – 13_央视网(cctv. com)。

断解决风险挑战中取得新的进展。当前"一带一路"建设面临的主要风险和挑战有如下几个方面。

（一）外部环境发生重大变化，"一带一路"面临的风险和挑战增加

"一带一路"倡议提出以来，国际环境总体对我国有利，包括美国、英国在内的130多个国家曾派代表出席第一届"一带一路"国际合作高峰论坛。随着中美关系的重大变化，"一带一路"建设面临的外部环境日益复杂，风险增加。

1. 美国不断强化对"一带一路"建设的全面制衡

美国是"一带一路"建设推进中最大的不稳定因素。伴随着"一带一路"建设深入推进和亮点效应的显现，美国战略界对"一带一路"倡议的疑虑和负面认知等持续加深，"一带一路"被看成两国战略竞争的关键领域，中国与美国争夺全球霸权、开展中美"百年竞争"的重要手段。"一带一路"建设遭遇了美国全方位的打压遏制，突出表现在以下几个方面。政治上，"印太战略"成为美国对抗"一带一路"倡议的主要抓手。美国推出并不断强化所谓的"印太战略"，加强与日本、澳大利亚、印度等盟友和伙伴之间的战略互动与合作，试图构建所谓的"中国最为恐惧的海上围堵"，对冲"一带一路"意图明显。经济上，美国整合各种资源以提升对相关国家和地区发展融资的实际支持能力，拉拢亚太盟友和非洲国家抗衡"一带一路"建设。近年来，为遏制中国"一带一路"建设，美国出台法案，支持并加大了对亚太地区和非洲的投资力度。为抑制"中国日益增长的地缘政治和经济影响力"，2018年10月5日，特朗普签署了《更好利用投资促进发展法案》，整合成立了国际发展金融公司（IDFC），希望使美国的年发展融资能力从290亿美元提升至600亿美元。2019年6月，美国宣布启动"繁荣非洲倡议"。2019年11月美国宣布启动"蓝点网络"计划，在疫情冲击下，美国牵头，联合日本、澳大利亚、新西兰、印度、韩国和越南等所谓"值得信赖的伙伴"，提出了"经济繁荣网络计划"，妄图搅局、抗衡"一带一路"，"去中国化"意图明显。舆论上，持续污名化"一带一路"建设，企图破除国际共识。美国的一些政客和学者罔顾事实发表"中国输出债务风险论""中国掠夺资源、破坏环境""转移过剩产能"等负面舆论。美国一些记者花钱四处搜集情报，专门报道"一带一路"的负面消息，对"一带一路"进行有组织的污名化，甚至集体攻击抹黑。近年来，西方流行的所谓"新马歇尔计划""经济侵略""新帝国主义""地缘政治控制""债务陷阱""地缘扩张论""环境破坏"等不实言论背后都看得到美国的身影。

拜登政府上台后，继续将中国视为其首要、全面、全球性的战略竞争对手，步步紧逼中国，逐步显现出针对中国的全方位竞争态势，继续将"一带一路"视为两国战略竞争的重要领域并持续加大对"一带一路"的制衡。2021 年 3 月，美日开展"2＋2"双边会谈，联合盟友对中国进行围堵和遏制，拜登在与英国首相约翰逊通话时表示，应该发起类似的基础设施投资计划与中国"一带一路"倡议相竞争，遏制中国、对冲"一带一路"的意图明显。

2. 日本、印度等周边地区大国对"一带一路"存在战略疑虑，干扰甚至阻碍"一带一路"建设

在美国所谓"印太战略"的拉拢和舆论影响下，日本、印度等周边国家对"一带一路"倡议的疑虑加深。日本是美国的战略盟友，其认为"一带一路"将进一步削弱其亚太地区影响力，并与其中亚"丝绸之路外交"存在利益冲突，也提出了"高质量基础设施伙伴计划"等若干与"一带一路"相竞争的计划，努力推动将中国排除在外的CPTPP，倡导基于意识形态的"价值观外交"，与印度共同提出"亚非增长走廊"，积极加入美国"蓝点网络计划"等与"一带一路"相抗衡的计划。未来，日本可能会伺机介入南海争端，拉拢周边国家反华遏

华，对"21 世纪海上丝绸之路"形成牵制干扰；同时，利用经济援助、项目合作等方式，与我国展开针锋相对的经济竞争，企图降低我国对相关国家的影响力。

印度对"一带一路"始终保持高度警惕的立场，阻碍甚至干扰"一带一路"中巴经济走廊建设。目前，印度是"一带一路"沿线国家中唯一没有以正式文件方式表达对"一带一路"支持的国家。出于维护和强化其在南亚—印度洋地区主导地位的地缘战略考虑，印度一直以来都对"一带一路"保持高度警惕，认为中巴经济走廊"侵犯"了其"主权"，在美国和日本的支持下，对"一带一路"采取抗衡和竞争态度，提出所谓的"季风计划""向东行动"等，对冲"一带一路"意图明显。

俄罗斯在与我国合作的同时也有别的考虑。总体来看，俄罗斯对"一带一路"持理解、配合立场，但也担心参与"一带一路"会形成对华战略依赖，冲击其主导的"欧亚联盟"战略，削弱其对西伯利亚地区的控制以及在中亚的传统影响力。

3. 欧盟一些国家对"一带一路"存在战略误判和错误认知

过度政治化解读"一带一路"者认为，"一带一路"不仅是纯粹的经济建设项目，而且是中国政府进行政治渗透的措施，中国与中东欧国家的合作会使欧洲更为分裂。德国媒体曾报道指出，"一带一路"的举措不仅仅是混凝土和沥青，而且是中国将中国符号全球化的愿景，中国政府在"一带一路"倡议所经过的主要国家的经济和政治渗透远远超出单纯的基础设施建设。部分国家对中国海外投资的稳定性及"一带一路"相关项目和政策的持久性存在担忧，部分国家认为在"一带一路"框架下，贸易、投资环境的公平性、透明性存在很大的不确定性。

4. 发展中国家内部也存在对"一带一路"倡议的错误认知

受美国主导舆论污名化"一带一路"的影响，部分参与共建的发展中国家内部也存在对"一带一路"倡议的错误认知。怀疑中国借此实施扩张，对于合作共建基础设施网络存有疑虑，不太愿意让中国参与大通道的建设，把经济问题政治化，一些非政府组织受到其他力量的鼓动，散布一些抵制中国参与的舆论，也有一些国家担忧"一带一路"贸易投资"侵害本国中小企业利益"等。

总体来看，"十四五"时期，"一带一路"高质量发展将面临更加严峻的外部环境，需要高度重视，分类施策，以化解风险挑战。

（二）参与"一带一路"建设相关国家的政治风险、投资风险、安全风险挑战不容小觑

"一带一路"沿线国家和地区的政治风险、投资风险、安全风险长期处于较高水平，部分地区受制于大国博弈和民族宗教矛盾，局部地区冲突有升级迹象，非传统安全与传统安全风险同步高企。这主要体现在以下三个方面。

1. 部分沿线国家政权更迭等不确定性带来的风险

"一带一路"推进中的基础设施建设投资大、周期长、收益慢，在很大程度上依赖于有关合作国家的政策政治稳定和对华关系状况，但"一带一路"沿线大多数国家是发展中国家，部分国家国内政治形势复杂，民族矛盾、宗教矛盾、党派矛盾、社会矛盾突出，经济社会发展极不平衡，政权更替频繁化、政局动荡常态化，导致一些项目推进受阻，如"马新高铁""莱比塘铜矿"等项目。

2. 部分国家的投资风险不容忽视

一些国家认为中国既然提出了倡议，进行投资理所应当，且投资后不应图回报。一些发展中国家对中国提出的"一带一路"寄予了过高期望，把中国倡议理解为"中国单方面投资"，形成了中国倡议—中国投资—中国受益这种认知链条误区，因此对中国寄予了过高的希望与期待。比如，巴基斯坦对中国援建项目等曾提出很高要求，超出了中国投资建设和巴方自身的实际能力。这主要是由"一带一路"前期推进较

快，但一些理念和原则尚未变成通行国际规则导致的。当前，中巴经济走廊产业园区合作进展相对较慢，与巴基斯坦自身经济发展基础和营商环境有很大关系，但巴方认为园区建设与前期的基础设施和能源项目一样，中方政府应投入大量资金支持，当前园区建设进展缓慢是由于中方投入不够、对园区发展需要发挥自身主观能动性重视不够、对产业项目落地和吸引投资的推进力度不够。这种急于求成、"依赖"外力的思想，主要是由于对本国客观条件和经济规律认识不深，给今后中巴经济走廊建设特别是后续园区合作的推进造成了困难。

3. 民族宗教矛盾复杂，恐怖主义活动猖獗，安全风险困扰将长期存在

"一带一路"沿线大多数国家民族众多，基督教、佛教、伊斯兰教、印度教等多元宗教信仰并存，一些宗教内部还存在不同教派，各民族、宗教之间的历史纷争复杂，增加了沿线各国合作的难度。中东、中亚、东南亚等地区的恐怖主义、极端主义、分裂主义势力和跨国有组织犯罪活动猖獗，地区局势长期动荡不安。这些非传统不安全因素的凸显，既恶化了当地投资环境，威胁企业人员和设备安全，也可能借"一带一路"建设开放之机扩散和渗透到中国国内，甚至与国内不法分子内外勾连、相互借重，破坏中国安定的国内社会环境，对"一带一路"倡议及沿线工程建设构成严峻挑战。

（三）"一带一路"建设推进中有些方面有待调整和改善

"一带一路"是一项新事物、新实践，既要看到"一带一路"建设取得的成就，也要看到推进中存在的问题，尤其是理论、政策、权威等提法滞后于实践的问题。从某种意义上说，推动"一带一路"高质量发展一定是一个在实践中不断发现问题、总结经验教训再出发的循环过程。当前，"一带一路"建设推进中有待调整和改善的地方主要体现在以下方面。

1. "一带一路"取得的进展及新形势与《推动共建丝绸之路经济带和 21 世纪海上丝绸之路的愿景与行动》（以下简称《愿景与行动》）等文件的既有提法存在一定差异

近十年来，在"一带一路"建设推进中，陆海空网、多维度立体化丝绸之路并举，取得重大进展。"一带一路"实践中形成的新通道在原来的《愿景与行动》中没有表述，实践和进展走在了过去相关设计、表述和提法的前面。例如，中央提出的南向陆海大通道，这是一条以共建"一带一路"为统领，依托中新（重庆）战略性互联互通示范项目，中国西部省（区、市）与新加坡等东盟国家通过区域联动、国际合作共同打造的，具有多重经济效应的陆海贸易战略性新通道。该通道以重庆为运营中心，以广西、贵州、甘肃、青海、新疆等西部省份为关键节点，利用铁路、海运、公路等运输方式，向南经广西北部湾通达世界各地，相较经东部地区出海所需时间大幅缩短。西部陆海新通道物流和运营组织中心发布的 2020 年"陆海新通道"运营情况显示，截至 2020 年年底，"陆海新通道"目的地已覆盖全球 96 个国家和地区的 250 个港口。"一带一路"东北亚方向，中日韩合作在 RCEP 协定签署后需进一步加大力度；中老、中缅经济走廊建设已取得重大进展，在实践中形成了新的空间布局；中非合作不断深入拓展，中欧合作将随着中欧全面投资协定的落实形成新的机遇，这些也是高质量发展需聚焦的重点国家和重点区域。又如，立足当前，着眼长远，以习近平同志为核心的党中央做出了我国在 2060 年努力争取碳中和的重大决定，国际社会予以高度评价。在做好国内工作的同时，"一带一路"建设中应加大绿色发展力度，在能源领域增强可再生能源共建力度，对新建煤电项目严格控制，但《愿景与行动》及相关表述中涉及不够，仍存在局限性，需要从国家顶层设计方面进行调整和更新。

2. "一带一路"建设中，我国与周边国家及相关大国的均衡问题

在与美国的长周期大国博弈中，通过"一带一路"合作建立以周

边国家为重点根据地的跨国合作网络对于我国未来取得对美国战略性胜利意义重大。目前来看，东北亚地区，我国与日韩经济合作取得积极进展，但尚未形成"一带一路"合作框架。俄罗斯对"一带一路"持欢迎态度，通过与欧亚经济联盟对接签署了"一带一路"合作文件，但尚未真正形成"一带一路"框架下的常态化合作机制，市场化运作机制，重大项目发展、跟踪和评估机制等也有待建立。印度对"一带一路"采取战略竞争姿态，在美国提出所谓的"印太战略"后积极向美国靠拢，提出"季风计划"与"一带一路"竞争，高度警惕、反对甚至阻挠和破坏中巴走廊建设。孟中印缅经济走廊建设方面，中缅经济走廊建设形成了两国认可的规划，但有待继续推进；中老经济走廊进展较快，但沿铁路经济带真正形成还需更多投资和谋划；中泰铁路虽然已启动部分路段建设，但泰老段的衔接，早日建成泛亚铁路中线，实现陆路连通泰国湾、直达新加坡的陆海大通道尚需做大量工作。

此外，需要承认，"一带一路"建设初期确实走了一些弯路，例如，前几年由于全面推进、多点开发，出现了重点项目不突出、重点国家不突出、重点园区不突出、重点走廊不突出等问题，致使个别项目象征性意义大于实际收益，一些项目投资难以收回。但这些问题在后续工作中得到了纠偏，中央提出了很多重要的原则，包括政府推动、企业主导、商业原则、第三方评估等，推动"一带一路"从"大写意转向工笔画"。

（四）百年不遇疫情给"一带一路"带来重大冲击

百年不遇疫情给全球经济社会带来了巨大冲击，使得经济增长受挫，人员流动受限，全球产业链、供应链受到巨大影响，"一带一路"建设也不例外。突出表现在以下几个方面。

一是疫情直接影响了项目开展。在疫情传播严重的特定时期，一些国家的部分建设项目不得不停工停产。一些设备、物资、原材料不能及时运送到建设项目工地，一些人员难以返回工作岗位，导致部分建设项目出现中断、延期，运营成本和履约风险增加，如印尼雅万高铁项目的一些重点工程曾因100多名中国高级员工不能及时返回而暂时停工；柬埔寨西哈努克港经济特区因中国高管不能正常到位而陷入困境。二是疫情暴发后，多数沿线国家采取了关闭边境、取消或减少国际航班、收紧签证、取消工作居留等限制措施。商务、留学、旅游等人员往来大幅减少，部分文化、体育等活动无法开展，民生项目考察、援外交流和扶贫等活动受限，线上培训、交流等评价效果不甚理想，这不仅不利于"一带一路"合作项目的持续有效推进，也不利于消弭沿线国家民众因物理隔离而导致的心理隔阂，对巩固和增进相互了解与信任造成了负面影响。三是新冠疫情全球大流行助推逆全球化思潮升温，部分沿线国家态度出现消极动向。疫情直接影响了部分沿线国家和地区的经济发展与社会稳定，伴随着逆全球化思潮和全球产业链本地化、区域化和分散化趋势加剧的影响，一些沿线国家的民粹主义和民族主义思潮抬头，政府内顾倾向上升，投入共建"一带一路"合作的意愿、积极性、配套资金、资源和物质保障等均受影响。四是疫情发生后，个别西方国家将"一带一路"倡议与新冠疫情叠加炒作，借机发表新一轮所谓"债务陷阱论"等不实论调，个别媒体甚至造谣称"一带一路"合作项目是新冠肺炎的传染源，引发部分民众对"一带一路"建设所涉本国经济与战略安全问题的担忧，给沿线国家和地区涉华民意和民心相通建设带来了负面影响。

三、推动"一带一路"高质量发展的主要思路、基本原则与路径

（一）主要思路

"一带一路"是一项长期系统工程，是一幅需要精雕细琢的"工笔画"，绝非一朝一夕之功，不可能一蹴而就，必须坚持共商共建共享原

则，秉持开放绿色廉洁理念，统筹发展和安全，统筹推进经济增长、社会发展、环境保护，努力实现高标准、惠民生、可持续目标。习近平主席关于推动"一带一路"高质量发展的一系列重要论述，引领国际规则标准持续深度对接的潮流，契合沿线国家人民渴望共享发展机遇的期望，体现了全球范围内普遍谋求可持续发展的取向，是推动高质量共建"一带一路"行稳致远的重要指引。2019 年，第二届"一带一路"国际合作高峰论坛开启了推动"一带一路"高质量发展的新征程。未来，共建"一带一路"应以周边国家为基础，聚焦重点国家、重点领域、重点园区、重点项目，深入推进公共卫生、数字经济、绿色发展、科技教育和人文等领域合作交流，打造更多"一带一路"建设亮点和可视性成果，凝聚更多共识；应充分依靠国际组织力量，充分发挥市场机制作用，充分调动第三方参与的积极性和主动性，更加深入对接国际上普遍认可的规则、标准和最佳实践，把推进"一带一路"建设变为与联合国等国际性组织联手推动的跨国经济合作行动，使其成为更多国家参与的互联互通世纪工程。

（二）基本原则

1. 坚持共商共建共享

坚持推动经济全球化朝着更加开放、包容、普惠、平衡、共赢的方向发展，将"一带一路"高质量发展作为新时代促进经济全球化、反对保护主义、建设高水平开放型经济新体制的首要工程，秉持"大家的事大家商量着办"的理念，推进项目、平台、机制、规则等的共商共建，推进经济发展成果普惠包容，惠及全体民众。

2. 发挥企业主体作用

坚持市场在资源配置中发挥基础性作用，发挥企业主体作用，支持推动企业将自身发展融入国家战略，积极参与境外基础设施建设和国际产能合作。支持国内企业"走出去"，利用国际合作与基础设施项目建设机遇，更好地与发达国家市场主体推进项目合作，更好地适应国际经贸规则，更好地从合作中提升知识、人才、管理水平。

3. 坚持可持续发展

坚持绿色、可持续发展导向，确保建设环境友好性、气候适应性和社会包容性"一带一路"。立足国内"碳达峰"和"碳中和"任务目标，有序推进国内企业在"走出去"过程中投资项目的绿色标准和绿色规范，与当地国家、企业及社会组织共建有利于绿色投资和稳定发展的环境。探索共建绿色投资、绿色企业区域财税、监管及金融政策体系，开发绿色金融产品。加快与各国共同推进能源转型，推进能够应对人口增长及能源消耗的可持续工业发展体系与政策环境。坚持项目建设惠民生导向，在公共卫生、医疗健康、扶贫减贫等领域强化企业社会责任。

4. 强化双边、多边规则引领

坚持提升"一带一路"建设规则化、规划化、制度化运作水平，通过双边、多边战略、规划等对接搭建高层级经贸合作基本框架。加强在国际投资、技术转让、跨境税收、人员流动等领域，共同建设可衔接、对接的共同政策体系与规则体系。加强探索面向数字贸易、数字税收、数字监管等新技术领域的跨境合作模式，加快推进经贸投资领域国内法与国际法规的衔接工作，完善对外贸易法律制度。加快探索推进在双边、多边领域适应沿线国家发展实际与需求的双边及区域经贸协定，减少经贸法律冲突与法律障碍。

（三）重点路径

1. 以加快构建国内国际双循环新发展格局为基本要求，提升"一带一路"沿线国家经贸合作水平

全面提升"一带一路"沿线国家之间的贸易质量，加快提升与共建国家的双向贸易投资水平。立足扩大国内需求基点，利用中国进出口

博览会等重要开放平台，扩大沿线国家优质商品进口。围绕重要境外经贸与产能合作平台，加快与沿线国家共建"一带一路"沿线区域重要产业链供应链平台，打造产业循环与经贸合作节点、中枢，以点带面，提升区域产能合作水平。加快数字技术应用及贸易数字化转型，利用电商等新业态模式加快沿线国家间经贸产业融合发展。推动与沿线国家协商降低关税水平，消除非关税壁垒，推动沿线国家间双向高质量商品、服务进出口，继续扩大对沿线国家具有竞争力的优质农产品、制成品和服务进口，促进贸易平衡发展。

2. 以重大基础设施互联互通架构为基础，不断促进沿线国家释放经济发展潜力，提升沿线发展中国家经济发展内生动力

不断提升"六廊六路多国多港"基础设施建设水平，充分利用重要基础设施推进我国与沿线国家、沿线国家之间的经贸合作，打通关检、物流、税收、标准、规则等堵点障碍，畅通贸易合作。加快与沿线国家及第三方合作，共建若干能够促进区域国家增长潜力的中长期项目，利用中欧班列、陆海新通道、信息高速路等要素流通渠道，加快发掘基建项目拉动长期增长能力，与沿线国家共同培育发展适合当地情况的特色产业，加强新技术、新模式应用，优化传统产业结构，加快推进在粮食生产加工、农产品贸易、医药卫生、机电产品等领域的合作。加强专项贷款、丝路基金、专项投资基金等使用，联合发行丝路主题债券，支持建设多边开发融资合作中心，拓宽项目建设资金来源，降低债务与安全风险，建设高标准、可持续融资体系。

3. 以开放合作、共赢合作、包容发展为导向，推进建设绿色、廉洁、健康、复苏、民生之路

坚持以人民为中心的发展思想，拓宽合作领域，将绿色、廉洁理念作为"一带一路"建设合作的基本方针，与各方共同推进绿色基础设施建设、绿色投资、绿色金融；遵守各国法律法规，坚持一切合作在阳光下运作，共同以零容忍态度打击腐败，共建风清气正的丝绸之路。坚

持可持续发展，通过建设一批惠民生的项目工程，持续推进消除贫困、增加就业和改善民生，坚持将发展成果惠及最广大民众，坚持项目建设为当地经济社会发展提供动力支撑。坚持推进卫生健康共同体建设，面向应对疫情冲击和经济复苏需求，加强沿线国家间抗疫合作，进一步加大公共卫生基础设施建设，健全高效可持续公共卫生体系，加强疫苗分配向沿线国家中的发展中国家和地区倾斜，加强与各方合作，共同为发展中国家和地区提供力所能及的卫生健康援助，帮助不发达国家及地区提升基本公共卫生服务水平。

4. 以合作共赢为目标，加快推动"一带一路"建设重点区域、重点国家国际产能合作再上新台阶

稳步推进已形成较好产能合作基础的境外产业园区继续拓宽合作领域和渠道，面向所在区域和所在国家优势资源、产业，加强双向贸易、双向投资合作，促进技术、管理、标准、人才等双向互联互通与共同协作。推动我国境内高水平开放地区综合保税区等开放平台加快利用中欧班列、E国际贸易、跨境电商等软硬贸易业态，拓宽境内产品外销市场，增加境外优质产品进口。面向中东欧、东南亚、南亚等重点区域，建设境外物流园区，进一步提升境内物流体系与境外物流园区的协作能力，重点推动我国中西部、西南部内陆开放地区加快建设空港物流园区，培育机电装备、先进制造、果蔬农副产品等专业性产业园区和专业市场，进一步提升开放水平。加快促进文化创意、商贸旅游、知识产权等服务业态国际合作，形成主导产业与服务业集群集聚发展。

5. 以规则建设为导向，加强沿线国家间区域及国际经贸规则体系建设，提升多领域合作规范化水平，推进全球治理体系变革

加强沿线国家间国际宏观经济政策协调，推进以经济复苏为目标的多层次产业、贸易、投资合作，以"一带一路"建设为载体，支持以世贸组织为核心的多边贸易体制。加快促进贸易和投资自由化、便利化，坚决反对保护主义，加快与沿线国家商签高标准自由贸易协定，支持沿线国家间签署高标准自贸协定，适时推进我国与区域国家共同商签多边自贸协定。加强在海关、税收、审计、金融、监管等领域的双边与多边合作，加快推动共建"一带一路"税收征管合作机制，加快推广"经认证的经营者"国际互认合作。加快推进沿线国家间共建知识产权保护规则体系，杜绝强制技术转让，完善商业秘密保护，联合执法打击侵犯知识产权行为，创造良好创新环境，推动扩大技术交流合作。共建可衔接的商事制度与争端解决机制，发挥仲裁机制等制度基础设施引导预期作用，降低合作不确定性和交易成本。加快探索数字支付、数字货币、数字税收等新技术模式应用中的规则对接，结合跨境电商等业态模式需求和人民币国际化进程需要，以数字技术模式加快推动人民币在跨境贸易投资中的清算使用。

6. 以机制和平台建设为保障，推进"一带一路"高质量发展始终在机制化、规范化轨道运作

积极推进我国与沿线国家间战略、规划、机制、合作框架对接，充分利用双边经贸联委会、混委会框架，建立贸易畅通工作组、投资合作工作组、产能合作工作组，完善服务贸易、电子商务等工作机制。积极推进沿线国家间战略、规划、机制、合作框架对接，支持各国建立双边和多边经贸合作、产能合作机制平台。与各国共建经贸合作平台载体，充分发挥广交会、中国东盟博览会、中非经贸博览会、中阿博览会、中国—中东欧国家博览会等系列展会平台的作用，打造更多强有力的支撑平台。

四、推动共建"一带一路"高质量发展的政策建议

高质量共建"一带一路"是一项国家事业，也是一项人类发展事业，是一项长期的系统工程，需要在实践中动态、及时、有效应对面临的各种风险挑战，不断凝聚合作共识，才能实现健康、长远、可持续发展。

（一）继续坚定不移推进共建"一带一路"高质量发展，携手推动构建人类命运共同体

"一带一路"建设是以习近平同志为核心的党中央着眼于我国"两个一百年"奋斗目标和世界百年未有之大变局，在激烈的全球和地区竞争博弈中赢得战略主动的重大谋篇布局。美西方不断提出抗衡共建"一带一路"倡议从另一个侧面证明了这一决策是完全正确的，要充分认识共建"一带一路"独特的战略价值，若没有近十年前就开始的"一带一路"建设，在美国对中国实行全面战略遏制和强力打压的情况下，我国会更加被动。习近平主席有关推动"一带一路"高质量发展的一系列重要论述，深刻揭示了高质量共建"一带一路"的内涵，为共建"一带一路"指明了方向。应紧紧围绕习近平主席在第三次"一带一路"建设座谈会上提出的高质量共建"一带一路"的新要求，深入学习、全面理解和准确把握其内涵，把共商共建共享原则落到实处，把开放、绿色、廉洁理念落到实处，把实现高标准、惠民生、可持续目标落到实处，让"一带一路"合作成果惠及合作各方。

（二）注重处理好几大关系，推动"一带一路"建设行稳致远

一是要处理好国内国际两个大局之间的关系。"一带一路"根基在国内，枝叶在全球，只有国内的根基稳，全球参与共建"一带一路"的事业才能真正枝繁叶茂。二是要处理好政府引导和企业主导之间的关系。共建"一带一路"主力是企业，后盾是政府，应该坚持市场主导、企业主导、效果主导。三是要处理好软联通、硬联通、心联通之间的关系。"软联通"应该先行，"心联通"要坚持不懈地做工作，水滴石穿，要规避"硬联通"大的风险，放大"软联通"的效能，做好"心联通"小而美的项目。四是要处理好发展与安全之间的关系。一方面要坚定不移推进"一带一路"建设；另一方面确实要把规避风险放到重要位置，把风险防范放到发展之前。五是要处理好优化存量资源和创造增量资源之间的关系。目前已经在中国北京召开了两届"一带一路"国际合作高峰论坛，会议形成的合作项目是我们的基本盘，必须巩固基本盘，优化基本盘，放大基本盘，把基本盘做好，就是对未来最好的示范，也是最大的效益。六是要处理好斗争和合作之间的关系。既要看到一些国家和地区提出的类似倡议是对"一带一路"的对冲，也要看到其与"一带一路"的共通点，未来有对接和合作的可能，要有创造的可能。

（三）分类施策，化解美西方对"一带一路"倡议的对冲风险

美西方等提出的旨在与"一带一路"展开竞争的倡议，任何一个单独倡议均难以撼动"一带一路"，但其可能造成的战略压力等潜在影响远大于实质性影响，须高度警惕这些国家相关倡议协调可能形成的合力。美、欧、日、印各国立场不同，价值观存在差异，目标并不完全一致，应分类施策，防范化解对冲有关风险。

1. 多维度做好美国工作

大国博弈是我们推进"一带一路"建设面临的长期课题，在当前中美大国博弈日益激烈的背景下，美国因素成为"一带一路"建设推进中最不稳定的外部因素。拜登政府延续了特朗普政府对华强硬政策，在一些具体做法上更加注重联合两洋盟友体系，提出所谓"重建美好世界倡议"（Build Back Better World，B3W）[①] 和"印太经济新框架"等，全方位布局亚太和全球以遏制中国，牵制"一带一路"建设。因此，应多维度做好对美相关工作，化解"一带一路"建设的风险与压力。

一是加强中美基础设施合作。本着相互尊重、和平共处、避免对抗的原则，从危机中寻机遇，在竞争中求合作。据美国土木工程师协会估

---

① 6月13日，在英国康沃尔西方七国集团（G7）峰会闭幕式上，一项名为"重建美好世界"（Build Back Better World，B3W）的倡议被写入联合声明。这是一项预计耗资巨大的"全球基建计划"，由美国总统拜登提出，以"协助中等收入和低收入国家建设基础设施"为公开宣示的核心目标。

算，到 2025 年之前，美国基础设施资金缺口将超过 2 万亿美元。拜登签署的两党基础设施建设法案总额只有 1.2 万亿美元，中美在基础设施建设包括绿色基础设施、气候变化和医药健康等领域具有广阔的合作空间。中美可进一步加强基础设施方面交流对话，建立基础设施领域投资促进机制，通过加大到美州地投资建厂力度等方式合作共建美国的基础设施；同时，中美可推进"一带一路"倡议与 B3W 等倡议对接，开展"一带一路"第三方市场合作，合作共建第三国家尤其是发展中国家基础设施，营造对"一带一路"有利的外部环境。

二是继续加强国际友城合作，调动美国州地参与"一带一路"建设的积极性。让美地方政府能实实在在地看到"一带一路"框架下中美基建和经贸合作的巨大空间，可推动每年在中美两地轮流举办中美省州长论坛，通过省政府和州政府的紧密联系来推动省州级基建项目的合作，从地方政府和企业层面出发，缓解美国社会、民众对中美关系和"一带一路"的错误认知，推动"地方促联邦"。

三是引导美国工商界以第三方身份等多种方式参与"一带一路"建设。与美国政府及一些政客不同，美国工商界有着务实、创新的传统，政治和意识形态禁忌少。因此，应注重加大与美国商会、相关美国企业等民间力量的沟通协调，为美国企业参与"一带一路"基建与经贸合作打造更便利的"接口"，推动"以经促政"。

四是加强中美智库和媒体之间的交流与合作研究，消减舆论压力。美对"一带一路"倡议的负面看法和错误解读部分来自智库和学界，应巩固中美"一带一路"合作特别是第三方合作基础，加强智库和媒体交流，共同回答"一带一路"建设过程中的重大关切与疑虑，消减"一带一路"倡议舆论压力。

2. 加强"一带一路"框架下的中欧合作

当前，百年变局、世纪疫情和俄乌局势深刻影响着全球政治经济格局，欧洲经济复苏进程受阻，美欧关系"面和心不和"，中美博弈不断加剧，欧盟成为影响中美博弈进程及三边关系走向的一个重要变量。为此：

一是抓紧推动中欧投资协定重启进入审批流程。中欧作为世界两大经济体、两大市场和两大文明，经济互补性强、合作潜力巨大。新冠疫情暴发以来，中欧双方克服困难，实现了贸易逆势增长，投资稳中有升。2020年，中欧贸易结构出现新变化，中国成为欧盟最大的贸易伙伴，是欧盟唯一正增长的主要贸易伙伴。2021年，中欧之间贸易额突破8000亿美元，创历史新高。中国保持欧盟第一大贸易伙伴地位，欧盟是中国第二大贸易伙伴。双边贸易结构持续优化，航空航天、生物、光电、电子、材料等领域的贸易增速超过了30%，中国与欧盟的地理标志协定正式生效。中欧班列月行千列、年行万列，2021年开行列数达到1.5万列，同比增长22%。2021年，中欧双向投资规模累计超过2700亿美元，在金融、疫苗研发、新能源、电动汽车、物流等领域投资合作非常活跃。同时，中欧共同开发非洲、拉美等第三方市场项目稳步推进，帮助东道国实现发展模式转型、提升竞争力、缩小与发达国家的发展差距。应抓住俄乌冲突下欧洲面临的各种困境，重启中欧投资协定，稳住并扩大中欧经贸关系，避免欧洲全面倒向美国，形成美欧抗衡中国的强大合力。

二是积极推动欧盟提出的有关基础设施合作倡议的有效对接。要高度警惕美国主导的B3W倡议与欧盟"全球门户计划"对接合作。应该看到，尽管欧盟"全球门户计划"与B3W倡议均与价值观捆绑，但二者价值观并不完全一致，资金来源上，欧盟前三大经济体德国、法国和意大利均为七国集团成员，这均会使得欧盟"全球门户计划"与B3W倡议在推进过程中形成"挤出效应"。相比而言，"一带一路"框架下中德、中法、中意合作已有一定基础，中国先后与法国、意大利、西班牙、英国等十多个国家建立了第三方市场合作机制，中法已签署第三方市场合作第四轮示范项目清单，中意已签署第三方市场合作第二轮示范项目清单，德国作为中国在欧洲最大的经济合作伙伴，并未和中国正式建立第三方市场合作的官方机制，但在企业层面，仍然有资金数额较大的第三方市场合作项目。可见，欧盟"全球门户计划"与中国"一带一路"倡议互补性较强，推动共建"一带一路"倡议同欧盟欧亚互联互通战略对接，与欧盟提出的"全球门户计划"对接，拉紧中欧利益纽带，推动基础设施、金融、能源、科技创新等重点领域合作，巩固第三方市场合作成果，形成利益共享、风险共担的共建格局，可避免美欧形成抗衡"一带一路"的合力。

（四）巩固以中国周边为基础的"一带一路"框架合作网络

以中国周边为基础的"一带一路"合作是共建"一带一路"建设的基本盘，应建立并巩固以中国周边为基础的"一带一路"框架合作网络。

一是巩固并深化中国—东盟各领域的合作。"一带一路"框架下，中国与东盟形成了更加紧密的产业链和供应链，2021 年，中国—东盟贸易额再创历史新高，达到 8782 亿美元，占中国对外贸易总额的14.5%。RCEP 生效实施，对经贸合作的促进作用已经开始显现，成为当前世界经济增长的最大亮点和区域经济增长潜力的最大抓手。同时，美国抓紧在东盟地区布局以抗衡中国和"一带一路"建设，因此，继续深化与东盟的基建与经贸合作，对于高质量共建"一带一路"、拓展国际合作新空间，尤其是后疫情时代提高我国产业链和供应链的稳定性、安全性及国际竞争力，以及构建以国内大循环为主体、国内国际双循环相互促进的新发展格局，具有重要战略意义。要在《中国—东盟战略伙伴关系 2030 年愿景》的指导下，高标准建设中国—东盟自贸区，深化双边基础设施尤其是数字、绿色和贸易投资等领域合作，重点扩大服务业市场开放，提升贸易投资便利化水平，提高双边产业链、供应链、价值链、创新链的融合度和竞争力。要加强"一带一路"与 RCEP对接，不断扩大区域开放的有利条件，为成员国经济复苏增长和发展繁荣做出积极贡献。

二是加强中日韩合作。美日、美韩为军事同盟关系，日本在政治上保持着和美国的高度一致，韩国在政治上也向美国靠拢，但中日韩经济纽带关系难以割裂。以东盟为中心、中日韩三国参与的 RCEP，对亚洲经济合作产生了重大影响，RCEP 生效后，中日之间首次建立了自贸安排，必将推动中日加深经贸合作。此前，日本也表现出在"一带一路"框架下开展中日第三方市场合作的积极性，中国正式申请加入 CPTPP，可加强"一带一路"与日本主导的 CPTPP 对接合作，形成相对稳定的中日关系，"以经促政"。同时，RCEP + CPTPP 框架下，中日韩贸易关系在全球贸易关系中的重要性进一步凸显，不仅仅是一些商品类别进口关税的互惠下调，更多是围绕商品贸易、服务贸易、投资、技术研发等制造业产业链的各方面，形成相互促进、相互协同的合作格局。应积极推进中、日、韩自贸区进程，形成利益驱动下日本、韩国自主积极参与"一带一路"经贸合作良性关系，避免日韩一边倒向美国的局面形成。

三是应运筹处理好中印、中印巴大三角关系。印度是南亚大国，尽管提出了与共建"一带一路"倡议相竞争的合作倡议，但几乎没有进展，对"一带一路"建设的影响可以忽略不计，但其与美国在南亚地区的基建合作已对我国产生了"挤出效应"。当前俄乌冲突下，俄印关系致使美印、中印关系出现调整变化，应抓住这一有利时机，经济上拉住印度，妥善处理中印边界领土争端；同时，处理好中印巴大三角关系，以调解者身份处理印巴关系，主张并强化三国在上合组织等多边框架下的合作与争端解决；保持对印政策和对印度周边邻国政策的双平衡，要从中巴经济走廊建设、中缅经济走廊建设、中尼跨喜马拉雅互联互通建设着手，深化中国与整个南亚的一体化进程，推动中国与南亚地区共建"发展共同体""命运共同体"。

（五）稳步推进与重点地区的合作

一是加强与俄罗斯、中亚"一带一路"框架下的合作。中亚国家是我国周边重点国家，俄乌冲突下，美国加大了对中亚的投入力度。应抓住俄乌冲突下中俄战略互信增强、俄罗斯对中亚各国控制减弱的难得契机，打通中国西部新疆、北部内蒙古、黑龙江等合作经济走廊陆路物流和贸易通道的短板和堵点，加大力度开展互联互通基础设施建设，深挖中俄、中亚共建"一带一路"的合作潜力，共同推动中国与俄罗斯主导的欧亚经济联盟的战略、规划对接，将"一带一路"经贸合作落到实处，推动中俄冰上丝绸之路建设，共同开发北极航线通道，使中俄、中国与中亚国家在资源共享、技术共享、发展机遇与成果等方面有新突破，形成更紧密相连的产业链合作网络，使之成为共建"一带一路"新的稳固根据地。

二是拓展与非洲、拉美等地区合作。参与共建"一带一路"的广大亚非拉发展中国家，很多与我国都有良好的合作根基。当前，拉美政治环境发生了重大变化，一些国家对美国不满情绪高涨，应抓紧时机，深入美国"后院"开展相关合作，更加积极主动扩大与这些国家在共建"一带一路"框架下的合作，但也不能搞成中国"包办"，不能放任各种错误认知、误解和误读干扰"一带一路"建设，应加大对共商共建共享原则和"一带一路"理论内涵和愿景目标的诠释和宣传，大力构建有利的话语体系。

（六）强化高质量共建"一带一路"的路径选择

一是积极推动"一带一路"的多边化、国际化和机制化。更加主动与联合国 2030 年可持续发展议程的目标和工作进行对接，加强与联合国各类附属和专门机构工作目标与计划对接，加强同世界卫生组织等的合作，推动"一带一路"更多转化为国际组织的决议、标准、规则、议案，形成类似于联合国新千年计划这样的国际性倡议、计划与行动，使"一带一路"倡议真正成为全球公共产品，成为全球各国共同应对挑战的合作之路、维护人民健康安全的健康之路、促进经济社会恢复的复苏之路、释放发展潜力的增长之路。

二是内外联动，发挥"一带一路"在加快构建新发展格局中的引领作用。加强"一带一路"建设与京津冀协同发展、长江经济带发展、粤港澳大湾区建设、长三角一体化发展、黄河流域生态保护和高质量发展等国家重大区域发展战略的对接，发挥国内经济的支撑辐射和引领带动作用。同时，加强共建"一带一路"倡议与 RCEP、CPTPP、APEC，以及上合组织、金砖国家等机制化平台的深度对接，使共建"一带一路"朋友圈成为我国构建新发展格局的基本盘。

三是以高标准可持续惠民生为目标。巩固、优化和扩大共建"一带一路"基本盘，聚焦重点走廊、重点国家、重点区域、重点项目做好示范，多维度推进健康丝绸之路、数字丝绸之路等重点领域建设，培育形成一批重大标志性项目。同时，发挥企业的主体作用，鼓励企业开展周期短、见效快的"小而美"项目，使更多国家和人民看到可视成果，提升共建"一带一路"的影响力和美誉度。

四是更多地发挥国内外智库、研究机构、专家学者的作用。进行系统深入研究，不断提出靶向解决推进过程中问题的方案，总结实践经验，形成共建"一带一路"理论，构建"一带一路"世界学，形成"一带一路"理论体系与话语体系。

（执笔人：张晓强、陈文玲、颜少君）

第一章

推进『一带一路』高质量发展的重大意义

自 2013 年习近平主席提出共建"一带一路"倡议以来，在中国与有关各方的共同努力下，"一带一路"建设成果超出预期。2019 年中央提出"一带一路"高质量发展要求，当年年底突如其来的新冠疫情全球大流行推动世界百年未有之大变局加速演进，给共建"一带一路"带来了新挑战。2021 年是我国"两个一百年"奋斗目标的历史交汇期，党的十九届五中全会提出适应新时代、贯彻新理念、构建新格局的发展要求，这对"一带一路"高质量发展提出了新任务，因此，我国必须从更高视角、更长周期、更高层面来谋划"一带一路"高质量发展。

一、世界百年未有之大变局加速演进，全球大国竞争不断加剧，推进"一带一路"高质量发展成为我国参与全球大国竞争的战略依托

当今美国全球领导地位式微，以中国快速发展为代表的发展中国家和新兴经济体群体性崛起，正在撬动近代全球殖民时代以来以西方为主导的国际关系和国际治理格局的深刻变革。作为 150 多年来的全球霸主，美国主导推行美元体制、话语体系、军事强权等，通过不公平国际分工获得了大量经济和非经济利益，成为最大的既得利益者。

在全球化巨大的收益分配上美国国内出现了问题，造成了美国社会的严重撕裂，就美国现行制度来说解决这一问题难上加难。特朗普政府执政的四年里美国大幅退出全球化。在美国主导的国际关系基础架构下，美国单纯以其一己之利为目标，合用则用、不合用则弃，奉行单边

主义、保护主义，大搞贸易战，推动中美"脱钩"，各国深受其害，给当前国际关系发展带来了巨大的不确定性，世界百年未有之大变局加速演进。

亚欧大陆是世界上最大的陆地，也是全球主要文明的诞生地和当今世界人口主要聚集地。古代丝绸之路在前工业化条件下延续几千年，在当时落后的生产力和物质技术条件下通过高值轻量化的不同文明下的特色产品贸易，推动了不同文明的交流互鉴和共同发展，可以说，从总体上塑造了当代全人类生活的面貌。近代以来，东方国家深受殖民主义和不合理国际分工之害，各国间互联互通水平低，基础设施条件落后，经济发展基础薄弱，民生改善十分缓慢，一些国家还处于工业化起步阶段。

正是基于深邃的历史洞察和对现实需要的深刻把握，2013年习近平主席提出"一带一路"倡议，这一倡议旨在在不改变现行国际关系和国际秩序的前提下，通过推进各国政策规划、基础设施、贸易、金融和人文交流，形成更高水平的互联互通，改善一些区位不利和地理封闭国家的发展条件，推动一些落后国家的资源开发，在包容、普惠、共赢理念下创造共同发展的新机会，加快落后国家工业化进程。"一带一路"应所需、顺时势、得人心，一经提出就得到全球各国和国际组织的普遍欢迎。

对于现行国际关系体系下发展中国家的群体性崛起，美国国内一些人有着深深的不安全感。美国从自身惯常持有的霸权主义立场出发，从一开始就选择无视全球发展所需和"一带一路"主旨，把"一带一路"视为中国挑战美国霸权地位、谋求亚洲主导权之举。美国采取推行"蓝点网络计划"等各种招数，对冲"一带一路"倡议；联合地区盟友和有关国家推进"美日印澳"战略，在国际上制造"债务陷阱论""资源掠夺论"等各种舆论，肆意诬蔑抹黑中国，将"一带一路"诬蔑为大国竞争的工具。

拜登政府执政以来,不仅延续了特朗普政府的对华政策,而且变本加厉,大搞所谓"联友制中",大搞所谓"价值观联合"。美国对我国的遏制和打压是由其霸权本性决定的,中国即使不提出"一带一路"倡议,也丝毫不会改变美国对中国发展打压的事实。对于中国的快速发展和中国特色社会主义道路,美国是不可能一开始就顺其自然、欣然接纳的。如今"一带一路"已成为中美竞争的"先手牌",有无"一带一路"对于中美竞争格局是根本不同的,"一带一路"给我国竞争带来了更多的主动力量和战略选择空间,"一带一路"发展有着不可阻挡之势。经过近十年的建设和发展,"一带一路"形成了中国提出的第一个面向全球的发展倡议,形成了巨大的无形资产,借此也使得人类命运共同体理念成为越来越多人的共识。推进"一带一路"高质量发展,必须立足于全球大变局和中华民族复兴全局,走深走实走好"一带一路",形成我国对外的新依托、新抓手,加快形成对我国有利的竞争态势和发展格局。

二、全球新冠疫情及后续影响出现长期化趋势,推进"一带一路"高质量发展成为我国适应全球发展新需要的重要载体

新冠疫情全球大流行,给各国人民生命健康带来严重威胁,给全球经济增长带来巨大冲击,这也是对全球不同社会制度、执政理念、治理模式的一次检阅和大考。中国政府坚持人民至上、生命至上的理念,统筹协调全社会力量集中打好疫情防控战,最先控制疫情实现复工复产,成为2020年全球唯一实现经济正增长的国家。但相比之下,美国等西方国家混乱无序、错招迭出,大量人群感染、死亡,给中国人民和世界各国人民上了鲜活的一课,也加快了全球"东升西降"的进程。

百年未有之大疫增强了各国民众同舟共济、共克时艰的命运共同体意识,"一带一路"所倡导和推动的构建人类命运共同体理念从来没有如此具体、必要和紧迫,也大大增进了人类命运共同体理念的显示度、

认同感和吸引力。正是基于"一带一路"框架，中国政府提出了共建全球卫生健康共同体，中国积极与有关国家分享抗疫经验，实施大量的医疗物资援助，向一些国家和地区派出专业医疗队，在特殊时期为"健康丝绸之路"赋予了新内涵，受到了世界各国政府和人民的普遍欢迎。特别是中国政府以理性消除歧见，主动倡议将新冠疫苗作为全球公共产品，在西方一些发达国家大量囤积疫苗的情况下，中国对一些国家特别是"一带一路"高水平合作国家进行疫苗援助，践行"一带一路"理念，弘扬"一带一路"精神。

疫情下各国纷纷出台封国、封城措施，在这一特殊条件下"一带一路"沿线国家合作的价值和优势不断得到凸显，中国举办中非团结抗疫特别峰会，向 120 多个国家和 11 个国际组织提供紧急援助。截至2021 年 2 月，中国已与 140 个国家、31 个国际组织签署了 205 份共建"一带一路"合作文件。中欧班列展现出运量大、成本低、人员接触少的独特优势，为欧洲国家运去了大量的抗疫物资和疫情下急需的民生产品，也为维护和保证两大经济圈产业链供应链的稳定提供了特殊支撑，沿线各国从中欧班列中获得了实实在在的好处。2020 年，中欧班列开行超 1.2 万列，同比上升 50.0%，综合重箱率达 98.4%，通过境外 21个国家的 92 个城市，同比增加 37 个城市，发送国际合作防疫物资 931万件、7.6 万吨。疫情发生后国际投资领域动荡，一些国家卫生设施不堪重负，在"一带一路"框架下，各国加大政策沟通和协调力度，对受疫情影响的项目和企业给予开发性金融支持，增强物流与贸易、产业的深度联动，为全球经济复苏增加了正能量。

全球发展的大势是联结合作，疏离封闭没有出路。2020 年 9 月 4 日，习近平主席在 2020 年中国国际服务贸易交易会全球服务贸易峰会上的致辞中强调："突如其来的新冠肺炎疫情，在一段时间内阻隔了我们的相聚，但阻挡不了服务贸易发展的脚步，阻断不了我们携手共进、合作共赢的信心和行动！"推动实现高水平的互联互通符合全球各国利益，是为全球创造更多福祉的必要前提。"一带一路"倡议提出以来,互联互通水平不断提高,其所带来的好处日益显现。推进"一带一路"高质量发展,通过建立更高水平的互联互通,在当前世界经济面临深度衰退、国际贸易和投资大幅萎缩的不利局面下,为国际合作开拓了新空间和新领域,也为参与新形势下全球发展提供了不可替代的新途径和新载体。

三、面对长期挥之不去且正卷土重来的价值观分化趋势,"一带一路"高质量发展成为推进多边主义、强化基于发展之上全球化新方向的基础支撑

当前,全球发展面临安全赤字、发展赤字、治理赤字和信任赤字,全球治理权威结构发生重大变化,国际关系民主化成为大势所趋。全球物质性权力与既有制度性权力不匹配,制度性权力控制在西方大国手中。但由于自身意愿和能力的减退,发达国家的"自顾""内倾"倾向会持续加剧,现行全球治理机构职能和作用式微,尽管拜登政府已重回《巴黎协定》、世界卫生组织等特朗普政府时期退出的国际协议和组织,但这只不过是美国政府出于自身利益的策略性考虑,并没有改变美国一直以来所施行的霸权主义、单边主义政策,其在经费、议题和一些重大问题上还会对全球多边合作不断制造障碍。

美国政府和广大发展中国家对"一带一路"迥异的立场和态度,反映了美国维持其霸权利益的立场和对当代世界发展导向这一重要全球共识的不认同。长期以来,以美国为代表的西方国家,坚持由其主导下的高水平一体化路子,即主要由其主导和倡议,体现其战略意图和政治设计,以谈判方式达成具有约束力的协议,以此形成参与主体、范围相对固定的个别国家俱乐部。这一模式对各方的共识和同质性要求高,谈判和履行成本也高,自然形成了"俱乐部"外的广大发展中国家的"被支配地位",很多发展中国家的利益和诉求只能是"被代表""被牺牲",特别是这一模式下人为划线,背后隐藏着不同国家社会制度、意

识形态和价值观的对立，客观上在有意或无意地制造着"文明的冲突"。

"一带一路"沿线及相关国家历史文化传统、经济发展水平、政治制度和社会治理模式千差万别，但是有着共同的发展诉求。"一带一路"坚持把发展作为各方合作的最大公约数，坚持以目标协调、政策沟通为主，不刻意追求一致性，推进实现尊重差异的共同性整合，以"五通"提升各国发展水平，这与美国等西方国家不断强化的所谓以价值观划线的做法是截然不同的。"一带一路"不搞少数国家封闭小圈子，而是提供面向各国、各地区的开放性平台，"一带一路"着眼于提高全球治理的行动自觉，不搞自上而下的设定服从和制裁机制，不搞等级化和差别化，以"共商、共建、共享"解决如何建、谁来建、为谁建的问题，给全球各国无论大小、贫富、强弱以同样平等的参与机会；"一带一路"强调利他与利己相结合，共同寻找利益交汇点，超越一直以来西方国家主导的单纯以援助为主要内容的发展模式，形成一种更具自主性、更趋平等和包容性、更为全面的全球发展治理模式。"一带一路"不是现有全球和区域治理机制的替代方案，而是与现有国际治理机制充分兼容的补充方案，是有效推动全球治理、安全、发展、信任的重要载体，是现行全球治理和发展困局下的智慧之举。

"一带一路"通过一个个项目、工程，让广大发展中国家看到了希望，找到了机遇，增强了发展信心。"一带一路"有利于缩小全球国家间贫富差距，通过世界经济一体化的深化为全球发展创造红利，为广大发展中国家获得发展所必需的基础设施、融资渠道、先进技术、生产能力、管理经验提供帮助，提高税收、就业和民生福利水平，实现"鱼""渔"双收。但是"一带一路"还是被认为动了美国等一些国家的"奶酪"，但它们的抵制不会改变"一带一路"的发展属性和基本事实。美国拜登政府随意放大和制造全球价值观分化无益于全球问题的解决。当前我们推进"一带一路"高质量发展，就是要在坚持"一带一路"基本理念和发展目标下，根据新形势变化进行适当调适，在如何实现"更好"和"更能"之间寻求平衡，尽快取得更多标志性的成果，不断夯实"一带一路"行稳致远、共同发展的基础。

四、在中国发展进入新时代条件下，"一带一路"高质量发展成为实现国内国际两大循环不可或缺的链接器和推进器

改革开放 40 多年来，中国由被动参与转向主动积极参与全球化进程，这是中国经济与世界经济双向作用、深度交融、相互成就、双赢多赢的发展过程。中国已成为世界经济保持稳定增长的发动机和稳定器，成为世界上体量最大、增长最快、潜力巨大的消费市场。当前，我国处于"两个一百年"奋斗目标的历史交汇期，机遇和挑战之大前所未有，总体上机遇大于挑战。党的十九届五中全会提出加快构建以国内大循环为主体、国内国际双循环相互促进的新发展格局。构建新发展格局要实现高水平的自主自强，加强创业链创新链对接，加快培育完整的内需体系，实行高水平对外开放，塑造参与国际合作和竞争新优势。

共建"一带一路"是我国当前和今后一个时期对外开放的管总规划，近十年来，"一带一路"把我国对外合作推进了一个新水平，已经成为新时代我国构建双循环不可或缺的链接器，高质量推进"一带一路"建设也将成为构建新发展格局的推进器。

"一带一路"依托国际大循环，提升了我国国内供给和需求的适配度。近十年来，通过"一带一路"国际产能合作，我国大量优质产能"走出去"，在一定程度上减缓了我国产能过剩的压力。国外大量矿产资源的进口，提高了我国能源和重要原材料的保供水平，大量国外优质农产品进口，提升了国内民众的生活品质。近十年来，我国与"一带一路"沿线国家贸易增长率超过当年贸易总体增长率水平。2020 年，中国与沿线国家贸易进出口额为 1.4 万亿美元，同比增长 0.7%，对沿线国家非金融类投资 177.9 亿美元，同比增长 18.3%。2020 年上半年，

东盟成为我国第一大贸易伙伴，我国各类企业在沿线国家投资不断增长，加快了我国企业"走出去"步伐。随着"一带一路"互联互通水平的不断提高，我国在东亚经济圈的产业链主导地位不断巩固，成为稳定我国国内发展基本盘的重要方面。近年来，"数字丝绸之路"发展迅速，我国与沿线国家及相关国家以跨境电商为主要形式的数字贸易加快发展，我国参与的数字基础设施成为互联互通的重要领域，推动了我国数字产品、技术、标准"走出去"，对于提升我国在全球数字领域的竞争地位发挥了积极作用。

可以说"一带一路"对于塑造我国当前区域发展格局发挥了主导性作用。长期以来，我国中西部内陆地区由于地理上远离沿海地区、交通不畅，开放水平提高缓慢。"一带一路"框架下形成的"六廊六路多国多港"推动我国形成了全方位对外开放新局面，以中欧班列为代表的跨境交通网络体系使广大的中西部地区成为新时期对外开放的前沿，一大批依托"一带一路"形成的重要交通干线、口岸等战略节点和跨境合作区发展势头强劲，推动形成了陆海内外联动、东西双向互济的开放格局。

构建新发展格局将在更高水平、更宽领域推动提升国内国际互动水平，将为"一带一路"发展提供新机会、新动力，"一带一路"必将极大地受益于更高水平、更高层次、更高质量的双循环新发展格局。2020年11月15日，RCEP历时8年终于正式签署。东盟10国与中国、日本、韩国、澳大利亚、新西兰等15个成员国的总人口、经济体量、贸易总额均占全球总量的约30%。RCEP不仅是目前全球最大的自贸协定，而且是一个全面、现代、高质量和互惠的自贸协定。中国新发展格局正在做大，发展的基础日益扎实。构建新发展格局不仅是自身发展的需要，对全球经济也是重大利好。"一带一路"作为联通中国经济和世界经济的重要桥梁和纽带，高质量共建"一带一路"成为新形势所需。

五、为更好地应对"一带一路"起步期出现的各种现实问题和挑战，推进"一带一路"高质量发展是行稳致远的根本需要

"一带一路"从理念构想到生动实践，走过了从"夯基垒台、立柱架梁"到"落地开放、根深叶茂"的成长历程，在世界范围内深入人心，其基本理念得到了全球绝大多数国家的广泛认同和积极响应。以"政策沟通、设施联通、资金融通、贸易畅通、民心相通"的互联互通为主线，以共商共建共享为基本原则，各领域合作不断推进。从范围来说，从原来陆海沿线 65 国扩展到非洲、拉美、南太等国。"一带一路"建设正在朝走深走实方向发展，从当初的"大写意"向"工笔画"阶段迈进。"一带一路"是个全新的事物，当然随着形势变化，遵循"实践—认识—再实践—再认识"的发展过程。"一带一路"高质量发展的研究目的就是破解当前推进过程中面临的诸多挑战和问题。

2021 年 3 月，美国外交关系协会发布 *China's Belt and Road：Implications for the United States* 报告，提出对冲和遏制"一带一路"的美方策略。下一步共建"一带一路"会遇到很多美国等国埋下的"钉子"。同时，我国共建"一带一路"也面临质量不高、协作不够，有些方面工作不平衡等问题。目前，我国已成为沿线很多国家的主要投资来源地，但我国投资支撑体系无法满足投资持续扩大的需求。一些企业缺乏长远和明确规划，对东道国的资源、市场等因素缺乏深入研究，其海外投资决策存在跟风因素和盲目投资倾向；一些中资企业为追求短期利益，通过恶意压低价格等不良手段获得项目，影响了中资企业在投资所在国的形象，甚至损害了国家利益；一些企业在投资遇到风险时缺乏有效手段和沟通能力，一些本可以消除的问题得不到及时解决；一些企业虽有一定的社会责任意识，但简单地把履行社会责任等同于捐资捐物、修桥修路、盖学校建楼房，当地社会和民众的认可度不高。个别中资企业习惯于"闷头做事，少说多做"，不愿走近当地民众和社区，缺乏与

当地媒体打交道的能力，常引发误解。

"一带一路"是中国向全球提供的国际性公共产品，从过去传统的规则性公共产品到发展型公共产品，"一带一路"要实现从统一权威模式供给到各主权国家平等参与的联合供给的创新，"一带一路"是否有必要进一步机制化、实现何种程度机制化以及如何实现等问题，已经摆上日程。特别是作为倡议发起国，科学有效划分中国与各参与方的权利、义务边界，如何建立合理的成本分摊机制等问题，应随着"一带一路"的发展逐步定型。

随着大国竞争和国际发展大环境的变化，"一带一路"建设会面临新问题，当前尤其要应对好"一带一路"所涉及的债务可持续、法律、地缘政治、防卫安全等各方面风险。"一带一路"沿线及相关国家的贸易、投资、知识产权、金融、税务等方面的争端解决机制建设亟待加强，应建立充分吸纳和援用WTO、国际投资争端解决中心（ICSID）、双边协定等既有长项又体现"一带一路"特点的调解、仲裁机构，构建创新性多元纠纷解决机制。

"一带一路"在发展中要解决好我国在有关国家投资的财务安全和可持续问题，我国国际法律支撑和援助体系还不能适应发展需要。地缘政治方面，一些国家政权的更迭也会给共建"一带一路"带来冲击。全球环境与可持续发展也对"一带一路"提出了新要求。民心相通方面，我国尽管做了一些工作，但目前来看还不深不实，方法还比较单一，效果也不太理想。下一步应秉持绿色、开放、廉洁的理念，努力实现高标准、惠民生、可持续的发展目标，还有大量工作要做。

（执笔人：徐占忱）

第二章

推进『一带一路』高质量发展面临的多重挑战与风险

今后 5 年甚至更长时间，是世界百年未有之大变局深度演化和我国全面建设社会主义现代化国家开局起步的历史交汇期，"一带一路"建设的外部环境和内部条件正在发生复杂而深刻的重大变化。总体来看，和平与发展的时代主题没有改变，推进"一带一路"建设仍然处于重要战略机遇期，长期向好的基本面没有改变，但也面临许多新的更加复杂的内外挑战和深层次矛盾。全球化遭遇逆流、世界经济持续衰退、大国关系深度调整、地缘政治竞争博弈加剧、非传统安全与传统安全风险高企，特别是新冠疫情呈全球扩散常态化、长期化态势，一些国家对"一带一路"的质疑、抵触甚至破坏，沿线国家发展阶段差异、规则标准差异，以及前一阶段共建中反映出的种种问题，都对下一步高质量建设"一带一路"提出了严峻的挑战。

一、政治挑战与风险：美国全面制衡、地区大国干扰、部分国家疑虑带来的挑战

当前，世界政治格局大发展、大变革、大调整态势更加凸显，会给"一带一路"建设带来新的不稳定因素。"一带一路"建设必然会面临全球化的系统性挑战。"一带一路"沿线处于世界地缘政治中心地带，历来是大国利益犬牙交错之地，沿线地缘政治关系错综复杂，是大国战略博弈的敏感区域。一些大国会依据自身的地缘状况对"一带一路"沿线地区提出自己的战略设想，如美国提出的"新丝绸之路计划""印太经济走廊"，俄罗斯提出的"欧亚经济联盟"，印度提出的"香料之

路计划""季风计划"等。这些国家提出战略设想的目的都是将自身作为塑造地区秩序的主导者，意图加强与周边国家的联系，增强对地区事务的领导力。这些战略设想的内容与"一带一路"建设客观上存在一定的竞争性。随着"一带一路"建设的向前推进，大国地缘政治博弈带来的全局性挑战将会越来越复杂和严峻。这些国家的一些有偏见的媒体和人士还刻意将"一带一路"解读为政治策略，企图误导沿线国家，利用发展中国家的历史伤痕，在"一带一路"沿线各国制造内部矛盾，炮制所谓"中国威胁论""新殖民主义"等论调。总的来看，对于"一带一路"建设，一些大国在思想上高度警觉，行动上严密盯防，个个都有举措。这些大国的战略判断及其政策立场对于现在和将来推进"一带一路"建设，都具有重大的战略性和全局性影响。

（一）美国不断强化对"一带一路"建设的全面制衡

特朗普政府在任期内对"一带一路"倡议进行了持续的干扰和破坏。拜登在总统竞选中就曾无端指责中国利用"一带一路"倡议向其他国家出口以转移碳排放。拜登上台后，继续将中国视为首要、全面、全球性的战略竞争对手，逐步显现出针对中国的全方位竞争态势，继续将"一带一路"视为两国战略竞争的重要领域，并从经济、外交、安全、舆论等方面不断加大对"一带一路"的制衡。

近些年来，美国政府着力推行"美国优先"政纲，国家安全战略重心从反恐转向大国竞争，竞争理念逐步转化为"竞争性战略"。在此背景下，美国战略界对"一带一路"的负面认知持续发酵，认为"一带一路"将侵蚀第二次世界大战后美国建立的全球霸权基础，尤为重视应对"数字丝绸之路""标准输出""军民两用基础设施"等问题。"印太战略"开始成为美国压制"一带一路"的主要依托，东南亚则成为其重要地缘方向。美国对"一带一路"的强化制衡体现了其对华展开全方位竞争的动向，具有总体性、非对称性、跨域性、联动性等特征。对此我国必须予以高度重视和审慎应对。

1. 中美全方位竞争关系与美国对华战略调整

2017 年 12 月，特朗普政府发布任内首份《国家安全战略报告》，提出美国正面对"大国竞争"的新时代，并将中国明确定位为"修正主义国家"和"战略竞争者"。从政策实践角度看，美国政府试图大力调整对华战略，以应对在美国国家安全议程中日益占据核心位置的"中国挑战"。2018 年以来，美国政府在经贸关系、台海问题、南海争端、意识形态等方面持续强化对华施压，中美关系的紧张态势不断上升，一些专家和评论人士甚至担心两国陷入"新冷战"。在很大程度上，"竞争"成为美国对华战略调整的主基调，美国围绕"掠夺性经济""技术领导地位""灰色地带"等问题针对中国展开制衡。与此同时，为了进一步实现大国竞争的可操作化，美国方面在涉华政策领域大力构建竞争理念、竞争话语、竞争心态和竞争氛围，加紧制定和实施"全政府"（Whole – of – Government） 对华战略，旨在综合运用经济、安全、外交等政策手段，通过美国式的"举国体制"在诸多领域和区域强化针对中国的竞争。

在此背景下，"一带一路"倡议日益成为美国战略界关注的热点。2018 年以来，美国国内围绕"一带一路"的智库研究和政策争论显著升温，美国行政和立法部门在制衡"一带一路"方面取得普遍共识。美国战略界人士普遍认为，中国持续推进"一带一路"建设的影响不容轻视，它不仅具有改变欧亚大陆地缘经济和地缘政治平衡的潜力，也会在技术标准、军事安全、国际发展等多个领域对美国构成现实挑战，甚至破坏美国在第二次世界大战后建立的全球霸权基础。此外，美国政府开始通过不断充实和细化"自由而开放的印太战略"、宣扬中国制造"债务陷阱"等负面论调、改革国际发展融资机制以及其他多种方式，不断加大对"一带一路"的制衡。可以说，围绕"一带一路"的博弈集中体现了中美关系日益上升的竞争性因素以及美国对华实施竞争性战略的总体动向和主要特点。

美国对华战略的重大调整具有深刻的国际背景和历史背景。一方面，经济全球化陷入低潮、民粹主义在西方国家勃兴、跨大西洋同盟日益显现裂痕、地缘冲突回归以及移民族群矛盾恶化等表明，第二次世界大战后美国主导建立并在冷战后向非西方世界逐步扩展的"自由主义国际秩序"已陷入日益深化的危机。美国国家安全战略出现以应对大国竞争为核心目标的重大转向，并将中国视作比俄罗斯等国更具威胁性的力量。另一方面，过去10余年间，中美关系中的竞争性因素持续上升。2008年国际金融危机发生后，在美国国家实力和"华盛顿共识"受到冲击的同时，中国经济保持快速发展，军事安全实力和国际影响力日益增强，有关中美之间"权势转移"的讨论不断升温。加之近年来南海争端、网络安全、技术竞争等问题的出现，美国战略界逐步形成"对华接触失败论"以及新一波"中国威胁论"，开始将中国视为美国首要的、全面的、全球性的战略竞争者。

特朗普政府时期，多种主张强化对华压制的力量在美国形成合流，加快了美国对华深化战略竞争的步伐。一是"里根主义派"，这一群体具有较深的反共意识，崇尚带领美国和西方国家赢得冷战胜利的里根总统的主张，即大力刺激美国经济，提升美国军事实力，敢于对战略对手进行遏制，甚至不惜发动军备竞赛，力图"以实力保和平"。二是"民粹主义派"，这一群体断言中国已经走上谋取全球霸权的道路，而"全球主义精英"却与中国构成共谋关系，不愿对华强硬。其认为美国面对的是"儒家重商威权主义"带来的"文明冲突"，各国民粹主义者应当联手对抗中国。三是"温和强硬派"，这一群体认为过去数十年美国对中国的"接触"政策未能使中国成为国际体系中"负责任的利益攸关方"，中国在经贸关系、南海争端、意识形态等问题上日益强势，美国需要对中国进行反击，采取"推回"策略，但要避免与中国陷入战争，并在相关问题上对华保持有限合作。上述各派力量在处理对华关系的具体策略上虽然存在分歧，但是都赞同美国应对对华战略做出深刻调整，采取切实举措压制中国崛起。

特朗普政府发布的《国家安全战略报告》《国防战略报告》等，都重点对中国的内外政策大加指责，将对华竞争上升到"自由世界秩序与压制性世界秩序之间的地缘政治竞争"的高度。这些报告凸显了两国处于战略竞争状态的现实，在很大程度上体现了美国战略界的共识，标志着美国试图集中力量应对"中国挑战"。可以看到，美国对"中国威胁"的认知涉及经济、安全、外交、意识形态等诸多方面，美国政府日益从全方位竞争的角度制定和实施对华政策。在特朗普签署的《2019财年国防授权法案》中，美国国会要求制定"全政府"对华战略，即综合使用经济、政治、外交、军事、信息战等各种手段赢得与中国的战略竞争。如何推进对华战略竞争的"可操作化"，如何将竞争从理念和意愿转化为具体、有效的政策，如何建立和完善与对华战略竞争相适应的政策机制，如何管理美中两国的竞争等问题，成为美国战略界筹谋的重点。在此背景下，美国主要智库的对华战略辩论日益呈现出"大国竞争"导向。随着应对"中国挑战"成为美国国家安全政策的首要优先议题，美国智库也越发积极地参与美国对华政策的辩论，并从国际秩序、经济—安全互动关系、维护技术领导地位、美欧中三边关系等角度切入。上述变化也致使美国战略界对"中国威胁"的认知愈加泛化，"中国挑战"的全局性、首要性和复杂性在美方看来也变得更为突出。

除了智库层面的变化，在推动对华全方位竞争的过程中，美国国会也在扮演着越发活跃和关键的角色。长期以来，府会关系对美国对华政策的走向具有重要影响。特朗普任期内，在强硬对待中国方面，"府会合流""两党合流"的趋势不断显现。一些国会议员在应对中国"锐实力"、抗衡中国"债务外交"等诸多涉华政策议题上发挥了主导作用，与政府内外的对华强硬派势力相互配合，对美国社会涉华舆论施加负面影响，力求形成"朝野合流"。2018年以来，美国参议院对外关系委员会、情报委员会、众议院外交事务委员会、武装力量委员会、情报委员会以及国会下属机构美中经济与安全评估委员会（US-CC）等大力介入和引导美国对华政策制定，围绕"一带一路"、强化对华技术出口管制、中国与美国盟友关系、中国海外军事力量扩展等问题举行了一系列听证会，进而形成相关法案或国会议员声明。这些举措不仅放大了美国国内主张对华强硬的战略界人士的声音，也为美国政府加大对华施压营造了诸多有利条件。

基于对 2018 年以来美国政府高级官员、国会议员和智库专家相关政策性言论的梳理，可以发现美国对华展开全方位竞争的若干思路和趋向。

第一，在经济领域推进竞争是应对大国战略竞争的基础。美方倾向于认为中国长期利用美国经济体系的开放性、西方国家构建的贸易制度等推进自身的战略目标，而且日益增强政府主导的经济发展模式。为了有效应对中国的"经济战略"和提升本国经济竞争力，美国需要与中国在一定程度上"脱钩"，推动产业链从中国撤离，弱化中国在国际经济体系中的影响力。大力维护和巩固美国的"技术领导地位"，阻止或迟滞美国和西方国家的技术向中国"流散"。通过强化外国投资委员会（CFIUS）等机制，严格审查和削减中国企业对美国的直接投资尤其是对技术类企业的并购。此外，美国需要进一步降低对中国的经济依赖，既要减少联邦预算赤字和其他外部债务，也要查找和修复供应链方面的薄弱环节，防范中国限制对美出口而对美国造成巨大损害。美国还可以考虑以白宫为主导、跨部门参与的方式制定《国家经济安全战略》，更有效地运用综合性手段应对中国带来的经济挑战。

第二，在军事安全领域，一方面，进一步强化美国国防工业基础，通过调整采购政策、支持国内相关产业等方式，降低在国防工业关键原材料和零部件方面对中国产品的依赖程度，确保在与中国发生常规战争的情况下美国依然具有足够的武器装备生产能力。美国需要加快将相关军事资源向与中国的战略竞争领域倾斜，从中东和非洲向印太地区转移，美国国会需要加大拨款力度，支持国防部落实相关战略规划。美国还应尽量避免与朝鲜、伊朗等国爆发"自选的战争"，防止因此损失与中国展开战略竞争的资源。另一方面，强化美国盟友和关键伙伴的军事能力，包括日本、韩国、澳大利亚、印度、越南和印度尼西亚等国，放松对这些国家在技术输出、武器出售、防务贸易等方面的管制，将它们扶植为抗衡中国的"前沿国家"（Frontline States），使其拥有更强的对华威慑能力。此外，美国需切实提升对华海上战略竞争能力，用好"印太海上安全倡议"等项目，增加对孟加拉湾沿岸国（如斯里兰卡）的军事援助，加大对南太平洋岛国、东非（特别是吉布提）等战略枢纽地带的关注力度；还需支持美国海岸警卫队等准军事力量在印太地区开展活动，与相关国家扩大海上安全联合演练，有力应对中国的"混合战"（Hybrid War）和"灰色地带"（Gray Zone）策略。

第三，在外交领域，从地区层面来看，美国政府和国会的相关行动进一步聚焦亚洲地区，可考虑采取的具体举措包括增加对亚洲国家的发展援助、扩充美国国务院和驻外使领馆的人员编制规模、强化美国财政部和商务部等机构的相关部门和派驻力量等。为应对"一带一路"带来的挑战，美国需要向亚洲、欧洲、拉美、中东、非洲等地区的驻外使领馆派遣更多中国问题专家，由其负责严密监察中国在相关国家的行动。从国际层面看，美国要着力增强相关国家应对中国"经济胁迫"的能力，为其提供基础设施建设贷款等方面的"替代性选择"，对中国不断运用经济手段为外交战略目标服务的做法加以制衡。此外，美国还可对华采取"负担转移"（Burden Shift）策略，在中国和美国利益重合的相关地区减少美国的投入，如阿富汗和部分中东国家，设法让中国背上"包袱"。为抗衡中国在国际发展领域的影响力，美国需要大力支持世界银行、亚洲开发银行等机构增资和提效改革，给予美国海外私人投资公司（Overseas Private Investment Corporation，OPIC）、世纪挑战集团（Millennium Challenge Corporation）等机构更多的资金和更广泛的投资权力，加大力度改造国际多边开发体系，通过有效调动私营部门力量等方式彰显美国在国际发展领域优于中国的领导力。

第四，美国需要采取"防御性"和"进攻性"举措。从"防御性"角度而言，美国应大力增强国内的反情报、反间谍能力，逐步清除中国在美国国内的"影响力行动"。所谓"进攻性"手段，包括加大对州长广播协会、"自由亚洲"电台等机构的支持，将针对俄罗斯的"信息战"策略运用到中国身上，在国际上宣扬"中国是国际稳定的破坏者""中国利用'一带一路'进行经济掠夺""中国内部挑战深重、崛起不可持续"等论调。此外，还可考虑在相关国际组织框架下成立民主国家共同应对中国"政治战"的协调机构，分享中共统战机构和个人活动信息以及监测防控中国"政治战"活动的经验。

拜登上台后，在2021年2月19日出席慕尼黑安全会议线上会议时特别提到，必须为与中国的长期战略竞争做准备，并预言这将是非常激烈的竞争。但美国显然不准备降低竞争强度或做出妥协，甚至乐见竞争，因为美国认为自己有力量在竞争中胜出。2021年3月3日，美国出台《国家安全战略临时指南》，该指南将中国定义为"唯一有综合实力持续挑战国际秩序的竞争对手"以及"21世纪最大地缘政治考验"。该指南称，世界各地的权力分配正在发生变化，中国是唯一有可能将其经济、外交、军事和技术力量结合起来，对一个稳定和开放的国际体系提出持续挑战的竞争对手。美国将加强持久优势，并在与中国或任何其他国家的战略竞争中获胜。美国将遏制中国的行为，反击对集体安全、繁荣和民主生活方式的威胁。该指南还称，在许多领域，中国寻求不公平的优势，采取积极进取和胁迫性的行为，破坏了一个开放和稳定的国际体系的核心规则和价值观。美国将继续根据国际法捍卫对全球公域的使用权，包括航行自由和飞越权；将通过外交和军事手段来保护盟友；将支持中国的邻国和商业伙伴捍卫自己在不受胁迫和不正当外国影响的情况下做出独立政治选择的权利。

拜登上任后在一系列讲话中对中国的几个表述也尤其值得重视：其一，威权主义不断推进；其二，中国日益增长的与美国竞争的野心；其三，对美国繁荣、安全、民主价值观的挑战；其四，中国的"经济霸凌"；其五，咄咄逼人的行为模式；其六，中国在人权、知识产权和全球治理等方面的攻击行为。显然，拜登对中国的态度和定位是非常清晰的，如果说特朗普政府对中国的打击主要表现在贸易和科技方面，那么拜登政府对中国的攻击将可能是全面的。拜登的对华政策也正在变成实实在在的行动。从美国 2021 年的国防授权法来看，其中有近 40 项条款都涉及中国，同时，美国国防授权法还授权启动了一个新项目，名为"太平洋威慑计划"，显然，这个"威慑"背后所指的国家就是中国。以上这些都显示出拜登政府的对华政策有可能不会比特朗普时期更宽松，而是会更严厉，将会更多地使用人权手段，策划"颜色革命"，进行军事威胁甚至核威胁。

2. 美国强化对"一带一路"制衡的主要表现

美国在不同领域对华展开的"竞争"策略实际上是彼此联系的，其总体性、跨域性和联动性特征在制衡"一带一路"方面尤为显著。2013 年中国提出"一带一路"倡议后，美国对此并没有做出强有力的回应。多年来，"一带一路"建设取得诸多进展，国际社会给予普遍支持，"一带一路"逐步成为中国国家发展和外交政策的重要支柱。随着"一带一路"建设的不断推进，美方对"一带一路"的认知开始日趋负面化。美国方面明确将"一带一路"视为"中国大战略"的组成部分，日益担忧中国在全球范围内损害美方利益，认为中国欲借"一带一路"对欧亚大陆进行控制，进而谋求"全球霸权"。"一带一路"成为美国战略界人士对华认知呈现出"威胁膨胀"（Threat Inflation）现象的重要推动因素。他们在宣扬所谓的"债务陷阱论""滋生腐败论""产能污染论""破坏安全论""输出模式论""规则替代论"等一系列消极论调的同时，围绕如何加大对"一带一路"的制衡，也不断提出具有一定系统性、针对性和可操作性的政策建言。

2017 年以来，美国许多高级官员以及国会议员都在公开场合发表质疑和批评"一带一路"的言论，认为"一带一路"表明中国在全球范围内推行"掠夺性经济"，通过制造"债务陷阱"损害他国主权权益，破坏美国的国际领导地位。很多美军战区司令以及其他军方领导人从军事安全的角度对"一带一路"公开提出批评。2017 年 6 月，在印度总理纳伦德拉·莫迪访问美国期间，特朗普与其发表联合声明称，应通过透明的、负责任的债务融资举措建设基础设施，促进地区的互联互通，并确保尊重主权和领土完整、法治和环境保护规则。这被认为是美国官方开始明确针对"一带一路"采取反制。

此后美国智库对"一带一路"的研究重点和主要看法也开始呈现出以下重大变化。一是更加注重研判"一带一路"建设的军事安全影响，认为"一带一路"是"以经促政、以商掩军"，关注"一带一路"如何影响南太平洋岛国、孟加拉湾沿岸、东非印度洋沿岸等重要节点地区的力量平衡，以及港口设施军民两用、中国私营安保力量"走出去"、中国北斗导航系统"内嵌"相关国家等问题。二是更为关注"数字丝绸之路"，担心中国借此加大收集沿线国家的重要数据，并通过华为、中兴等公司承接的相关项目（如在斯里兰卡、赞比亚、埃塞俄比亚）向沿线国家输出中国式的信息监控系统。三是炒作中国通过"一带一路"提升威权主义体制的国际影响力，通过制造"债务陷阱"等方式加大对沿线国家的控制，在沿线国家开展"有中国特色的干涉"，不断强化针对相关国家的"经济胁迫"。四是忧心中国企业和金融机构在"一带一路"沿线国家的不合规经营和腐败行为、中国对相关国家贷款的低标准或"有中国特色的附加条件"，导致国际发展领域的规则和标准（尤其是环保和社会标准）受到破坏，从而引发"逐底竞争"（Race to the Bottom）问题。五是更加深入地探究联手日本、澳大利亚、欧洲、印度等国共同制衡"一带一路"的具体举措，涉及情报分享、基础设施联合融资、"软性基础设施"（Soft Infrastructure）援助等方面。美国智库专家普遍认为，"一带一路"无论成败，都将对美国的国家利益产生重大影响，尤其是中国借助于"一带一路"推动"以中国为中心"的新型全球化以及在整个欧亚大陆展开"攻势"将会动摇美国在第二次世界大战后所获霸权地位的基础。在美国一些人士看来，"一带一路"给美国国家利益带来的现实和潜在影响主要包括以下五个方面。第一，影响美国企业的商业利益，"一带一路"会使中国企业在相关国家的不公平竞争优势得以强化。第二，影响全球供应链以及国际贸易和金融体系，进而损害第二次世界大战后美国在全球经济体系中占据的中心地位。第三，推动人民币国际化，逐步侵蚀美元在国际货币体系中的首要地位。第四，导致中国技术标准的国际化，尤其是在5G等新经济领域，从而不可避免地削弱美国在全球的技术领导地位。第五，使相关国家重新审视与美国的经济、外交和军事关系，特别是中国在沿线国家支持修建的军民两用基础设施以及获得的相关特权，将影响美国在全球的军事部署，损害美国的军力投射能力。

3. 美国强化制衡"一带一路"的政策措施

围绕美国如何有效应对"一带一路"带来的现实和潜在挑战，美国战略界提出的主要政策建议可概括为以下五点。

第一，从美国自身角度看，要加强跨部门协调，强化对"一带一路"的研究。除了增强对美国政府雇员和外交人员的培训外，还可以与非政府组织合作，向美国公众阐明"一带一路"的实质和战略影响，增强美国社会对"一带一路"挑战的认知。

第二，尽快提出美国版的"互联互通愿景"，更加注重发挥盟友和伙伴的"比较优势"，以便在制衡"一带一路"方面产生协力。倡导所谓高质量基础设施，从过程视角和结果视角监测中国支持的基础设施项目，关注项目招投标、政府采购、环保和社会标准、债务可持续性等方面。以基础设施的"全生命周期成本"概念突出中国项目的"廉价低质"特征。借鉴"采掘业透明度倡议"等制定原则标准，利用世界银行、亚开行、二十国集团等多边机制，增强对美式原则标准的国际支持。推动中国加入"巴黎俱乐部"等，用多边机制加大对中国"债务外交"的约束。大力发挥盟友和伙伴国的作用，在制衡"一带一路"方面进行分工协作。在南亚地区，可采取"印度施压、美日提供融资"的合作模式，削弱中国在斯里兰卡、孟加拉国等国的影响力。在南太地区，可发挥澳大利亚的主导作用，对巴布亚新几内亚、瓦努阿图、所罗门群岛等国加大施压力度，从增强岛国网络安全能力等方面入手，阻碍中国企业对这些国家的渗透。此外，可以考虑将此前主要由日本和印度推动的"亚非增长走廊"计划升格为"四国机制"（QUAD）框架下的合作项目。

第三，在国际发展领域增强"美国模式"的吸引力，提升美国对相关国家和地区发展融资的实际支持能力。美国一方面要揭露和指责中国的"掠夺性经济"；另一方面也要拿出"真金白银"加大对相关国家的支持，提供"一带一路"之外的"替代性选择"。美国政府需要重新整合对外经济政策和发展援助的"工具箱"，国会则需增加相应拨款。大力促进私营部门对基础设施建设等方面的投资，引导全球的机构投资者支持相关国家和地区的基建项目。按照《善用投资促进发展法案》（BUILD）的要求，尽快将海外私人投资公司、美国国际开发署发展贷款部等机构整合为美国国际发展融资公司，将美国国务院民事援助部门、国际开发署等机构的相关资源向印太地区倾斜。考虑适时邀请韩国、欧洲国家、沙特阿拉伯等国参与美国、日本、印度、澳大利亚"四国机制"的相关讨论和工作。此外，美国还应联合其他"志同道合"的国家，对世界银行、国际货币基金组织等机构进行全面评估，改造国际发展融资体系，以更好地符合透明度、问责制、财政可持续等标准。可考虑建立"国际法律支持机构"，为债务国提供法律等方面的专业支持，为这些国家与中国商定公平的贷款协议提供咨询和帮助，避免其遭遇"债务陷阱"。

第四，对"一带一路"不采取全面对抗的应对策略，不放弃美国企业从"一带一路"中谋利的可能性，在支持相关国家和地区"软性基础设施"建设等方面注重发挥美国优势。美国政府需要为美国机械制造类企业、法律和咨询服务类企业、物流企业和投资机构争取从"一带一路"中获利的机会，要求中国提升相关项目早期阶段的透明度，为美国企业提供充分信息，同时美国企业也要注重防范腐败、征地、政治等方面的经营风险。此外，美国还可着重加强对相关国家和地区"软性基础设施"的支持力度，重点参与发展数字经济等能够充分体现美国优势的合作，可考虑倡议建立"数字发展银行"，加强对低收入阶层和初创小规模企业的融资支持，提升相关国家发展资金使用的针对性、效率性和廉洁度。利用亚开行的亚太项目筹备机制（Asia - Pacific Preparation Facility）、世界银行和国际货币基金组织的债务管理机制（Debt Management Facility）等渠道，培训相关国家的政府官员、金融机构和企业人员，使他们能够拥有专业的技能，以便对涉及中国的项目进行评估，识别项目的"全生命周期成本"和债务风险等问题，引导其选择替代性建设方案。此外，美国还应加大研究中国工程承包商、国有企业、私营企业与中国共产党和中国军方之间的联系，并将所获信息及时通报给相关国家政府，使后者意识到中国项目的"野心"和"危害性"。

第五，在对待具体项目层面，美国需善于利用中国企业滥建"白象工程"（大而无用的工程）等弱点，注重把握巴基斯坦、斯里兰卡等国出现的涉华负面社会情绪，借助于这些国家内部反对"一带一路"的力量，强化对相关项目军事安全影响的监测。美国应深入研究中国"一带一路"框架下各类项目存在的诸多弱点并加以利用，比如，通过灵活的贷款协议等手段，中国政府和企业可以促使相关项目快速启动，但容易掩盖项目的长期风险；中国缺乏对项目进行全周期（涵盖倡议、建设、完成、使用、维护等阶段）管理的能力；大型基建项目难以按时保质完成；中国工人和环境成本等问题引发东道国社会的抱怨和排斥；伙伴国的期待与项目的实际效果之间存在差距。美国须及时调整政策，加大与相关国家的接触和影响力度，灵活运用国际货币基金组织援助基金等政策杠杆，使之与中国的资金和项目逐渐疏远。此外，要进一步研判相关项目的军事安全影响，如扩展美印双方在西印度洋地区的相关合作，邀请印度方面向美军中央司令部、非洲司令部等机构派遣联络官，以加大对中国政府和企业相关经济活动的监测。

在美国看来，中国建设"一带一路"不仅对美国"新丝绸之路"及"北南走廊"计划形成了直接冲击，而且中国创设"丝路基金"和"亚洲基础设施投资银行"，对美国主导的国际金融和投资贸易体系也构成了现实挑战。如果欧洲转而融入亚洲，美国全球战略设计将被迫彻底改变，美国霸权衰落进程将加速演进，难以逆转。为挽回霸权颓势，未来美国要在双边层面，进一步强化"亚太再平衡"战略的经济技术合作成分，加大对亚洲国家的扶持力度及与中国的竞争力度；在地区层面，推动美国版亚太经济融合，阻滞欧亚大陆深度合作；从全球层面着眼，改革国际金融和贸易管理机构，努力维系在世界经济治理秩序中的主导地位。同时，美国还要在中国周边策动"颜色革命"，煽动各种势力设置障碍；继续挑动和利用南海争端，加深东南亚国家对中国的战略疑虑，离间中国与东盟关系，在海上对中国施加更多压力，弱化中国抑制海上争端升级、降低海上通道风险的努力；发动抹黑中国战略意图、唱衰中国战略实施前景、放大中国枝节问题的舆论战，破坏中国与其他国家的政治互信、经济合作和安全协调。

4. "印太战略"与美国制衡"一带一路"的升级

美国的"印太战略"在特朗普政府时期最终成形，在拜登新政府时期得到了进一步的充实。美国认为，"一带一路"实际上是具有中国特色的"印太战略","一带一路"具有使中国成为欧亚大陆霸主的潜力,中国正借助于"一带一路"倡议在整个欧亚大陆展开地缘经济攻势,并基于此不断扩张安全和政治影响力,进而威胁美国在第二次世界大战后形成的霸权地位。

"印太战略"具有针对中国的显著特征,正如美国卡内基国际和平基金会的迈克尔·史文(Michael Swaine)所言,"印太战略"旨在"确保地区盟友意识到中国崛起可能带来的风险",目的是让所有地区成员"共同对抗中国"。显然,美国政府的"印太战略"与日本、澳大利亚、印度版的"印太战略"之间存在较强的联动和共振关系,并力图在经济政策和安全政策之间实现更加紧密的衔接,反映出美国试图对基础设施互联互通的地缘政治影响加以管控。此外,通过宣扬和推动"印太战略",美国希望进一步促进日本、澳大利亚、印度等国在地区事务中承担更多责任,并增强盟友和伙伴之间的相互协作,将原本辐射式的美国同盟体系打造为盟友和伙伴结成的网状安全架构,"构建中国最为恐惧的海上围堵"。这一架构势必有助于强化针对中国的集体制衡,同时也符合"美国优先"政纲对于降低美国国际领导成本的内在要求。

2018年以来,美国政府加紧充实"印太战略"的具体内容,该战略的政策手段、资源保障和实施机制等逐步清晰。美国并未展开与"一带一路"规模和资金量对等的竞争,而是聚焦数字经济和网络安全、能源和基础设施发展等三大领域,并先期投入1.13亿美元的"预付资金"以调动更多私人资本参与"通过能源增进发展和增长"(EDGE)等具体行动计划。此外,美国商务部、能源部和国际开发署等机构也推出一系列相关政策,推动美国商业界扩展与印太地区的联系。在安全领域,"印太战略"聚焦"海上安全"、人道主义援助和减灾、维和能力提升、打击跨国犯罪四大议程,以东南亚和太平洋岛国为重点,并加大对孟加拉湾沿岸国家尤其是斯里兰卡的投入。此外,美国战略界尤其是军方对太平洋岛国的重视程度也在显著上升,担心中国通过增加对岛国港口等基础设施的投资而进一步获取安全影响力，甚至在此建立中国海外军事基地。

虽然美国政府目前为"印太战略"投入的资金仍然较少，但是应看到美国并不试图也缺乏足够条件针对"一带一路"展开规模对等的对抗。美国政府希望借"印太战略"针对这一地区的未来发展提出美国式的"愿景"，展现美国对于加大与印太地区国家全方位交往的"承诺"，注重调动、整合各方面的资源和力量，针对"一带一路"的薄弱环节展开行动，对"一带一路"采取"非对称"制衡策略。除了将美国支持的发展合作限定在能源、数字经济等重点领域之外，"印太战略"还尤为重视发挥私营企业作用，通过积极改进美国国际发展融资机构，借助于海外私人投资公司（OPIC）等机构大力促进私营企业扩展与印太地区相关的业务，进而为美国的外交政策服务。

值得注意的是，OPIC 在美国"印太战略"中扮演着日益重要的角色，该机构总裁雷·沃伯纳（Ray Washburne）曾明确表示，政府主导的发展模式只会让相关国家的情况更趋恶化，由私营部门引领的投资方式是"针对中国方式的有力的替代性选择"；美国需要"现代的、21 世纪的机制"与中国进行竞争。OPIC 是美国政府于 1971 年成立的发展融资机构，其相当于政府和私营企业之间的桥梁。它的主要职能是与美国的私营企业合作，帮助后者在发展中国家和新兴经济体立足，并促进东道国的就业和经济增长。OPIC 为美国投资者提供金融、政治风险保险等服务，确保相关项目符合较高的环境保护和社会标准，其业务范围目前涉及 160 多个国家。2017 年 12 月，在美国、日本、印度、澳大利亚四国外交部门的联合工作组会议召开后不久，OPIC 就与日本国际协力银行（JBIC）等机构签署协议，共同为地区国家提供基础设施融资等方面的支持。2018 年 7 月，为落实"印太战略"的经济部分，美国、日本、澳大利亚政府宣布建立更加紧密的三边伙伴关系，推动具有透明性、开放竞争性和债务可持续性的项目。OPIC 是美方具体执行机构，其向美国驻日本使馆派驻代表，专职负责相关合作的落实。目前，根据国会通过的《善用投资促进发展法案》，美国已经着手对 OPIC 进行升级改造，增资 600 亿美元，将 OPIC 与美国国际开发署的发展贷款部进行整合，成立新的国际发展金融公司（USDFC）。新机构将具有更雄厚的金融实力和更广泛的投资权力。

美国政府通过"印太战略"制衡"一带一路"的另一特征是注重调动盟友和伙伴国的积极性，促使它们发挥"比较优势"。比如，近年来美国日益担心中国在南太平洋扩展影响力，于是将澳大利亚作为应对这一挑战的重要力量。2018 年 6 月，美国海军陆战队司令罗伯特·内勒（Robert B. Neller）称，中国就像在"下围棋"，已经在南太平洋等地部署了"棋子"，以获得地缘优势。同年 7 月，在美国与澳大利亚举行外交和国防部长"2＋2"会议期间，蓬佩奥表示，尽管中国在南太平洋的影响力不断增长，但他有信心认为南太岛国将选择美国而不是中国作为自己的盟友。南太岛国对于美国维护其在太平洋地区的战略优势地位极为重要，该地区正在成为美澳合作落实"印太战略"的重要一环。比如，瓦努阿图曾经是第二次世界大战期间美军在太平洋仅次于夏威夷的第二大军事基地。在美国的支持下，澳大利亚指责瓦努阿图同意将该国的卢甘维尔港在未来变为中国的海外军事基地。该港距离澳大利亚约 2000 千米。瓦努阿图政府最终公开了 2014 年与中国签署的合同副本，证实该港的建设主要是为了接待大型邮轮和开展国际贸易。为了对抗中国的影响力，限制华为公司等中国企业在南太平洋地区的业务，澳大利亚政府拨出专款，用于修建本国与所罗门群岛之间长达 4000 千米的海底高速光缆。

此外，美国也在持续深化与日本、印度等国的实质性合作，推动各方在"印太战略"之间的对接，从而更加有力地发挥协同效应。2017年 11 月，美日两国建立"能源战略伙伴关系"，美国贸易发展署（USTDA）与日本经济产业省等机构共同为印太地区提供"高质量的"

能源基础设施。2018 年 5 月，在美日商会和美印商会的推动下，"印太基础设施三边论坛"成立，着重协调三国私营企业在建设地区基础设施方面的合作。

"印太战略"的实施将对"一带一路"倡议，尤其是"21 世纪海上丝绸之路"产生重要影响。

首先，形成地缘上遏制的态势。在"印太战略"概念里，基本格局是一个东西两端分别有日本和印度两个美国所认可的大国作为锚碇撑起的大体系，中间还有澳大利亚可以充当纵深和枢纽，因而是一个可以独立存在的体系，从而实现"将中国的力量封闭在一个笼子里"的目的。简而言之，原有的"亚太再平衡"既然不能困住中国，那就把"亚太再平衡"升级为"印太战略"，扩大围堵中国的空间与范围。换言之，美国是想利用同盟体系，扩大对中国进行海上遏制的战略纵深。可以看出，日本、印度和澳大利亚呈一个大三角，刚好框住了中国进出大洋的几乎所有重要通道。在已将日本拉上自己"战车"的背景下，美国搞"印太战略"，拉拢印度和澳大利亚，即不希望在"外线"给中国任何的机会，试图将中国堵在近海。另外，在中国的海上"内线"，美国日益忌惮所谓的"反介入与区域拒止"威胁，对中国海上力量的增长感到非常焦虑，这一点在南海体现得非常明显。因此，美国"印太战略"在试图封死中国"外线"出口和活动空间的同时，还希望通过"外线"紧逼，然后内外线联动，遏制中国的海上崛起，并确保其在包括中国近海的所有印太海域继续维持战略优势。这种地缘政治上的遏制对"21 世纪海上丝绸之路"显然构成了不利影响。

其次，构成军事上的潜在威胁。2018 年 5 月 30 日，在美国夏威夷珍珠港，美国国防部长马蒂斯主持了太平洋司令部改为印度—太平洋司令部的仪式。同一天，美海军舰队原司令、四星上将菲利普·戴维森接替小哈里斯，正式出任该司令部司令。就名称更换本身而言，并没有太大的实质意义，因为新的印度—太平洋司令部的辖区、部队建制等，与原太平洋司令部相比，并没有发生明显变化。但这一更名，不仅落实了美国"印太战略"的代言人和执行主体，更重要的是展示了美国落实这一战略的决心。如前所述，美国"印太战略"针对的主要对象就是中国，新的印太司令部尽管变化不大，但是鉴于"印太战略"在地缘上对中国进行海上围堵的态势，印太司令部的成立在很大程度上就是为了服从"印太战略"的地缘政治目标。印太司令部的辖区覆盖了太平洋和印度洋地区，并将南海地区作为重点关注区域，上述区域都是"21世纪海上丝绸之路"的必经之地，特别是南海和印度洋更是枢纽海域，美军此次调整对于"21世纪海上丝绸之路"的潜在威胁可想而知。此外，马蒂斯在6月初出席香格里拉会议阐述"印太战略"时提到，要扩大并增强盟友及伙伴在海洋空间的能力，尤其是要扶持它们的海军和海上执法力量的建设，这实际上就是要在中国和一些与其有海洋争端的国家之间打下"楔子"。

最后，造成经济上的对冲。美国"印太战略"的实施主要有两大支柱，分别是地缘政治的对抗和地缘经济的压制。"一带一路"倡议目前取得的成就令人瞩目，通过推进基础设施互联互通、促进贸易投资便利化、产业对接融合、科技合作等方式，中国与"一带一路"沿线国家合作不断迈上新台阶，不仅日渐成为推动全球经济复苏的关键力量，也有效激活了欧亚区域经济潜力。在上述合作项目中，基础建设占据很重要的地位。为对冲中国在地区经济中的抢眼表现，美国的"印太战略"采取了相应的反制措施。在马蒂斯阐述的"印太战略"中，提倡市场引领的经济发展就被列为四大任务之一。在此之前，美国、日本、印度、澳大利亚四国还表示正在讨论制定一套联合发展地区基础设施的"大计划"。美国还宣布将在印度太平洋地区加大投资，用于推动数字连接、能源项目和基础设施建设。这一计划被称为"经济版印太战略"，其针对性强且涉及范围广，对"21世纪海上丝绸之路"的海外投资将会造成影响。

综上所述，"印太战略"的实施将对"一带一路"倡议产生全方位影响，这些影响涉及安全、经济和政治等诸多方面。然而，从长远来看，"印太战略"针对"一带一路"倡议的举措注定会失败——在以"和平与发展"为时代主题的今天，还以"冷战"思维为指导来遏制一个远隔重洋的工业大国，其结果不问可知。从这一点来看，美国重返"伟大之路"将会漫长而艰辛。

5. 美国在东南亚对"一带一路"的重点制衡

东南亚国家是"一带一路"倡议的重要合作对象，随着中国—中南半岛经济走廊、澜沧江—湄公河合作机制、中缅经济走廊、中老经济走廊等合作的展开，中国在东南亚地区的影响力不断增强。而在美国加大推进"印太战略"的背景下，作为太平洋与印度洋的结合部，东南亚对美国经济、外交和安全利益的重要性也在不断上升。与此同时，东南亚国家在同中国开展合作时，对于如何应对中美战略竞争等问题也愈加关注。由此，东南亚地区既是中国推进"一带一路"合作的主要区域，也正在成为美国对华展开地缘竞争、加大制衡"一带一路"的重点方向。兰德公司对中国与发展中国家关系进行了系统研究后认为，东南亚是中美两国能够产生"正面冲突"（at logger heads）的地区。

在东南亚地区，泰国、菲律宾是美国的条约盟友，新加坡、马来西亚等国则与美国保持着密切的经济和安全关系。在奥巴马政府时期，东南亚在美国亚太战略中的位置就明显前移，"亚太再平衡"的最突出重点即东南亚，这一变化被称为"再平衡中的再平衡"。2009 年以来，美国加入《东南亚友好合作条约》，首次向东盟派驻大使，创立了"美国—东盟峰会"等对话协调机制，并加强了与越南、缅甸等国的交往。尤其是在强化美国—东盟经济联系、推动地区经济一体化方面，奥巴马政府提出了"印太经济走廊""亚太全面能源伙伴计划"等构想或机制。显然，这些美国主导的经济合作方案与"一带一路"之间存在一定的竞争关系。

2017 年 1 月，特朗普政府执政后，其亚太政策表现出的显著的"谋利至上"和"交易主义"等特征以及退出跨太平洋伙伴关系协定（TPP）等决策令很多东南亚国家深感不满。此外，特朗普政府还强调，要解决美国对部分东南亚国家贸易逆差过高的问题，这涉及印度尼西亚、越南、马来西亚、新加坡等国。而且，特朗普政府的东南亚政策体现了"美国优先"原则，着力将反恐问题作为美国和东南亚关系的主轴之一，以防范该地区的宗教极端主义和恐怖主义与中东、中南亚地区的相关势力遥相呼应。特朗普政府还要求缅甸等东南亚国家降格或中断与朝鲜的关系，在遏制朝鲜方面加大与美国配合的力度。总之，与奥巴马政府相比，执政初期的特朗普政府对东南亚的关注和投入有所下降，功利性色彩突出。

美国战略界人士对此感到忧心，认为这一做法将损害美国在亚太地区的主导权，尤其是考虑到中国在积极改善与越南、菲律宾等国的关系，并进一步与东盟及其成员国围绕"一带一路"拓展合作。在此背景下，特朗普政府开始对东南亚国家采取"安抚"措施。2017 年 4 月，美国副总统彭斯访问印度尼西亚，并表示特朗普政府仍重视与东南亚的关系。美国—东盟外长会议于 2017 年 5 月在华盛顿召开。美国国务卿蒂勒森、国防部部长马蒂斯等赴东南亚国家参加东盟系列会议、香格里拉对话会等。2017 年 11 月，特朗普对东南亚国家展开就任总统后的首次访问。

美国战略界人士纷纷建议特朗普政府多管齐下，从政治、安全、地区机制等多个领域加大对东南亚的政策投入，以确保美国在该地区的影响力。一是建议美国政府保持与东南亚国家的高层级、高密度接触，总统以及内阁成员应尽量出席东盟主办的有关峰会。同时，可围绕外交、安全、财政、农业、能源等问题，与东盟建立部长级和高官会议机制。二是在双边层面，美国需要重振与菲律宾、泰国等盟友的关系，拉住重要伙伴新加坡，支持缅甸民主进程，鼓励印度尼西亚、马来西亚和越南与美国及其盟国深化全方位合作。三是加强对东南亚地区海上安全的投入，包括增加美军在南海开展的"航行自由"行动，继续落实奥巴马政府时期提出的"东南亚海上安全倡议"。推动东南亚国家的海上执法合作，促使菲律宾、马来西亚和印度尼西亚在苏禄海等达成"区域海上安全倡议机制"。尤其是在中国与东盟国家围绕南海问题的争端有所降温的情况下，美国需要加快影响有关"南海行为准则"的谈判进程，考虑与日本、印度、澳大利亚等国推出"亚太海上行为准则"，进而为"南海行为准则"框定标准。四是大力支持东南亚国家的反恐行动，助其遏制"伊斯兰国"势力在东南亚地区的扩张势头。

特朗普政府对东南亚政策的回调，在很大程度上是出于制衡中国在东南亚不断扩大的经济、外交和安全影响力的考量。美国方面担心，随着"一带一路"合作在东南亚国家的推进，中国将进一步挤压美国在该地区的利益和空间。面对中国借助于"一带一路"扩大经济影响力的现实，特朗普政府需要的不仅是政策工具和策略，还应有正确的思维观念，应敢于竞争并大力巩固美国在亚太地区经济中的"领导地位"。美国应重新发现和运用自身在东南亚的优势，尤其是在未来一个时期，中国经济增速下降、国内金融风险上升、外商投资环境恶化等因素或使中国在与美国的竞争中陷入不利地位。这些因素有助于美国进一步提升和巩固其在亚太特别是东南亚地区发展中的主导地位。

对于如何深化美国与东南亚国家的经济关系、制衡"一带一路"合作在东南亚地区的扩展，美国战略界人士筹谋的政策举措主要集中在以下四个方面。

第一，加大对东南亚地区基础设施建设的参与和支持力度。美国政府应设法推动美国企业积极寻求商业机会，尤其是要确保美国企业获得公平竞争的机会。面对亚投行带来的"机制竞争"，美国政府可考虑有条件地加入亚投行，从而表明美国重视并愿意帮助相关国家应对基础设施建设方面的挑战。同时，美国需要与日本等国合作，增强亚开行的实力，包括落实该行的增资计划，提升亚开行对基础设施建设投资的效率，更好地带动其他机构投资者对东南亚国家基础设施的长期性投资。美国可通过亚开行推动国际多边性开发银行共同制定"最佳实践"，从而巩固美国在"标准设定"（Standard－Setting）方面的主导地位。

第二，促使美国在东南亚的投资更为均衡，尤其是引导美国企业更多关注中南半岛国家。目前，美国是东南亚地区的第三大投资来源地，投资总额约是中国的两倍。但是，美国的投资一半以上都集中在新加坡，投资布局的优化对于长期经营美国和东南亚国家关系具有重大意义。美国需要大力调动美国私营部门的力量，加大参与东南亚地区经济的力度，其关键在于不断丰富能够引导美国企业服务国家战略目标的政策手段。比如，可加强贸易政策和谈判顾问委员会（ACTPN）等机构与美国私营部门、州市地方政府之间的沟通协作，促使后者加大对东南亚国家的关注。通过美国出口—进口银行（Ex－Im）、OPIC 等机构，为美国企业提供更有力的出口支持和投资保障，促使东南亚国家能够更多地消费美国的高端产品和服务。

第三，美国应考虑在适当条件下重返 TPP，或者尽快寻求可替代的有效方案，强化对地区经济合作路径和规则的影响力。相关政策考虑包括在美国—新加坡自贸协定基础上在东南亚发展新的、高标准双边自贸区网络，继续推进"美国—东盟贸易与投资框架安排"等。此外，过去美国曾先后提出美国—东盟企业合作、互联互通、下湄公河合作、教育合作等方面的倡议，美国政府可对这些倡议进行梳理与整合，进一步明确和提炼相关原则、规范和经验，扩大其对地区经济合作的影响力。此外，还需充分发挥美国在"软性基础设施"方面的优势，帮助亚太地区国家提升法治和制度建设能力，通过美国财政部、国际开发署、贸易发展署、金融保险公司等机构支持东南亚国家的能力建设，以增强这些国家的制度韧性，进而巩固美国在塑造地区经济合作时的领导作用。

第四，美国需要进一步深化与日本、澳大利亚、印度等盟国和伙伴国的协作，共同确保东南亚经济的"自由和开放"。比如，美国与其伙伴国可共同提升东南亚国家政府在项目评估、采购和税收管理等方面的能力，培训负责经济发展规划和基础设施建设的政府官员，帮助相关国家加强资本市场建设和实施公私合营（PPP）项目，这些举措都将有助于制衡中国的经济影响力。此外，要注重运用好亚太经济合作组织（APEC）等多边机制，加大对中国行为的规范。比如，强化 APEC"政策支持小组"（PSU）的功能，使其能够获得高质量经济数据，并与美日等国私营企业合作制定产业投资、基础设施建设方面的相应标准。涉及能源和通信信息技术（ICT）、公共卫生等事务的 APEC 工作小组也应是美国政府的关注重点，这些正是"一带一路"框架下中国和东南亚国家合作所涉及的领域。

6. 中美贸易冲突下"一带一路"建设面临的挑战

中美贸易冲突从目前的形势和一些初露端倪的协商成果来看，可能会给"一带一路"倡议带来三大挑战，需要中国周全应对。

第一，产业外移挑战"一带一路"产业合作思路。事实上，在中美贸易冲突之前，中国已经出现了产业外移现象，但是，这与中美贸易战之后的产业加速转移相比，有很大差异。中美贸易冲突爆发之前，产业外移的考虑以降低生产成本为主要出发点。例如，人民币汇率经历多年升值，劳动力成本持续上升，资金成本高，税收压力大。中美贸易冲突爆发之后，国际生产的供应链面临更大的不确定性。例如，关键技术零部件的供应可能出现问题，关税大幅变化的意外情况不可预测等。在此背景下，"一带一路"合作所倡导的互联互通、产能合作，是否会加速中国的产业外移？是否符合中国自身利益？都存在争议。一种观点认为，"一带一路"合作应该在这方面有稳妥的考虑、谨慎的布局；否则，"一带一路"的国际合作可能会自挖墙脚、加速产业外移。反对的观点则担忧，这种看似稳妥的做法反而可能束缚中国的手脚，甚至可能会陷中国于孤立，并为其他国家谋求更大影响留下空间。

第二，中国的发展中国家地位面临挑战，"一带一路"的南南合作定位也随之面临挑战。其一，在中美贸易冲突和 WTO 改革中，发达国家持有的所谓"反搭便车"压力。其二，在产业加速外移背景下，"一带一路"后起新兴国家利用发展中国家地位的"搭便车"压力。此外，中国自身经济发展水平不断提升、竞争力不断上升，在守住"发展中国家"地位的过程中，面临的成本越来越高。根据商务部官方口径，关税水平方面，中国的平均关税水平远远低于发展中国家的水平，甚至接近发达国家的水平。在中美贸易冲突背景下，中国的关税水平、知识产权保护、公平竞争等政策将进一步向发达国家水平看齐，中国守住发展中国家地位的经济收益越来越少、经济成本越来越高，成本相对于收益不断上升。在中国守住发展中国家地位的同时，印度、越南等追赶型国家必将从中获得更多相对收益。

第三，中国经常账户顺差面临调整压力，"一带一路"建设的外汇资金来源面临约束。过去的"一带一路"建设资金来源相对充裕，是因为中国有持续的国际收支盈余，外汇储备不断增加。未来，中美双边贸易顺差将面临较大调整压力。作为一个结果，中国整体国际收支顺差面临减少甚至出现逆差的可能，这将使"一带一路"建设过程中的自有外汇资金来源面临更紧约束。根据官方数据，在往常年份中，对美贸易顺差占中国整体贸易顺差的比例在 50% 左右，甚至更高。如果中美贸易顺差有较大的向下调整压力，则中国整体贸易顺差也将面临较大的变化。由于中国服务贸易项下已连续多年出现较大逆差，中国的经常账户总体也面临更大调整压力。可以预见，如果经常账户的顺差进一步减少，甚至转向逆差，则"一带一路"合作的外汇资金来源将面临更紧的约束。在此背景下，中国在推动"一带一路"合作过程中，特别要注意提高资金使用效率、扩大资金来源。

（二）印度、日本等地区大国对"一带一路"的戒心与干扰

1. 印度对"一带一路"的警惕和抗衡

印度是直接影响"21 世纪海上丝绸之路"计划实施的关键国家，也是"丝绸之路经济带"的一个重要侧翼。印度出于中印边界领土争端等现实障碍，以及维护和强化其在南亚—印度洋地区的主导地位等地缘战略考虑，对"一带一路"始终保持高度警惕立场和矛盾纠结心态。目前，印度是中国周边国家中唯一没有以正式文件方式表达对"一带一路"支持的国家。印度对"中巴经济走廊"一直怀有不满情绪，声称"中巴经济走廊"穿越了印度拥有主权的克什米尔部分地区，认为中方忽视了印度领土主权。为了建立一个以印度为中心的地区秩序，印度推出了"香料之路"计划、"季节：跨印度洋海上航路和文化景观"计划，强调印度是"印度洋地区秩序的组织者"。2015 年 1 月，印度对斯里兰卡总统大选进行干涉，阻止了有利于中国"一带一路"的"亲华"领导人上台，致使中国交建承建的在科伦坡的 15 亿美元港口扩建计划受阻。未来印度也可能对其他南亚—印度洋国家深度参与"一带一路"倡议提出警示并加以干涉，扶持亲印势力上台并推翻与中国达成的协议。总的来看，印度对"一带一路"的态度主要表现在以下三个方面：一是谨慎欢迎，留意观察，拒绝表态；二是保持沟通，密切往来，试探底线；三是推出"印度制造"，冲淡"一带一路"影响力，夺回话语权。

美国"印太战略"提出后，印度积极配合，提出了若干战略以与"一带一路"相抗衡和竞争。"季风计划"作为一项包括政治、经济、外交、军事、文化等方面内涵的战略构想，一经推出就被印度各界普遍解读为印度版的"21 世纪海上丝绸之路"，是能够同中国"一带一路"相抗衡的重大战略构想。尽管"季风计划"尚未形成具体规划和设计方案，但从战略布局上为印度未来对外发展谋划了新方向，加强与环印

度洋的南亚、东南亚、阿拉伯半岛、东非地区各国的联通将是印度重大国家利益所在。印度提出的"香料之路""棉花之路""佛教之路",其实质都与"季风计划"有异曲同工之处,均是通过一些历史文化符号,把印度与周边地区串联起来,形成与"一带一路"不同维度的互联互通计划,与"一带一路"开展战略竞争。

20世纪90年代苏联解体后,印度提出了"向东看"(Look East)政策,认为印度要向东通过印度洋连通中南半岛地区。经过多年的发展,"向东看"政策于2014年进一步升级成"向东行动"(Act East),即"向东看2.0版",推动印度与东盟进一步加强经济合作。甚至提出,印度要经过马六甲海峡,进入西太平洋,与美国、中国、日本、韩国等国开展合作。美国、日本等环太平洋经济体是印度重要的投资来源地,东盟、中国以及美国、日本将成为印度制造品的重要消费市场,"向东行动"意图将印度洋经济圈和太平洋经济圈连接起来,形成一个充分整合的"印太"经济圈,并使印度成为"印太"经济圈经济增长的主要发动机。"21世纪海上丝绸之路"是自东向西的,"向东行动"是自西向东的,印度企图将"向东行动"作为和"21世纪海上丝绸之路"对抗对冲的竞争性战略。

印度认为"一带一路"是针对印度设计的地缘围堵战略,认为中巴经济走廊、"21世纪海上丝绸之路"、孟中印缅经济走廊、中尼印经济走廊将从西、南、东、北四个方向对印度进行全面围堵。为抗衡围堵,印度实质性积极推动孟加拉国、不丹、印度、尼泊尔四国联通(BBIN)和环孟加拉湾多领域经济技术合作(BIMSTEC)两大区域合作机制建设。孟加拉国、不丹、印度、尼泊尔四国合作机制始于1997年的"南亚增长四角"(SAGQ),2013年,印度在SAGQ基础上提出了BBIN。印度希望未来将BBIN向南拓展至斯里兰卡和马尔代夫,形成"BBIN+2",以进一步扩大印度在南亚地区的影响力。在推动BBIN的同时,印度也在同步推进BIMSTEC。BIMSTEC意在打通湄公河地区至印度的经济通道，除继续深化与孟加拉国、尼泊尔、不丹的合作外，还将东南亚的缅甸和泰国拉拢进来，同时强化印度东部的尼科巴—安达曼群岛在南亚与东南亚合作中的战略地位。

为进一步增强印度对南亚各小国的影响力和控制力，印度推出了环印度洋地区合作联盟（India Ocean RIM Association for Regional Cooperation, IORA），该联盟主要推动蓝色经济发展计划，重在推进在海洋能源、海上航运、海洋保护、生物勘探等方面的合作。IORA 的蓝色经济合作区主要包括印度、马尔代夫、斯里兰卡、塞舌尔、毛里求斯，乃至孟加拉国、缅甸、印度尼西亚、巴基斯坦、伊朗、阿曼等国，几乎将整个印度洋地区全部涵盖进来，但该战略的主要针对对象还是南亚各小国，旨在避免各小国在"21 世纪海上丝绸之路"中轻易倒向中国。

首届"一带一路"国际合作高峰论坛结束后，2017 年 5 月 23 日，非洲开发银行年会在印度举行，印度总理莫迪在会上对外高调提出了"亚非增长走廊"（AAGC）计划，宣称该计划将让亚非国家形成一体化和具有全球竞争力的经济联盟，形成西方式的、民主的、自由的经济架构，其用意明显是针对"一带一路"的。后日本首相安倍晋三访印，公开表示日本将和印度共同推进 AAGC 建设。

2. 日本对"一带一路"的干扰和制衡

当前，中日关系虽然仍处于可控状态，但是两国关系受制于各种矛盾和障碍，近期内不会得到根本改善。日本将遏制中国作为其谋求重新崛起的着力点，不断实施干扰性、破坏性竞争遏制行动。日本认为，"一带一路"倡议将进一步削弱其亚太影响力，并与其中亚"丝绸之路外交"存在利益冲突。未来日本可能伺机介入南海争端，拉拢东盟国家反华遏华，对"21 世纪海上丝绸之路"建设形成牵制干扰；通过经济援助、项目合作等方式，拉近与沿线相关国家的关系，与中国展开针锋相对的经济竞争，降低中国对相关国家的影响力；特别是在中亚地区，可能会加大资金支持力度和项目投入规模，对"丝绸之路经济带"

建设进行牵制,企图降低中国对中亚国家的影响力。

作为美国的战略盟友,日本在战略上会与美国应对"一带一路"的态度和行为保持一致,不仅会继续提出若干与"一带一路"相竞争的计划,也会积极加入美国相关对抗"一带一路"计划。2015年,日本政府对外提出"高质量基础设施伙伴计划",投入巨资用于日本、东南亚和南亚地区的互联互通。该计划提出,互联互通基础设施要"高质量",要重视环境保护、社会保障、债务可持续、劳工权利等方面的问题,实质上是影射中国基础设施项目"质量不高",促使各国不被中国低价竞标方案所"诱惑"。日本积极推动TPP和CPTPP,欲在亚太地区经济格局重构和经济规则构建上与"一带一路"相抗衡。美国退出TPP后,日本牵头推动CPTPP的地区合作,意欲打造一个由其主导、将中国排除在外、整合太平洋沿岸部分国家的机制,其抗衡"一带一路"、串联起欧亚大陆国家的战略意图十分明显。日本还积极实施所谓"价值观外交",努力构建美国、日本、印度、澳大利亚四国同盟,意图以四国同盟在西太平洋和印度洋地区封锁"一带一路"。此外,日本在力推美国、日本、印度、澳大利亚"大菱形包围圈"的同时,也积极鼓动菲律宾、越南、印度尼西亚与日本一道构筑制衡中国的"小菱形包围圈",希望增强日本在南海地区与中国博弈和抗衡的能力,强化在南海的势力和影响力。

(三)部分国家对"一带一路"仍存在误解、担忧或抵触

一些国家仍对"一带一路"倡议的意图持怀疑态度。有的近邻国家怀疑中国借此实施扩张,对于合作共建基础设施网络存有疑虑,不太愿意让中国参与大通道的建设,把经济问题政治化,一些非政府组织受到其他力量鼓动,也散布一些抵制中国参与的舆论;一些大国出于担心排斥自己的考虑,也对自己的伙伴国施加压力,甚至直接出面做工作,制造中国主导的舆论。

有的国家对"一带一路"倡议作过度政治化解读,担心"一带一

路"是中国政府进行的政治渗透；一些国家的参选政党出于选举目的也会炒作"一带一路"话题。部分国家认为，"一带一路"不是纯粹的经济建设项目，而是中国政府对其进行政治渗透的措施。德国媒体曾报道指出，"一带一路"的举措不仅仅是混凝土和沥青，而且是中国将"中国符号"全球化的愿景，中国政府对"一带一路"倡议所经过主要国家的经济和政治渗透远远超出了单纯的基础设施建设。有一些国家的在野党在政治动员中将"一带一路"作为话题热点加以炒作，别有用心地将"一带一路"政治化。

一些国家认为在"一带一路"倡议下，贸易环境的公平性、透明性存在不确定性，担忧"侵害本国中小企业利益"。巴基斯坦有媒体曾指出，中巴经济走廊项目招标过程中存在一些不透明现象，致使本国企业无法与中国企业公平竞争，呼吁政府实施一套不偏袒中国企业、不歧视国内投资者和企业的政策，让所有企业在中巴经济走廊框架下进行公平竞争。印度尼西亚媒体曾报道称，"一带一路"倡议将主要惠及中国公司而非外国公司。马来西亚媒体也有报道称，尽管阿里巴巴主导的大马数字自由贸易区有助于提振东盟和中国贸易往来，但也有人担心这项计划可能会冲击大马企业。

有的国家对中国海外投资的稳定性及"一带一路"倡议相关项目和政策的持久性存在担忧。马来西亚有媒体指出，"一带一路"倡议可能给全球一些最薄弱的经济体带来债务持续问题。中国"一带一路"合作中的风险点之一，就是多个被投资国家"面临债务危机的特殊风险"。沙特阿拉伯媒体则注意到中国政府对境外投资企业管控的变动可能会带来海外投资环境的不稳定性。有媒体报道认为，中国政府通过介入企业对外投资的控制，试图平衡外汇储备、降低金融风险。中国经济与对外投资仍有变数，中国海外投资是否能长久稳定、相关项目是否如承诺的那样得到落实还有待观望。

二、经济挑战与风险：营商环境不佳、投资安全堪忧、经营难度加大带来的挑战

当前，世界经济总体呈竞争优势重塑、经贸规则重构、力量格局重构的叠加态势，保护主义、民粹主义、逆全球化趋势日渐显现，全球治理体系与国际形势变化的不适应、不对称前所未有，在更广范围、更宽领域、更深层次对"一带一路"建设提出了更高要求。"一带一路"建设作为一个包容性、开放性的经济制度设计，对全球经济的复苏及增长具有重大意义。但正是由于其体量巨大，涉及国家、地区环境千差万别，其面临的经济风险也异常复杂。

（一）全球化遭遇逆流、新冠疫情全球蔓延，世界经济可能步入衰退期，沿线国家经济金融风险凸显

在逆全球化趋势逐渐加剧、民粹主义及其滋生的保护主义重新抬头的同时，新冠疫情冲击导致世界经济大概率陷入严重衰退，产业链供应链循环受阻，贸易投资大幅萎缩，大宗商品和金融市场动荡，"一带一路"沿线国家经济社会发展受挫，部分风险隐患集聚，"一带一路"建设的国际经济环境更趋复杂。

具体来看，一方面，"一带一路"沿线国家经济外部性特征明显。因国内资本积累不足、技术实力薄弱，外国直接投资对于部分沿线国家经济发展至关重要，大部分国家对外贸和外国资本依赖度较高，受贸易保护政策影响较大。另一方面，外部需求萎缩、大宗商品价格跌至低位以及全球资本流动减缓，成为沿线国家经济增长的主要掣肘。疫情显著拖累全球经济增长，并从需求端、生产链、供应链、资金链等环节冲击沿线国家对外贸易和吸收外资水平，部分国家面临较强资本外流风险。同时，在外需大幅萎缩的情形下，国际能源价格带动大部分大宗商品价格震荡下行，对中东、中亚等主要能源出口国造成不利影响。

与此同时，全球主要经济体持续推动量化宽松政策，但是因避险情绪强烈、外部流动性收紧，沿线国家面临较大的货币贬值压力，政策空间受限。沿线国家财政平衡和债务负担恶化，实体经济发展受挫，部分国家金融体系处于脆弱状态。新冠疫情冲击带来的经济下行压力使沿线国家财政收入受创，公共卫生和经济救助支出压力上升，沿线国家各级政府赤字率和负债率普遍上升，特别是部分深受政治风险和经济结构失衡困扰的国家，因债务负担沉重、缓冲能力薄弱，国家财政体系和金融体系系统性风险显著上升。

（二）沿线国家经济发展水平不平衡，市场开放难度大，营商环境短期难以有大的改善

在宏观经济层面，当前全球经济增速下滑，贸易保护主义抬头，金融风险居高不下。由于中国在"一带一路"项目中以基础性项目投资为主，资金投入大、周期长，很容易受到经济波动的影响。在全球经济增长低迷的大背景下，部分沿线国家出现较大经济波动，经济下滑趋势明显，多国还出现货币大幅贬值。这些国家宏观经济的颓势对中国海外投资的可持续性构成了挑战，同时也加重了中国面临的融资压力。过去几年，"一带一路"的标志性项目多是基础设施建设，这些项目资金投入巨大，且需要资金不断跟进支持。因此，拓宽融资渠道、丰富融资方式、推进各国政府间的融资合作与协同，已成为摆在"一带一路"建设面前的重大挑战。

"一带一路"联通亚欧非三大陆，连接太平洋和印度洋，包含了老牌欧洲发达国家和新兴发展中经济体，不同国家的经济发展水平和市场发育程度极为不同。有些国家法律法规比较健全、市场发育程度较高、经济环境相对稳定，为企业投资创造了较为便利的条件；也有一些国家市场封闭、进入难度大，增加了企业投资评估的复杂性，制约了建设成果的合作共享。"一带一路"倡议从满足沿线国家的发展需求出发，降低了经济合作的门槛，一方面有利于沿线国家和企业的广泛参与，另一

方面也可能造成参与国和企业主体在合作规则认知与收益分配方面的矛盾。此外，尽管中国在"一带一路"倡议实施中扮演着主要角色，并利用自身在资金、技术、人员等方面的优势，以优惠政策大力支持沿线国家有关项目建设，但中国单方面毕竟实力资源有限，也面临着摊子大、后劲不足等风险。特别是部分沿线国家的营商环境长期得不到明显改善，投资安全性存在较高风险，部分沿线国家法律体系不完善，中国企业在这类国家投资存在较高的税务核算、专利保护、违约解约风险。由于经济增速放缓、民生水平下降，各种形式的民粹主义和贸易保护主义抬头，某些国家打着"劳工保护""环境保护"等旗号，助长排外主义，抬升了中国对外投资成本。

"一带一路"横跨亚欧非三大洲，沿线国家基础设施建设差距较明显，如何在差距如此明显的环境下做到"统一"、简化投资程序、降低投资成本，这也是"一带一路"项目在实施过程中不得不考虑的问题。首先是"货币"的"统一"问题。"一带一路"沿线有60多个国家，基本上每个国家都有自己的货币单位，然而每个国家货币的币值都处于变动之中。因此，如果能够在大家认可的足值货币上达成共识，将会大大提高"一带一路"的发展水平。其次，交通工具的不统一也是"一带一路"项目实施过程中亟待解决的问题。由于历史原因，当前"一带一路"沿线国家在铁轨轨道尺寸等方面存在较大差异，货物运输途经不同国家时需要换轨，例如，中国与中亚国家采用不同的铁路轨道，这不但增加了运输成本，还会限制一些对保鲜条件要求比较高的商品的供应，不利于"贸易畅通"。最后，沿线国家海关工作也缺乏统一标准。海关是确保对外贸易流通的关键部门，不同国家的海关工作标准存在一些差异，如果不能得到统一，那么就会使"一带一路"的"互联互通"效果大打折扣，而这是"一带一路"实施的基础。总之，"一带一路"是一个跨区域的大工程，如果不能做到尊重差异基础上的"统一"，那么就不会打通"一带一路"项目的"经络"，疏通"一带一路"项目的"血液"。

"一带一路"沿线有的国家的腐败程度和工作效率也令人担心。以中亚五国为例，在国际透明组织采编的 176 个国家腐败指数排名中，中亚五国的排名介于 130～160 名，在该指数中，中国的排名为第 79 名，也就是说，中亚五国的腐败程度要远远高于中国。根据英国《金融时报》的报道，中国在中亚的投资估计至少会有 30% 因为贪腐而损失。世界银行数据显示，中亚五国政府在进出口贸易管理上的效率严重落后，五国出口项目平均需要 79 天才能清关，进口项目平均需要 67 天才能清关。相比之下，其他国家和地区的效率要高得多。比如，亚洲国家一般的标准是出口和进口都在一个月左右就能够清关。也就是说，如果中国出口产品想要通过中亚地区到达欧洲，一进一出通关手续加起来需要半年左右时间。如果想要充分享受"一带一路"带来的经济助力，那么中亚五国提高其政府办事效率就是很重要的一环。因此，要对沿线一些国家存在的缺陷和不足有清醒的认识，以小心谨慎和务实的态度来评估可能产生的经济价值。

（三）疫情外溢效应逐步显现，企业参与"一带一路"建设项目的经营风险上升，项目推进及获得新项目的难度加大

疫情的全球扩散引发了全球范围内财政货币政策、贸易政策的调整，部分沿线国家营商环境有所恶化，企业海外经营风险有所上升。一是随着逆全球化、民粹主义与保护主义抬头，一些国家加大了对外资和国外企业的审查限制。过去几年，部分国家贫富差距不断拉大，逆全球化、民粹主义与保护主义思潮盛行，少数国家民粹力量已经上台执政，并通过了不利于外国企业的法律，中资企业在相关国家的经营风险显著上升。二是国际政治形势复杂多变叠加国内政治动荡或政权更迭频繁，导致一些国家利用外资政策稳定性较差。部分"一带一路"沿线国家在过去几年面临内忧外患，国内出现政治动荡和战争风险，导致其营商环境出现较大不确定性，中资企业在相关国家的投资和经营面临较大风险。三是一些国家的法律与规则不符合国际规范，存在对外资过度规制与对内资过度保护的现象。例如，在市场准入标准方面存在隐性门槛和投资审查壁垒过高现象，极大地提升了国外企业的进入成本。进口产品的质量标准变化频繁，在制定标准时较少考虑国外企业的意见，增加了国外企业进行生产调整的难度与成本。四是一些国家由于对华竞争和意识形态差异，对中国存在一定的偏见，并对中国国力不断提升有戒惧防备心理，因此存在针对中国企业进行选择性执法的情况。

随着疫情扩散，许多国家出台了严格的出入境管制措施，"一带一路"建设人员、物资等流动往来受限，供应链和物流运输通道遭到冲击。为控制疫情，沿线国家在一定程度上收缩经济活动，延缓投资项目建设进度，抑制内外商务经贸活动，直接影响着企业项目推进及获得新项目。具体来看，一是出入境管控加强影响企业境外投资项目推进。受疫情管控政策影响，大部分航班被取消，各国普遍采取限制措施，中方派员赴国外参与企业经营管理、技术交流、人才引进、园区考察、海外合作伙伴及供应商拜访等活动受阻，影响了中方企业境外项目推进，部分项目仍处在停工状态，部分已复工项目疫情防控压力大。二是运输与劳务成本增加导致企业生产负担加重。受疫情影响，运输企业不能满负荷开展运作，市场需求大于供应，隔离和管制措施使工程原材料成本和项目劳务人员成本提高，项目的工期和实施成本受到较大影响。三是双向投资促进活动延后或取消。受国际疫情蔓延影响，多个国家采取入境管制、飞机航班取消、旅游警告等措施，一批原计划在境内外开展的招商考察、交流活动、各类展会、人才招聘活动已延后或取消，赴境外国家的招商团组也都取消或推迟，双向投资促进活动均受到影响。

（四）内外因素复杂互动带来的投资贸易及金融安全风险

近年来，中国海外投资结构呈多元化趋势，但受外部投资环境和企业自身因素影响，中国企业的海外投资遭遇挫折的案例时有发生，风险明显加大。同时，受一些地方、部门急功近利心态影响，中国企业在大举"走出去"的同时，企业之间也存在不少一哄而上、恶性竞争的现象。从海外投资环境来看，投资与市场机会不利，中国企业与西方跨国公司相比有明显的"后发劣势"，只能到投资环境差、风险高的国家和行业去寻找机会。从企业自身因素来看，因中国海外投资起步较晚，企业不熟悉国际市场、缺乏海外投资经验，会计、律师、咨询等中介机构发展程度低，风险评估能力弱等问题比较突出。从国内协调机制来看，中国企业"走出去"困难众多，但反映最多的还是协调难。在"走出去"的过程中，时常出现信息不对称、资源碎片化、工作不连续、落实不到位甚至"打乱仗"等问题，既不利于力量整合统筹，也造成了资源的重复浪费。"一带一路"建设涉及众多国家和地区，不同国家甚至不同法系之间，存在着法律制度和法律文化方面的巨大差异，如果在法律和协商条款上规定得过于僵化，将在很大程度上影响到贸易投资便利化、自由化，不利于削减投资壁垒。为此，如何通过协商，以条约或协议的形式，尽可能清晰地明确各方相关权利义务、推动各方共商共建共享，最大限度地避免或排除各方产生分歧或争端的可能性，设立合理有效机制，通过有效司法或仲裁等手段，及时调整、解决相关纠纷，着实考验着各相关方的智慧。

在"一带一路"推进中，基建是最重要的一环。"要想富，先修路"几乎已经成为共识。中国近年来在中亚，如巴基斯坦、缅甸等国都有不少在建和筹建的超大型基建项目。这些基建项目被寄予厚望，可谓"一带一路"沿线合作伙伴国经济发展的"发动机"。这些基建项目是否如想象的那样，为当地经济带来了极大的增长动力？英国牛津大学四位教授于2016年就这个话题作了研究，他们收集了95个大型基建项目的数据和信息，这些建筑项目的总投资额大约为650亿美元（2015年价格）。在这些基建项目中，21个属于铁路项目，74个属于公路项目。项目的融资方主要来自世界银行和亚洲开发银行。得出结论：成本方面，在74个公路项目中，有50个项目超过预算，其平均超支幅度为

27.5%；在 21 个铁路项目中，有 18 个项目超过预算，其平均超支幅度为 41.5%。所有这些项目的平均超支幅度为 30.6%。在使用均衡性方面，大约有 2/3 的公路没有被有效使用，1/3 的公路严重堵塞。债务方面，为了给这些基建项目提供资金，中国政府的负债率在近些年大幅度上升。据麦肯锡公司估计，中国的总债务/GDP 比率在所有的发展中国家中排名第一。这些基建项目的超支额占到中国政府总债务（28 万亿美元，2015 年）的 1/3。以总债务 28 万亿美元来计，除以 14 亿总人口，每个中国人的债务为 2 万美元左右。该研究最后得出结论：基建投资项目的管理不善是中国目前面临经济问题的主要原因之一。除非中国快速提高基建项目的投资和管理质量，否则中国可能会陷入一场由基建引发的经济危机。该危机也有可能扩散成一场国际金融危机。中国的基建增长模型不适合其他发展中国家模仿学习。

由于"一带一路"沿线国家存在经济发展较落后、区域政治经济风险复杂、金融风险防范机制落后、制度化金融合作平台匮乏、多元化投融资体系不健全等问题，"一带一路"国际金融新体制建设面临诸多挑战。"一带一路"区域存在庞大的资金缺口，仅靠各国内源性的资本积累来填补，可谓杯水车薪，需要借助外力打破融资困局。

金融风险通常是指经济层面风险，如汇率风险、信用风险、市场风险以及流动性风险等。在"一带一路"倡议下建设新型国际金融体制，仅关注经济风险还远远不够。"一带一路"沿线各国政治体制、经济水平、文化历史、宗教信仰差异较大，部分区域也是地缘政治冲突热点地带和全球主要政治力量角逐焦点区域，战火频仍，冲突不绝，社会矛盾突出，甚至一些国家政权屡经更迭，政治取向改变、主权违约等事件时有发生。这些问题对金融投资造成的影响远大于经济风险。此外，"一带一路"沿线国家由于经济金融体制落后、风险防范机制不健全，在动荡的国际经济环境中更容易受到影响，出现经济衰退、货币贬值、汇率动荡等问题，增加了新型国际金融体制的建设难度。

　　"一带一路"沿线国家间金融合作需要稳定的制度化组织作为平台和保障。虽然 2015 年成立的亚投行为"一带一路"国家间金融合作提供了一定条件，但其主要任务是"以基础设施融资服务促进区域经济发展"，并不具有协调功能。因此，"一带一路"区域间金融合作制度组织建设滞后和制度化平台缺乏是沿线国家面临的共同问题。首先，"一带一路"连接欧亚非大陆，涉及 65 个国家和地区，而目前尚未有完全覆盖"一带一路"地区的区域性金融合作组织。其次，"一带一路"沿线国家经济发展水平、政治制度、意识形态、社会文化习俗等差异巨大，要实现彼此之间基础设施互联互通、贸易和投融资互享互融，需要一个区域间组织进行统一协调。虽然在"一带一路"沿线已存在一定数量的区域性组织，如东盟、欧亚经济联盟、独联体等，但是由于组织目标和职能存在差异，组织间联系较为薄弱，甚至一些区域性国际组织内部各成员间也存在矛盾冲突和利益纠葛，进一步加剧了地区不稳定性。最后，对"一带一路"国家间金融合作具有较大影响的国际或区域性组织大多属于政治经济综合性组织，协调国家间金融合作只是这些国际组织的众多职能之一，其专业化优势并不明显。但是，"一带一路"金融合作需要解决大量实践层面上的问题，需要具有专业协调和解决问题能力的区域性金融组织，这是不言而喻的。

　　"一带一路"沿线国家普遍缺乏发展资金。据亚洲开发银行估计，2016 — 2030 年，亚洲新兴市场共需约 26 万亿美元基础设施投资，年均逾 1.73 万亿美元，资金需求巨大，而来自发达经济体的对外援助和国际发展融资贷款只能满足其约 7% 的融资需求。同时，由于基础设施投资具有回收期长、收益率低等特征，私营部门较难通过市场化投资渠道获得正常投资回报。因此，"一带一路"建设需要着力解决大规模资金缺口问题，否则将严重制约"一带一路"建设进程。此外，传统国际金融组织在"一带一路"融资中通常也"难以施展拳脚"。一方面，当前国际金融机构提供的资金主要是债务型资金，而债务融资存在还本付息负担和借贷期限制约,适用于收益率较高且回收期较短的项目,与基建项目资金需求不协调。而且,债务融资方式下,被投资国难以与投资国形成"合作共赢"利益连带机制,无法保证长期资金支持。另一方面,"一带一路"沿线国家的政治、经济、文化风险错综复杂,其中以政治风险尤甚。在难以化解或防范各类风险的情况下,世界银行、IMF 等将对"一带一路"沿线国家投资持谨慎态度。

(五)企业海外经营能力与水平不断面临新的挑战

在微观经济层面,中国企业的海外运营能力有待提升。"一带一路"建设实施以来,中国企业对外投资的地域和领域空前增加。但是,中国企业在海外市场的合规管理、质量管理、员工管理等方面都面临"水土不服"问题,部分企业处理当地社会各种关系时要投入很大精力,增加了企业运营风险。中国企业在海外实施的基建项目"点多、线长、面广",在实施过程中需要解决好征地和移民安置问题,要和当地民众、非政府组织、主流媒体、部族宗教势力建立良好的沟通机制,妥善处理因工程实施产生的利益纠纷,这是"一带一路"建设过程中亟待克服的难题。

部分企业承担社会责任的意识不强。由于中国在"一带一路"上的大型工程多数通过大中型国有企业来完成,企业形象往往与国家形象密切相关。企业是市场经济行为的主体,许多"一带一路"沿线国家通常将企业的经营行为视为政府引导下的行为。这就要求中国企业不仅要高质量地完成承建的项目,取得良好的经济效益,而且还要充分履行企业的社会责任,发挥企业外交的作用。中国企业在海外虽然高度重视企业的社会责任,但是仍然存在一些明显的不足。一方面,缺乏熟悉当地文化、善于与当地媒体和非政府组织(NGO)沟通的人才,交流上的不畅导致正常的经营行为被妖魔化。另一方面,对员工的管理存在一些问题,一旦企业员工在当地行为失当,容易造成"基建易联、民心难通"的现象。

　　缺乏同当地 NGO 等组织打交道的经验。"一带一路"沿线许多国家与地区的 NGO 十分活跃，甚至基本上成为民间社会最重要的代言人。中国有关部门与企业在推进"一带一路"时，侧重于走上层路线，缺乏同 NGO 打交道的经验，缺乏与其互动的能力。这就导致中国有关部门与企业虽然人在当地，但是仍然不接地气。尤其是在缅甸等一些东南亚国家，NGO 大多受美、日等国资助，这些组织会有意策动一些国家的底层民众对中国"一带一路"上的一些项目产生抵触情绪。

　　缺乏经营可持续性人脉的主动性。进入"一带一路"沿线国家和地区，人脉经常成为一种极为重要的"软实力"。东南亚地区的国家大多是"人治色彩"较重的国家，在很多时候制度是虚的，关系是实的。"一带一路"倡议推进得是否顺畅，很多时候取决于"有没有交到朋友""朋友给不给出力"。在欧美国家与东南亚国家的交往中，广结人脉的现象十分常见而且极其全面、灵活，往往是外交、军事搭设平台，商业、文化跟进运作。相比之下，中国做得还不够。虽然各领域每年的涉外活动都很多，也建立了一些关系，但是这些关系都是单向的，一些政府部门并没有为企业搭台的主动性。同时，中国很多企业在"走出去"的过程中也往往不注重人脉的建立，认为这是外交部门的事情，在对外活动中心态保守。中国有的企业在"一带一路"建设中存在比较明显的急功近利倾向，这往往与经营人脉所需要的长远眼光相悖。一些部门和企业总是侧重于经营短期见效的人脉，而对长线布局缺乏兴趣。"烧热灶"而"不烧冷灶"，"只和台上的人称兄道弟、不和台下的人保持关系"的短线做法比较常见，结果往往是"台上一换人"，整个投入就打了水漂。

　　海外金融服务滞后导致海外资金周转困难。"赚了几百万美元却无法直接汇到国内，盼望外汇管理能够跟上新业态发展的脚步"，反映出了很多"走出去"的民营企业的呼声。目前，企业海外运营中面临的最大困难是受到外汇管制。海外客户的款项无法直接汇入国内总部，只能与当地公司结算，钱只能留在海外，在海外市场进行二次投资或通过香港的分公司接受外汇。为此，东南亚地区的一些公司甚至无奈选择借助于地下钱庄等渠道转移资金。资金难以回流的后果是严重影响企业的竞争力，也影响了企业参与海外招标和缴纳保证金。

三、安全挑战与风险：部分国家政局不稳、恐怖主义泛滥、武装冲突甚至局部战争带来的挑战

"一带一路"沿线国家安全风险长期处于较高水平，部分地区受制于大国博弈和民族宗教矛盾，局部地区有冲突升级迹象，而新冠疫情蔓延进一步加剧了有关风险。同时，全球生态环境恶化，恐怖主义活动、网络犯罪等威胁日益加剧，各国在抢占重要战略资源以及资源分配领域斗争激烈，非传统安全与传统安全风险同步高企。

（一）部分沿线国家国内矛盾突出，政局动荡不稳

2020 年以来，新冠疫情全球蔓延对沿线国家政治形势影响巨大。一方面，抗击疫情成为多数沿线国家的首要工作，国内各政治力量能够暂时达成一致共同抗疫，国内政治集会活动暂停，对国内政治局势起到了降温作用。另一方面，疫情对沿线国家经济运行造成了严重冲击，容易激化国内矛盾，政局不稳定、不确定性进一步上升，若引发"蝴蝶效应"，可能对政权和社会稳定造成深度影响。

"一带一路"沿线国家政体差异很大，大多是处于政治转型中的发展中国家，在制度体制上存在巨大差异，既有共产党领导的社会主义国家，也有实行西方式政党制度的资本主义国家，还有实行君主政体的阿拉伯国家等，既有"总统制""议会共和制""人民代表大会制"，也有"君主制""君主立宪制"等多种政体；政党、社会组织众多，政治立场各异，国与国之间存在差异，一国内部不同政党和社会组织之间的观点也千差万别。

"一带一路"沿线大多数国家是发展中国家，许多国家是所谓的"转型国家"，正处于新旧体制转轨期、"民主改造"探索期和社会转型期。一些国家由于"民主"体制不健全、移植西方民主"水土不服"、旧体制惯性强大等问题突出，国内政治形势复杂，民族矛盾、宗教矛盾、党派矛盾等矛盾突出，经济社会发展极不平衡，政权更替频繁化、政局动荡常态化，甚至内战冲突不断，导致对外政策反复调整，政局动荡蕴藏的潜在风险很大。执政党与反对党、中央与地方、族群与族群之间关系复杂，新政权"清算"旧政权的情况时有发生，因此会出现殃及池鱼的现象。典型案例有科伦坡港口城项目。2015 年 3 月，斯里兰卡大选后，新政府明知该项目对其非常有利，但仍以"缺乏相关审批手续""重新环境评估"为由暂停了项目建设。后经双方多次沟通磋商，在停工近一年半后重签协议，港口城更名为"科伦坡国际金融城"后重启。这虽是个案，但不排除在其他国家还会发生的可能。

中亚、中东、南亚的部分国家政局不稳定因素持续积累，一些国家的政治精英因权力内斗而无暇顾及经济可持续发展，严重制约了国际经贸合作的深入推进。中东地区结构性力量失衡加剧，阿盟分裂趋势扩大，各国党派纷争不断，国家政治建设蕴含着极大不确定性。印度对地区局势的强大影响力，使中国在南亚建立稳定的战略立足点面临诸多困难。南亚中小国家国内政局发展的不确定性，往往会使中国的工程成为其国内政治纠纷的牺牲品。东南亚国家国内政局、党派政治纷争复杂，部分国家党派势力为争取选票，往往以顺应"民意"为由，将中国的投资项目作为利益交换筹码，进行阻挠干扰。一些国家为转嫁国内政治矛盾，单方面宣布搁置在建项目。例如，泰国政局动荡，导致中泰"高铁"计划流产；缅甸国内政局不稳，加上美国煽动破坏，导致中缅密松大坝工程和中缅合资的莱比塘铜矿项目被叫停。一些国家的政治势力还出于自身政治目的误解或歪曲"一带一路"倡议，借机煽动新的"中国威胁论""中国扩张论"，蓄意阻挠"一带一路"建设。近年来，中国在利比亚、伊拉克、乌克兰、叙利亚等国遭遇的投资困境和风险损失都值得高度重视。

"阿拉伯之春"、独联体地区的"颜色革命",有来自外部的干预,也有经济发展缓慢、社会分配不公、政府腐败的内因。这是前车之鉴,而未来一些沿线国家仍面临外有干预、内有"病根"的情况,社会动荡风险仍在。加之沿线地区"火药桶"多,如阿富汗问题无解、中东乱局无法平息,都会影响"一带一路"项目的落地。典型案例如中企在阿富汗的艾娜克铜矿,虽成功中标,但由于安全问题一直难以推进。

沿线国家国内复杂的利益集团问题也是决定"一带一路"项目实施效果的重要影响因素。"一带一路"沿线一些国家尤其是有着"火药桶"之称的中东地区,教派林立,民族、种族矛盾尖锐,甚至演化为政治矛盾,形成不同的政治利益集团。"一带一路"项目如果不能很好地协调这些国家复杂的利益集团的矛盾,就会存在一些利益集团为争夺利益而对"一带一路"项目进行破坏的问题,从而增加"一带一路"实施的阻力。

总之,"一带一路"实施中的基础设施建设投资大、周期长、收益慢,在很大程度上依赖于有关合作国家的政治政策稳定和对华关系状况,两者的矛盾大大增加了"一带一路"建设中的安全风险。

(二) 民族宗教矛盾复杂,恐怖主义活动猖獗

"一带一路"涵盖60多个国家,44亿人口,大多数国家民族众多,基督教、佛教、伊斯兰教、印度教等多元宗教信仰并存,一些宗教内部还存在不同教派,各民族、宗教之间的历史纷争复杂,增加了沿线各国合作的难度。中东、中亚、东南亚等地区的国际恐怖主义、极端主义、分裂主义势力和跨国有组织犯罪活动猖獗,地区局势长期动荡不安。这些非传统不安全因素的凸显,既恶化了当地投资环境,威胁着企业人员和设备安全,也可能借"一带一路"建设开放之机扩散和渗透到中国国内,甚至与国内不法分子内外勾连、相互借重,破坏中国安定的国内

社会环境，对"一带一路"倡议及沿线工程建设构成严峻挑战。近年来，对中国企业与中国公民生命财产安全造成威胁和损失的事件频频发生，以中国公民和中企资产为目标的劫持、袭击事件也时有发生。部分国家国内治安形势恶化，严重威胁着中国海外项目和人员安全。

近年来，恐怖活动呈现出"全球化""本土化""独狼化""网络化"的新特点。恐怖活动从中东、南亚扩散到欧洲、非洲、美国，目标从美国、南亚、中东扩展到欧洲、非洲、东南亚；"独狼化"恐怖活动欺骗性大、随意性高、隐蔽性强，危害更大；极端组织越来越多地通过网络策划和实施恐怖活动，同时利用现代媒体散布恐怖信息，制造恐怖氛围。联合国安理会曾提出，反恐必须着力应对五大挑战，即外籍"圣战"分子、网络恐怖主义、"独狼"袭击、恐怖组织与跨国犯罪团伙相互勾结、极端主义思潮问题。

事实上，"一带一路"沿线长期以来就是恐怖主义势力活动频繁的区域。中东、中亚、南亚、东南亚、北非等地区都长期存在着大量的恐怖主义势力，每年发生大量的暴力袭击事件，不少国家位列世界上"最不安全的国家"行列。这对我国推进"一带一路"倡议的影响不可小视。

因为恐怖主义的存在和活动，这些国家的发展、稳定、安全受到了不同程度的影响，也直接或间接地影响着这些国家参与"一带一路"建设的能力，影响着"一带一路"相关项目在这些国家的安全运行，影响着参与"一带一路"的相关投资方对这些国家的投资意愿。

在"一带一路"沿线国家和地区发生的暴力袭击事件中，宗教是绕不开的因素，不同宗教、教派之间的矛盾和冲突是不少袭击事件的导火索。那些内部宗教、教派众多，矛盾和冲突较为尖锐的国家，通常也是恐怖主义活动频繁、暴力袭击事件多发的国家。多发的暴力袭击事件造成了一系列恐慌情绪和不安定因素，这也正是一些恐怖主义势力所希望达到的目的。

在"一带一路"沿线国家和地区恐怖主义势力中,"伊斯兰国"和"基地"组织的影响最大。随着"伊斯兰国"在中东的溃败,不少极端分子陆续向"一带一路"沿线国家回流、扩散。"伊斯兰国"一直试图借助于回流、扩散到各地的极端分子来发展势力,维持影响力,这也是"伊斯兰国"多次在一些暴力袭击事件后发声宣布对袭击事件负责的重要原因。斯里兰卡系列爆炸后,"伊斯兰国"就公开声明认领这次爆炸事件。近年来,大量"伊斯兰国"极端分子的回流、扩散,深刻影响着"一带一路"沿线一些国家的恐怖主义发展态势,"基地"组织也出现了再度活跃的迹象,它们在"一带一路"相关国家分支机构的活跃度也较前几年有了明显提高,甚至公开参与到叙利亚、也门等国家的内战中,这已经引起了相关国家和国际社会的高度关注。

随着"一带一路"建设的推进,中国企业在海外扮演着越来越重要的角色,但中企员工不得不承受海外不安全因素带来的威胁。10多年来,60%的中资企业海外遇袭事件发生在非洲,绝大多数是因为遭遇了武装分子的袭击。习近平主席2016年8月17日在人民大会堂出席推进"一带一路"建设工作座谈会时指出,推进"一带一路"建设要切实推进安全保障,完善安全风险评估、监测预警、应急处置,建立健全工作机制,细化工作方案,确保有关部署和举措落实到每个部门、每个项目执行单位和企业。从长远发展来看,"一带一路"最终能取得多大成果,与沿线各国能在多大程度上有效应对恐怖主义威胁有着直接关系。随着"一带一路"建设的推进,反恐方面的合作也应提上各方的议事议程。

"一带一路"所通过的地区是"三股势力"最活跃的地区。即使在"全天候"伙伴巴基斯坦,也有巴塔、俾路支省分离势力对合作项目虎视眈眈。"三股势力"的威胁主要体现在两方面:一是对重大项目,如中国—中亚的能源管线、重大隧道工程等构成威胁,增加运营成本。据称,中石油10%的成本来自安保。二是对投资者构成心理威慑,影响投资者信心。"三股势力"借"一带一路"建设侵蚀中国边疆安全的图谋也值得高度警惕。中国有九省区与"一带一路"沿线国家接壤，这些省区过去是对外开放的大后方，现在是"一带一路"建设的最前沿，边疆的稳定对于"一带一路"建设的顺利推进至关重要。近年来，中国边疆安全形势不断改善，暴恐案件大幅下降，但受世界政治大环境影响，"三股势力"在中国周边国家异常活跃，边疆安全局势仍存在较大不确定性与风险，在全面推进"一带一路"带来"大通关""大口岸""大物流"对外开放的同时，也会对出入境检验检疫、质量安全等诸多公共安全造成前所未有的压力和挑战。

中巴经济走廊推进中即面临巴基斯坦俾路支省的恐怖主义猖獗问题。近年来，在巴基斯坦政府"利剑行动"等一系列暴恐打击行动下，安全形势总体好转，暴恐发生率和致死伤人数逐年下降。但与此同时，针对中国人的恐怖袭击案件数量在不断攀升，性质也越来越恶劣，走廊建设安保问题愈加突出。俾路支省的主体民族为俾路支人，广泛分布于巴基斯坦、伊朗、阿富汗交界地区。英国势力撤出南亚次大陆时，人为地将俾路支人生活的地区划归三国，以使其相互制衡。巴俾路支人实行部落制，一些部落头领为维护自身政治利益，有较强的分离主义倾向，一直希望联络伊朗和阿富汗俾路支人，共同独立成立"俾路支斯坦"。中巴经济走廊启动后，一部分俾路支人特别是少数部落高层担心俾路支省会和巴基斯坦其他省份经济联系更加紧密，而使其独立计划变为泡影，公开对民众宣传中国正在和巴基斯坦联邦政府一同图谋俾路支省的自然资源，对经济走廊采取敌视态度。俾路支一部分部落长期与巴基斯坦中央政府激烈抗衡，进而以部落力量为基础，形成俾路支解放军、俾路支解放阵线等暴力分离组织，其背后不排除有美、印等国的武器和资金支持，美国一直拒不同意将俾路支解放军列入国际恐怖组织名单。俾路支省在中巴经济走廊中地位重要，瓜达尔港正位于此，其分离主义是一个长期的历史遗留问题，难以解决，未来俾路支恐怖主义有可能成为中巴经济走廊建设尤其是瓜达尔港的重要安全威胁。

（三）大国军事力量密集，地区冲突和局部战争频发

大国军事存在构成常态化威胁。"一带一路"途经世界主要地缘政治节点，美国、俄罗斯、印度等世界和地区军事强国都在这些地方排兵布阵，大国密集的军事存在始终是一把高悬的达摩克利斯之剑，对"一带一路"的推进是一种战略性、常态化威慑。

地区冲突和局部战争构成的常态化威胁。欧亚大陆是地缘政治与国家间矛盾和冲突多发区，"一带一路"经过多个地缘政治破碎带，历史问题复杂、民族宗教矛盾尖锐、领土领海纠纷众多、武装冲突频发、国家间历史恩怨很多，如印度与巴基斯坦、伊朗与沙特阿拉伯等国也存在领土纠纷。近年来，全球爆发的局部战争和武装冲突主要爆发区与"一带一路"沿线多有重合，其中又尤以西亚和北非地区为主。地区武装冲突的爆发，可能会全面打乱"一带一路"进程，并威胁中国投资项目和人员安全。

（四）沿线地区地缘政治矛盾、涉我国领土主权和海洋权益争端，均会带来外交风险

"一带一路"沿线有些国家与中国的政治关系和经济关系并不是非常友好，这需要我国妥善处理好与沿线各国的政治关系和经济往来关系，尤其是一些东盟国家，如菲律宾和马来西亚等国，这些国家不但与中国关系较为微妙，同时在东盟内部关系也很复杂，大小争端长年不断，中国面临与沿线国家政治关系冷淡、沿线国家之间政治关系紧张以及沿线国家自身内部矛盾较多的种种考验。"一带一路"沿线冲突地区的许多地缘政治问题，也可能将中国深度卷入地区矛盾，加大外交风险。

涉我国领土主权和海洋权益争端的掣肘与阻碍十分复杂，也将深刻影响"一带一路"建设推进。南海局势发展的不确定性，加重了东盟

国家"两面下注"的心态。越南、菲律宾等声索国以煽动民族主义情绪为手段，鼓吹"中国威胁论"，极力将共同应对南海问题标榜为保持东盟内部团结的"旗帜"，强力推动东盟集体介入，阻滞"一带一路"在东盟落地生根，避免东盟对华经济依赖上升。中印边界争端是印度对华战略疑虑的重大因素，印度或明或暗地设置障碍实施牵制始终存在。印度与美国联合发表《美印亚太和印度洋地区联合战略展望》，强调所谓南海航行飞越自由的重要性，扩大海洋安保合作，突出牵制中国的政策导向，利用对孟加拉国的影响力，强行涉足索纳迪亚深水港 80 亿美元项目建设投标，挤走中国竞标公司。中日钓鱼岛之争僵局难解，日本将钓鱼岛之争视为维护其亚太地区主导权的核心标志。钓鱼岛争端严重激化，可能使东海、南海以及中印边境等争端形成连锁反应，"一带一路"所依托的稳定发展环境受到冲击。

（五）生态环境风险在未来面临不确定性和压力

近年来，"一带一路"建设主要集中在能源资源、基础设施、产能合作等领域，沿线国家和地区生态环境敏感，全球气候变化和生物多样性保护等因素为项目建设增添了新难题；"走出去"企业以钢铁、水泥、能源设备等传统优势产业为主，环境影响不容忽视。如何坚持生态优先、绿色发展、低碳循环，创建可持续的新发展方式，显得至关重要。

四、文化挑战与风险：文明融合、文化认同、社会接纳等问题带来的挑战

"一带一路"沟通东西、连接亚非欧，沿线多达 65 个国家，覆盖了世界上四大文明古国；有 40 多亿人口，约占全球人口的 63%；有 50 多种官方语言，涵盖了九大语系的不同语族和语支；有佛教、伊斯兰教、基督教、印度教等数十种不同的宗教及其派别。宗教、语言、文

化、意识形态千差万别，经济社会发展水平参差不齐。在如此多样性的文化背景下，推进"一带一路"得到所在地民众的文化认同和社会接纳、实现文明融合，是"一带一路"可持续发展的关键所在。

"一带一路"沿线国家在参与的广度和深度上因自身对利益的不同判定而呈现出差异性。特别是一些大国，从精英到民众，对"一带一路"的认知、理解不尽相同，对中国倡议意图的不信任与猜忌将成为"一带一路"长期推进面临的重要风险。近年来，"一带一路"沿线民族主义思潮逐渐复苏和兴起，有的甚至被"三股势力"所利用。一些地区对社会主义中国存在先入为主的排斥情绪，存在所在国上层对华友好而民间对华印象不佳的情况。"资源掠夺论""中国威胁论"仍然存在。"一带一路"沿线国家很多情况不同于中国国内，如土地私有、拆迁难度大，宗教规范和要求多，工作习惯和效率差别大等。

如何寻找不同宗教、不同文化之间的有效交流方式，寻求这些社会对"一带一路"的支持，是提升中国国家形象、构建中国软实力的关键。根据对"走出去"企业的调研，中国虽然高度重视宗教差异、社会习俗等敏感问题，但是在交流中仍然存在许多障碍。中国有关部门和企业在阐述"一带一路"方面，仍然存在比较明显的缺陷，常常出现自说自话的情况。如何避免沿线国家因文化价值差异产生误解、因认知偏差误判中国倡议意图，防止对中国文化和形象的异化曲解，避免陷入文明冲突和价值冲突陷阱，是"一带一路"持续推进中必须予以高度重视的问题。

"一带一路"项目最终还是要落实到"人"这个主体上，而无论是当地高层还是民众，他们对"一带一路"的认识直接影响着"一带一路"的落实。沿线国家政府高层对"一带一路"的认识会使其对"一带一路"本土化的大方针产生直接影响。当地政府高层如果无法准确把握"一带一路"内涵，就会在制定政策以及落实政策时有失"一带一路"的高度。"一带一路"深入当地基层建设，也需要当地民众的支持，如果当地民众对中国的认识存在偏差，滋生"反华意识"，那么"一带一路"项目就会遭到当地民众抵触甚至破坏。因此，需要树立沿线国家对"一带一路"的正确认识，破除中国版"马歇尔计划"以及"中国威胁论"谣言。

近年来，一些国家还出现了反中情绪。这些反中情绪的来源比较复杂，有双方语言不通、沟通有限的原因，也有宗教、民族影响的原因。欧亚研究所（Eurasian Research Institute）2016 年发布的调查统计显示，大约有 31% 的哈萨克斯坦受访民众认为中国劳工对哈萨克斯坦当地劳动力市场产生了威胁。2016 年 3 月，哈萨克斯坦政府通过了土地租赁法案修正案，允许将租借给外资（主要是中资）的土地从 10 年延长到 25 年。一些哈萨克斯坦民众对该政令表示了不满，上街游行以示抗议。另外一个例子是国家电力投资集团在缅甸投资建设的密松大坝（Myitsone Dam），密松大坝是一个预计耗资 36 亿美元的超大型基建项目。该项目在缅甸国内引起了巨大争议。支持者认为，大坝可以为缅甸提供急需的资金和电力。但批评人士表示，大坝会对河流造成不可弥补的伤害，摧毁下游的鱼类资源，迫使成千上万名村民离开家园。根据当时缅甸军政府和国家电力投资集团达成的协议，大坝发电量的 90% 将被输送到中国，缅甸只获得 10% 的发电量。在不断的反对声和各种社会压力下，缅甸政府叫停了密松大坝项目。此时，中国国家电力投资集团已为此投入了 8 亿美元。目前，中缅两国政府还在就如何继续该项目进行磋商。因此，随着中资对沿线国家投资力度的加大，如何处理和当地民众的关系，以及消除他们可能产生的疑虑，是确保投资取得成功的关键因素之一。

五、舆论挑战与风险：西方一些人对"一带一路"和中国的偏见、质疑、抹黑与挑拨离间带来的挑战

新事物的发展历来不会是一帆风顺的。"一带一路"倡议提出以

来，国际社会给予了高度关注，总体来看，对"一带一路"的大部分评价比较理性正面，且具有建设性，但也出现了一些片面性、主观性、负面性的批评和质疑。一些批评尽管尖锐但言之有理，自然应当接受。另一些批评是出于误解，对此可耐心解释、主动增信释疑。还有一些批评纯粹是为"拆台"而来，只要搞"一带一路"建设就动辄得咎，特别是西方一些政客和媒体罔顾事实，成系统、有计划地持续不断抹黑和妖魔化"一带一路"，企图破坏国际共识。说什么"一带一路"给世界各国带来的并不是发展机会，而是债务陷阱，是中国"一家独大"，是中国版的"马歇尔计划"，是为了转移中国国内"过剩产能"，剥夺了当地就业机会，破坏了当地生态环境，产生了"地缘扩张论""经济掠夺论""环境破坏论""债权帝国主义论"等抹黑"一带一路"的论调。甚至还有人称，中国精心地实施"债务陷阱外交"，人为地制造债务危机，从而达到控制其他国家的目的。在环境、劳工标准、透明度、政府采购、社会责任等方面对"一带一路"的质疑声音也不断冒出。对此，有必要厘清事实，给予回击。

（一）西方国家对"一带一路"及中国的质疑

在"一带一路"推进过程中，发展中国家更多关心的是"一带一路"给它们带来了什么好处，发达国家则更多地关心"一带一路"可能会给它们带来什么坏处。由于西方对国际市场、国际舆论环境有着重要影响，甚至影响到"一带一路"国家的国内政局，必须认真对待西方的质疑。

近年来，欧洲金融危机和难民危机、日本经济低迷、美国实力相对衰落等话题不绝于耳，世界权力的天平似乎正远离西方国家。面对世界和自身实力在未来几十年的不确定性，为了转移焦点，西方国家产生了名目繁多的质疑："一带一路"会带来什么？是否会改变现有的国际秩序，给西方世界带来更大的不确定性？缺乏自信的西方国家，将对世界的担忧、对自身未来的担忧转嫁到了中国，转嫁到了"一带一路"倡议上，一些有识之士对中国和"一带一路"的客观、积极的评价，被这些质疑所冲击。

1. 西方国家对"一带一路"的质疑

西方国家对"一带一路"的质疑主要有以下几个方面：①性质质疑："一带一路"是公共产品还是中国战略？是否存在隐藏的战略目标？②路径质疑："一带一路"是规则导向还是发展导向？是否能遵守开放、透明的国际规则？能否坚持公平竞争？③方式质疑："一带一路"如何融资？能否坚持高标准，如环境标准、劳工标准？与现有机制有何关系？④效应质疑："一带一路"的地缘政治效应如何？如何处理地区领土争端？是否会导致歧视性安排？⑤有效性质疑："一带一路"建设如何克服种种风险？⑥后果质疑："一带一路"是否会制造债务危机？

西方国家对"一带一路"性质的质疑主要在于，"一带一路"究竟是提供公共产品的国际合作倡议还是一个侧重国家利益和地缘政治的国家战略。早在2009年1月5日，《纽约时报》就称中国的"走出去"倡议为北京的"马歇尔计划"，而"一带一路"倡议提出之初，不少西方学者更是将其与"马歇尔计划"相提并论，在国际社会造成了不小影响。事实上，"一带一路"虽与马歇尔计划在复兴地区经济、拉动海外投资、推动本国货币国际化等方面有相似之处，但其本质上有很大不同。

对"一带一路"路径的质疑主要在于如何建设"一带一路"：中国国内就不遵守规则，如何在国际社会遵守规则？"共商共建共享"原则是不是言过其实？"一带一路"机制是否开放透明？是规则导向还是发展导向？能否坚持公平竞争？其是否只是有利于中国的政府采购？其他国家如何参与？日本前首相安倍晋三曾提出"一带一路"建设应在开放、透明、公正及考虑项目经济性的同时，不影响借债国的偿还能力和财政健全性；日本前外相河野太郎也提出"如果是以开放、各方都能参与的形式出现，这对世界经济是有好处的"。言外之意，他们都对"一带一路"机制的开放性、透明性和公平性有所质疑。

方式质疑主要表现在"一带一路"的融资方面。"一带一路"如何融资？如何协调不同融资渠道的关系，打造国际融资机制？另外，能否坚持高标准，如环境标准、劳工标准？与现有机制有什么关系？欧盟国家在这方面的质疑之所以比较多，是由于欧盟本身在投资和贸易方面设立了较高的标准和规则，因此担心"一带一路"倡议为增加融资会降低现有国际标准，造成经济和投资方面的风险，同时造成恶性竞争，对欧盟及其成员国在国外投资、贸易和技术方面输出造成危害。

效应质疑主要在于"一带一路"是否是中国的地缘政治战略？如何处理地区领土争端？是否会导致歧视性安排？受到传统地缘政治理论影响，当代西方国家在解读"一带一路"效应时，从崛起大国的地缘政治战略角度，认为中国试图追求地区霸权和地区主导权。例如，德国媒体对"一带一路"的负面报道居多，要么将其描绘成地缘政治威胁，要么认为其过于雄心勃勃而终将失败。美国战略与国际问题研究中心（CSIS）的葛来仪就认为，"海上丝绸之路"是中国改变南海现状战略的重要组成部分，是一种经济外交手段，可以将东南亚邻国更紧密地维系在中国身边，以增加谈判筹码。"海上丝绸之路"以经济利诱的方式，促使周边国家接受中国的利益诉求。

有效性质疑主要在于如何对"一带一路"面临的各种经济风险和安全风险进行事先评估？是否会给当地制造债务危机或给中国国内制造债务危机？如何应对恐怖主义威胁？能否做到可持续发展？"一带一路"覆盖地区广泛，政治和安全环境复杂，因此也无可避免地存在着各类安全风险。不仅多数国外学者存在此种质疑，国内学界也存在风险上的顾虑。

2. 西方国家对中国的质疑

西方国家对中国的质疑主要有以下几个方面：①意图质疑：过剩

产能倾销？中国改写国际规则？②套路质疑：中国把国内那套带到国外？③能力质疑：中国模式本身能否持续，在国外能否推广？④结果质疑：中国主导？中国中心秩序？

对"一带一路"的溯源，都会归根到对国家意图的质疑。关于"一带一路"背后的国家意图，绝大多数西方国家都是从中国国家战略的角度来分析的。一方面，国外部分政界与学界将"一带一路"简单当作中国国内政策的延续，即为解决国内问题而配套的外交战略，如转移过剩产能、倾销国内商品等；另一方面，也将其看作中国试图改变现有地区和国际秩序、获得地区和全球主导权的国家战略，即中国试图改写国际规则。党的十九大后，"一带一路"被写入中国共产党章程，更让西方民粹主义找到了转移视线、转嫁矛盾的靶子，典型的是白宫前首席战略师班农在日本演讲时宣称，"一带一路"是中国称霸世界的大战略，其将地缘政治理论运用到了极致。

诸多质疑如中国模式本身能否持续，在国外能否推广？国有企业是否会造成不公平竞争？中国国内经济降速，能否玩得转"一带一路"？在人民币国际化降速的情况下，中国向国家开发银行、进出口银行增资的做法能否支撑"一带一路"建设？哈佛大学经济史学家查尔斯·金德尔伯格曾提出了"金德尔伯格陷阱"理论，认为美国作为全球提供公共产品的主导国家，自身处于衰落之际，新兴大国——中国无法提供必要的全球公共产品，从而导致全球治理领导力真空。随着中国实力的增长和美国相对实力的下降，近年来以约瑟夫·奈为代表的美国学者重提"金德尔伯格陷阱"，这实际上是对中国能力的质疑，认为中国在过去一直扮演"搭便车"的角色，如今要从国际公共产品的受益者转变为提供者，中国将无法承担此重任。

"一带一路"倡议最终是否会变成中国主导的国际机制？是否会造成中国"中心秩序"的形成？是否会恢复过去的朝贡体系？很多西方人抱有零和博弈的思维，认为就算"一带一路"的出发点是好的，但如果最终的结果会让中国在地区和全球事务中影响力增大，那么就有必要进行反制。同时，他们又有先验思维，认为中国曾经在历史上奉行垂直权力结构的朝贡体系，曾经通过怀柔手段来达到令周边小国对中国政治归顺的目的，那么当今的中国也可能会通过新的方式塑造相似的地区秩序，恢复过去的权威地位，成为地区最大的主导国家。这种结果主导型思维导致了西方世界从一开始便不信任"一带一路"倡议。

（二）"一带一路"是中国"一家独大"？是中国版"马歇尔计划"？

西方一直有质疑声音："一带一路"倡议由中国提出，规则也由中国单方面制定，是名副其实的中国"掌控"的"中国俱乐部"。还有声音说，"一带一路"项目不透明，只为中企服务。路透社记者曾公开提问：许多外企担心它们是否能够像中企一样，参与到相关项目的竞标过程当中。更多的西方精英则认为"一带一路"是中国的地缘政治工具，怀疑中国企图通过"一带一路"谋求地缘政治扩张，是中国版"马歇尔计划"。

事实上，"一带一路"倡议和"马歇尔计划"有着本质区别。首先，"马歇尔计划"是以美国为主导、单方面向欧洲国家投资和输出产能的经济援助计划，带有抗衡苏联、助美称霸的政治目的。而"一带一路"是国际经济合作倡议，建立在自愿参与、平等互利基础之上，不附加任何条件、不搞单向输出或强加于人，最终目标是实现合作共赢。其次，"马歇尔计划"很明显是区分对待，拉拢西欧国家，排斥原苏联东欧阵营，而"一带一路"是开放包容进程，不以意识形态划界，不搞零和游戏。联合国秘书长古特雷斯就曾表示，共建"一带一路"倡议与联合国新千年计划的宏观目标相同，都是向世界提供的公共产品。共建"一带一路"不仅会促进贸易往来和人员交流，而且会增进各国之间了解，减少文化障碍，最终实现和平、和谐与繁荣。

西方有一些人散布所谓"中国撒钱论"，指责中国政府"好大喜功"，不顾国内经济面临下行压力、用钱的地方很多的实际情况，花大钱搞"一带一路"建设，将来会成为"冤大头"，"投资都打水漂了"。实际上，"一带一路"建设是中国发展到新阶段以后的必然选择，对中国未来发展将产生重大而深远的影响。第一，"一带一路"建设是合作，不是援助。诚然中国国内发展不平衡不充分的矛盾依旧严峻，需要用钱的地方还很多，但中国出资不是"撒钱当冤大头"。在"一带一路"建设中，各国共商、共建、共享，越来越多的国家和地区从中受惠，中国也不例外。第二，"一带一路"建设是中国新发展阶段对外开放的必然选择。面对国内国外新形势，中国迫切需要加快全面深化改革。开放也是改革，深化对外开放和加快与国际市场对接，有助于推进新常态下中国经济转型升级，培育新的经济增长极。第三，"一带一路"建设并非中国的"独奏"，而是世界的"合唱"。中国只是发起融资方之一，提供关键项目的种子基金，吸引国际金融市场融资，包括世界银行、亚洲开发银行等其他开发机构的贷款。第四，"一带一路"建设是中国经济金融安全的必然要求。当前国际经济秩序和金融治理的框架是在二战后建立起来的，是以发达经济体，尤其是以美元和美国为核心的体系。但随着时间推移，全球结构发生了深刻变化。发展中国家在全球经济中所占比重超过了50%，既有国际经济框架包容性缺乏、发展中国家代表性不足等缺陷就显得极为突出。由于美联储始终是美国的，其货币政策的目标主要是稳定美国国内的通胀水平和就业率，其政策与全球经济的需求就不可避免地难以达到一致。金融危机会引发美元的信任危机。在全球资本流动已经相当开放的今天，货币政策带来的共振效应、溢出效应和联动效应已经使美联储对别国经济的影响不断放大，有时候实际上甚至是以别国的利益为代价来实现美国的政策目标的。土耳其里拉的突然崩盘再次给新兴国家经济金融安全敲响了警钟。

（三）"一带一路"是中国在制造"债务陷阱"，进行"经济掠夺"？

"债务陷阱论"是近些年西方国家攻击"一带一路"最常用的手法，称中国通过贷款的方式支持"一带一路"沿线国家进行基础设施建设，导致一些沿线国家债务水平过高，无法偿还，不得不以其他方式抵偿债务，不得不向中国"出让"部分国家"主权"。从本质上看，"债务陷阱论"是所谓"中国新殖民论"的翻版。"债务陷阱论"最突出的特点是标榜"经济专业性""客观公正性"，弱化"政治性"，由经济专业机构炮制，由媒体报道渲染助威，污称中国在通过"一带一路"推行"债务外交"，使得沿线国家债务激增，陷入所谓"债务陷阱"。

事实上，任何国家在经济起飞阶段，特别是工业化起步阶段，都需要融资支持。没有资金保障，发展中国家的工业化和现代化很难实现。但国际金融融资市场长期被西方国家控制，要想融资就必须接受苛刻的融资条件。例如，国际货币基金组织（IMF）面对这些国家政府的贷款要求提出了各种附加条款，如减少政府开支、提高进口税、国有企业私有化等。这不仅是发展中国家得到 IMF 多边贷款的前提条件，也是在双边发展资金协调机制"巴黎俱乐部"得到其他发达国家资金支持的前提条件。IMF 对发展中国家的贷款要求变化不仅意味着冻结了发展中国家基础设施的重建计划，而且可能让这些国家陷入更大的政治风险。而中国特色的官方开发金融（Official Development Finance）和强大的基础设施建设能力为这些国家提供了最好的选择方案。不管是中巴经济走廊，还是斯里兰卡的汉班托塔港、希腊比雷埃夫斯港，中国都给出了最适合的中国方案。从效果上看，"一带一路"建设的中国方案在给沿线国家"输血"的同时，注重增强沿线国家的自主"造血"功能，中国的基础设施、资源开发、电力工程等项目在所在国的基础设施建设、技术进步、出口创汇和增加就业等方面发挥了重要作用，促进了当地经济社会发展和在全球经济格局中竞争力的提升，受到了沿线国家的普遍欢迎。

在"一带一路"推进过程中，包括中国贷款在内的投融资资金在为相关合作方"赋能造血"上发挥了独特作用。世界银行于 2019 年 4 月发布的《公共交通基础设施——量化模型与"一带一路"倡议评估》显示，"一带一路"交通基础设施项目为这些经济体带来了 3.35% 的 GDP 增长，除去基建成本还会有 2.81% 的增长。这些项目还可以为非"一带一路"合作国家带来 2.61% 的 GDP 增长，为全球带来 2.87% 的 GDP 增长。从理论和实践两个层面看，"一带一路"倡议与有关国家的债务问题都没有直接联系。迄今，没有一个国家因为参与"一带一路"合作而陷入债务危机。在世界银行和 IMF 认定的 17 个非洲债务危机国中，多数国家的债权人是欧美国家银行、企业等，而非中国。美国波士顿大学《2019 年拉丁美洲和加勒比地区中国研究》报告称，中国贷款绝大多数并未超过 IMF 的债务可持续性门槛。可见，基于债务风险问题指责中国故意"掠夺"他国是没有任何依据的。

"债务陷阱"论调始于 2017 年年初，是印度新德里政策研究中心研究员布拉马·切拉尼最先抛出来的。在其发表的一篇题为《中国的债务陷阱外交》的文章中，切拉尼认为中国通过"一带一路"倡议，向具有战略意义的发展中国家提供巨额贷款，导致这些国家陷入中国的"债务陷阱"，只能对中国唯命是从。"债务陷阱论"提出以后，由于其迎合了某些西方国家的需要，在西方舆论中受到追捧。而"债务陷阱论"被热炒的背后，是近年来中国在世界日益增强的影响力引起了相关方的妒忌，中国所取得的成就被某些国家视为战略威胁与挑战，因此要对中国进行阻遏。毋庸置疑，在推进"一带一路"建设中，中国的贷款发挥了巨大作用。由于中国提供的贷款"门槛低"，不附带苛刻的政治条件，使发展中国家可以有机会脱离西方的经济掌控。因此，这被某些西方国家看作"扰乱金融市场秩序"，挑战美国主导的国际秩序的合法性，进而打破了各个区域的势力均衡，于是便将中国贷款妖魔化，声称其违反规则、不够透明等，以阻挠中国与"一带一路"沿线国家共同发展。其实，长期以来，发展中国家想要搞基建，只能从发达国家控制的金融机构如亚开行、世行借贷，欠下的债务由巴黎俱乐部、IMF处理。在这样的国际经济秩序下，发展中国家的命运完全受制于发达国家。几十年来，美国就是利用这种手段干涉别国内政，甚至颠覆一个国家政权的。可以说，西方才是发展中国家债务负担的始作俑者，根本没有资格去到处乱扣"债务陷阱"的"帽子"。

近年来，西方还有声音将"一带一路"倡议称为"掠夺经济学"，企图抹黑中国，挑拨中国与沿线国家的关系。事实恰恰相反，中国推行"一带一路"倡议的目的在于建立中国与东南亚、中亚、中东、欧洲更加紧密的经贸联系，寻求更加深入的合作与更加广阔的发展空间，通过输出资金、技术，推动区域内国家发展与繁荣，带动地区经济的升级与再平衡，而不是像历史上西方殖民者那样，通过军舰大炮，使经济资源从被掠夺地区流出。"一带一路"倡导的是人类命运共同体理念，而不是西方老殖民者通过资金、市场、技术等增强被掠夺国家和地区的对外依附程度，使掠夺行为长期化。从本质上看，"一带一路"增加了沿线国家经济的"造血"功能，而经济掠夺则正好相反——只有让其缺乏造血功能才能形成对发达国家的依附。历史上的经济掠夺造成了被掠夺国家和地区的长期贫困与落后，使其经济得不到发展，从中得益的只是实施掠夺行为的西方发达国家，而近年来参与"一带一路"倡议的国家的经济都得到了较快的发展。

（四）中国在利用"一带一路"转移"过剩产能"？破坏了生态环境？

近年来，一些人还将"一带一路"错误理解为中国转移"过剩产能"的手段，担心会给沿线国家带来环境污染。对此，需要厘清的是，"一带一路"倡议包括政策沟通、设施联通、贸易畅通、资金融通、民心相通，而不只是产能方面的合作。一味地强调"一带一路"是中国转移"过剩产能"的手段，实际上是混淆视听。事实上，中国与"一带一路"沿线多国进行的是基于经济互补性的跨国产能合作，不是把过时的和污染的产能转移出去，而是与当地国家共同协商、设计、建造新产业。虽然有一些产能在国内相对富余过剩，却是在国际市场竞争下形成的优质产能，既符合众多发达国家的市场需求，也符合"一带一路"沿线国家的市场需求。这样的例子有很多，中国企业援建哈萨克斯坦的风能电站和太阳能电站，有力地推动了当地"绿色能源"产业开发；中国企业参与承建的努奥光热电站项目，让摩洛哥超过 100 万家庭用上了清洁能源；中国企业承建的吉布 3 水电站，让埃塞俄比亚告别了电力短缺的历史。与此同时，中国还向沿线国家转移先进的科技创新成果。中国已与沿线国家签署了 46 个科技合作协定，共建了 5 个区域技术转移平台，并且还推动北斗导航系统、卫星通信系统和卫星气象遥感技术服务沿线国家建设。

西方还有一些人抛出了"破坏环境论"，认为中国将高污染的过剩产能向"一带一路"沿线国家转移，"一带一路"建设中的采矿、基础设施建设、工业项目、水电项目造成了当地生态资源环境破坏，使沿线国家失去可持续发展能力，以此攻击"一带一路"。其突出特点是高举"环保"牌，以"绿色"为幌子，占领道德制高点。但事实上，不管是中国企业还是中国政府，都将"绿色"作为推动"一带一路"建设的底色，积极遵守《巴黎协定》，逐渐从国际绿色责任和绿色标准的追随者转变为引领者。在企业层面，中国企业在"一带一路"沿线修公路时专门为野生动物留出通道；制定的电站环保标准高于世界银行统一标准；积极为所在国建设医院、学校等公共设施；在"一带一路"建设中严格遵守国际通行规则和当地法律法规，致力于将绿色发展理念贯穿于生产经营全过程。在政府层面，中国政府与"一带一路"沿线国家分享中国绿色金融等政策，推出《关于推进绿色"一带一路"建设的指导意见》《"一带一路"生态环境保护合作规划》;打造绿色投资—绿色贸易—绿色金融的绿色发展全流程。具体来看,包括推动亚投行、丝路基金等相关投资机构设立专项绿色投资基金,支持绿色产能输出,推进"一带一路"沿线国家绿色投资。将环保要求融入自由贸易协定,建立绿色贸易的标准体系,减少绿色贸易壁垒。中国政府在"一带一路"建设中借鉴并引入"赤道原则"等绿色金融规则,推动企业绿色信用评估和征信体系建设,大力推进绿色信贷政策,鼓励金融机构加大对环保企业和项目的信贷支持,开发专门的绿色信贷金融产品,开展环境金融服务创新,鼓励商业性股权投资基金和社会资金共同参与绿色"一带一路"重点项目建设。中国还以环保工业园区、循环经济工业园区、低碳经济试点园区作为桥梁,把中国的做法与经验传播到沿线国家。

应当承认,"一带一路"不少参与国的确面临生态环境脆弱的状况,存在一定程度、在某些区域甚至颇为激烈的经济发展与环境保护之间的冲突。例如,"丝绸之路经济带"涉及的中亚等地水资源严重不足,还存在工业污染、地震灾害、土地沙漠化、人口过快增长等问题。"21世纪海上丝绸之路"通过的东南亚,也面临空气跨国污染、热带雨林锐减以及生物多样性减少等问题。而中国也有一些对外投资企业缺乏环境保护方面的企业社会责任,在经营过程中出现污染和破坏环境的行为。提醒中国与其他"一带一路"参与国在开展顶层设计、规划重大合作项目时应当考虑生态脆弱性、注意环境保护的约束条件是十分必要的,对执行过程中暴露出来的具体问题加以检举、揭露、抨击也无可厚非且应当鼓励,但就此把共建"一带一路"倡议定性为破坏环境、输出污染的国家计划,除了暴露持此论者自身内心的阴暗之外,别无建设性。

(五)西方一些人质疑"一带一路"的主要原因

总体来看,西方国家对中国"一带一路"倡议持谨慎态度,特别是美国、日本等国抱有防范和抵触心理。西方一些人对"一带一路"的质疑既呈现出认知偏见，更有利益驱使和趋势担忧的成分，反映出了西方不习惯、不甘心中国引领世界，不认可、不看好中国发展模式及其国际推广。

面对"一带一路"倡议，美国、德国以及其他发达国家还存在既想了解又不愿理解，既想合作又担心中国做大的矛盾心态。它们一方面希望抓住这个战略机遇和商机加快自身发展，另一方面又担心"一带一路"倡议可能造成中国过于强大和国际地缘政治格局改变。例如，日本此前就对丝绸之路十分感兴趣，早在 1997 年就曾提出"丝绸之路外交"，但当中国提出"一带一路"倡议后，便持警惕、质疑和观望态度。日本现在面对不断强大的中国，这种心理失衡需要一个较长的时间调整和适应。又如一些欧盟国家，担心"一带一路"倡议由中国制定规则会分化欧洲。

其实，中国并非提出新时代丝绸之路计划的唯一国家，在"一带一路"倡议提出之前，很多国家都提出过类似的丝绸之路复兴计划，但均没有取得重要成果。美国学者弗雷德里克·斯塔尔早在 2005 年就提出过"新丝绸之路"构想，奥巴马政府在 2011 年就提出过"新丝绸之路"计划。1997 年，时任日本首相桥本龙太郎在日本企业家协会发表演讲，首次提出面对中亚和高加索国家的"丝绸之路外交"，作为其"欧亚外交"的一部分；2004 年，日本延续"丝绸之路外交"，正式启动"中亚＋日本"合作倡议，并把该地区摆在日本新外交战略的重要地位。但无论是美国的"新丝绸之路"计划还是日本的"丝绸之路外交"都早已失去生命力。从心态上来看，这些国家当然会有质疑：美国、日本等国家都做不到的事，中国可能做到吗？

在利益层面，目前西方战略界普遍认为"一带一路"倡议会威胁到西方传统利益和势力范围，包括美国、欧盟在内，都产生过对于中国动其"奶酪"的抱怨。例如，相当一部分美国学者认为中国的"一带一路"会对美国在亚太地区的主导地位构成挑战，如果中国让其他国家相信中国塑造的体系比美国的更强，中国就可以要求它们更多。欧盟对中国与中东欧国家之间的"16＋1"合作方式特别敏感，主要原因就在于该倡议加强了中方与欧盟成员国，特别是与中东欧国家的双边关系。欧盟一直将中东欧看作自己的利益范围，中国在该地区影响力的增强会相对减弱欧盟对该地区的影响力，削弱欧盟现有的治理能力，容易使已经出现裂痕的欧盟一体化产生进一步分化的风险。

从国际体系层面看，第二次世界大战结束以来，以美国为首的西方国家一直是战后国际秩序的创建者和维护者，当然现有国际秩序也一定是有利于维护创建者利益的。西方国家认为"一带一路"倡议是中国与西方国家争夺国际规则制定权的表现，如果成功将改变现有国际秩序，导致西方影响力下降。在国际金融和货币体系方面，国际货币基金组织、世界银行、世界贸易组织的主导权一直由美国牢牢掌控，亚洲开发银行也由美国和日本主导，而亚洲基础设施投资银行的建立让别的国家有了另一种选择，对美国长期主导的国际金融体系造成了冲击。美国学者重提"金德尔伯格陷阱"，其中一部分原因在于想将中国排除在全球公共产品提供者之外。

六、公共卫生安全挑战与风险：人员、商品等要素流动日益频繁所形成的公共卫生等问题带来的挑战

当今人类社会进入"风险社会"，重大公共卫生事件的发生可严重影响社会、经济、政治秩序和国家、国民生存与发展的利益。随着全球化程度的加深、"一带一路"倡议的持续推动，人员、商品等要素流动日益频繁，势必增加全球传染性疾病的传播和新增健康危害等潜在的公共卫生风险，"一带一路"公共卫生风险防范也面临着新的挑战，特别是2020年全球新冠疫情暴发给人类社会提出了严重警告。

新冠疫情充分暴露了全球公共卫生领域的严重问题。一方面，发热

感染门诊覆盖率低、相关专业人才和医疗物资储备匮乏等问题普遍存在。疫情暴发挤兑的不仅是医疗机构和医护人员，各类专业型、复合型公共人才也相对缺乏，如公共卫生领域专业人才缺失，疾病防控部门骨干人员流失严重，基层职务储备人力资源不足，专业性应急救援志愿者匮乏。另一方面，在行政管理方面，部分卫生行政部门管理人员专业知识欠缺，面对重大突发公共卫生事件应对能力不足、决策失误，也给疫情防控工作造成一定的影响。

新冠疫情对全球经济造成巨大冲击，各国经济普遍出现衰退，生产和消费能力的下降严重冲击着国际贸易，进而波及上游能源资源等原材料供应国。"一带一路"沿线国家经济脆弱度较高，且公共卫生设施和条件相对较差，疫情对沿线国家经济冲击巨大，导致中国与沿线国家贸易、沿线国家相互之间贸易出现大幅下滑，甚至危及全球供应链、产业链安全。

新冠疫情的蔓延对中国海外项目人员安全带来了严峻挑战，"道路不通、货物不畅、资金不够"问题突出。一是人员方面。不少国家暂停来往中国航运、停发签证，拒绝15天内停靠中国的船舶靠岸，给境外投资项目人力资源返岗带来很大障碍，造成海外劳工普遍短缺，企业经营劳动力压力剧增。随着各国逐步"带疫解封"，员工受感染风险加大。二是物资方面。新冠疫情大流行导致全球产业链供应链受到干扰，原材料、半成品、设备供应不足，相关行业恢复产能需要一定时间，导致境外项目工程延期或因需另寻供应商而增加了成本。防疫物资紧缺，从国内采购的防护物资难以及时足量运达。三是资金方面。长期停工停产，导致企业经营业绩下降、资金缺口严重；延期造成项目管理费用、设备闲置费用等损失，导致企业经营成本上升；国际金融市场动荡，导致融资压力增大。

新冠疫情给包括中国在内的世界各国经济社会运行带来重大冲击。识别和应对在"一带一路"背景下的公共卫生风险防范面临的挑战将成为目前和未来一段时间内急需解决的重要议题。

造成全球公共卫生威胁的风险主要来自传染病、灾害事故、生物恐怖、国际食品安全事件等。在各类公共卫生风险中，传染病疫情，由于其流行的暴发性、不确定性，对人类健康存在着巨大威胁，是对全球公共卫生安全的重大挑战。传染病疫情风险评估主要是指对外部传染病的输入风险及其引起本地流行的风险，本地已有传染病的散发、暴发及流行的风险，新发再发传染病的散发、暴发及流行风险，传染病疫情导致死亡病例发生的风险等进行评估，做到早期识别风险，提出风险管理措施。

国家间由于经济发展不平衡，公共卫生风险应对能力存在很大差异。"一带一路"沿线国家多属于发展中国家，政治经济发展不平衡，医疗卫生条件参差不齐，传染病疫情流行状况各不相同，突发公共卫生事件应对能力也存在差异。在中低收入国家，基础设施匮乏，缺乏技术能力和设备，政府对于公共卫生投入不足，缺乏有效的监测体系，监测系统无法及时发现识别异常的公共卫生事件。在一些国家和地区，战争、武装冲突和自然灾害频发，破坏和削弱了公共卫生系统，导致公共卫生服务的可及性下降，同时使得大规模的人口迁移变得很常见，人群在不卫生和贫穷的条件下生活，容易成为传染病暴发的高危人群。这些因素导致贫穷国家和地区往往成为重大公共卫生事件的常发地、多发地。

国家间自然条件不同，传染病疫情形势复杂。"一带一路"沿线国家气候类型多，覆盖地形广，人群健康状况存在差异，传染病疫情形势异常复杂。例如，中亚、西亚地区时有鼠疫、脊髓灰质炎、结核病、血吸虫病、炭疽等传染病发生，东南亚、南亚地区常年有登革热、疟疾等热带病流行，很多原属于当地的区域性传染病可能会借由"一带一路"向沿线国家扩散，加之食源性疾病以及自然灾害等频发，都会给推进"一带一路"倡议带来诸多公共卫生风险与挑战。同时，这些国家和地区自身能力薄弱，无法有效应对各种重大健康危害，成为全球公共卫生安全的薄弱环节，一旦传染病暴发，极易扩散到其他国家。

国家间人群流动频繁，传染病跨境传播风险增加。随着"一带一路"的推进，国际交流越发频繁和人员合作不断扩大，传染病的跨境传播也成为公共卫生风险的主要原因。近年来，中国对外合作中的派出劳务人员、出国留学人员、来华留学的外国留学生人数都在大幅度增加，每年人数都在 50 万~60 万，大约 2/3 的留学生来自"一带一路"沿线国家，中国与"一带一路"沿线国家双向旅游交流每年大约有6000 万人次。人群大量和频繁流动，自然会增加传染病传播风险，甚至会带来局部地区疾病暴发和流行的风险。

风险防范的目的是降低风险、减少疾病或事件的风险损害、最大限度地保障人民生命健康。一个良好的公共卫生系统应具备发现、评估、报告以及迅速控制可能引起国际关注的公共卫生事件的核心能力，但是这种能力在不同国家间是发展不平衡的，不同的国家都需要通过积极参与全球应对和准备来提升公共卫生应对能力。随着"一带一路"进程的加快，新发传染病类型复杂、传播途径多样，加大了公共卫生风险。因此，随着"一带一路"倡议的持续推进，必须积极推动全球卫生治理、推动构建人类命运共同体，探索"一带一路"背景下公共卫生风险防范的新模式，携手共同应对全球公共卫生问题，促进全球健康事业发展。

七、前所未有的全球疫情冲击、经济发展面临严峻形势带来的挑战和风险

受疫情影响，世界经济下行压力加大，并逐渐向国内传导。2020年以来，中国面临两个"前所未有"局面：一个是疫情冲击前所未有，另一个是经济发展面临的挑战前所未有。我国国内宏观经济下行压力增大，经济社会发展仍旧存在短板弱项，各地财政金融形势不容乐观，地

方和企业参与"一带一路"建设受到一定影响。同时,疫情加剧了"一带一路"沿线国家营商环境恶化,企业境外经营风险显著上升,项目推进进度放缓,获得新项目的难度加大。

外需持续疲弱和全球供应链中断,对外向型地区经济及外贸企业发展影响较大。从外向型地区经济来看,随着疫情暴发以及抗疫措施而引发的国内外市场沟通受阻,经贸发展受到较大影响,东部沿海等经济外向型程度较高地区承受着较大压力,由此导致的失业问题和社会治理问题正在增加。从外贸企业来看,目前其普遍面临订单取消或延期、新订单签约困难、物流运输不畅等诸多挑战。特别是对于从事加工贸易的企业,全球经济增长的不确定性不仅影响订单,而且影响全球供应链,导致加工贸易所必需的进口原材料和零配件面临断供。在这种情况下,一些企业需求疲软、配套不畅,经营收入和利润下滑,企业资金链可能断裂,进而出现停产关闭等情况。

同时,我国经济社会发展还存在许多短板弱项,经济运行面临较大挑战,行业、企业运行困难较多。一是涉外经济体制推行"放管服"的改革任务依旧艰巨,在完善境外金融服务、保护海外经济利益等方面还有较大提升空间。二是需要创造条件鼓励更多民营企业参与"一带一路"建设。一些民营企业对国际投资风险的识别和应对能力不足,在纷繁复杂的国际环境中抵御风险能力较弱。三是我国国内的市场竞争、科技创新、产业发展与投资管理等方面的政策,与目前通行的国际经贸规则之间还有差距,需要进一步改善营商环境,进一步开拓国际市场,加快推动经济的国内国际双循环。

（执笔人：任海平）

参考文献

[1]赵明昊. 大国竞争背景下美国对"一带一路"的制衡态势论析[J]. 世界经济与政治,2018(12).

［2］马尧．印太战略对"一带一路"倡议的影响［N］．中国海洋报，2018 - 08 - 16．

［3］徐奇渊．中美贸易冲突下"一带一路"面临的三大挑战．FT中文网，2019 - 3 - 05．

［4］王义桅．西方质疑"一带一路"的三维分析：心理·利益·体系［J］．东南学术，2018（1）．

［5］万喆．债务陷阱？分裂欧洲？破坏环境？有关"一带一路"评论的谬误［Z］．走出去智库，2018 - 08 - 24．

［6］马尧．将"一带一路"视为经济掠夺不是别有用心，就是缺乏常识．海外网，2019 - 03 - 01．

［7］冯维江．一带一路"环境破坏论"站不住脚．中国论坛网，2018 - 08 - 07．

第三章

推进『一带一路』高质量发展的指导思想、总体思路与共同愿景

一、推进"一带一路"高质量发展的指导思想

以习近平新时代中国特色社会主义思想，党的十九大和十九届历次全会精神为指引，以习近平总书记关于推进"一带一路"高质量发展系列重要讲话和重要论述精神为根本遵循，全面推进共建"一带一路"沿着高质量发展方向不断前进。坚持共商、共建、共享基本原则，坚持绿色开放廉洁理念，坚持高标准惠民生和可持续目标，推动"一带一路"建设聚焦重点、导向明确，在基础设施互联互通、贸易畅通、民心互通等多领域，推进项目、规划、战略、政策、机制衔接与建设水平不断提升。通过高质量推进"一带一路"建设更好服务加快构建新发展格局。顺应经济全球化趋势，加快推动沿线国家共建产业链供应链，加快推动沿线国家之间双向投资稳步增长，加快推动沿线国家共建高水平高标准自贸协定，加快推动建设更多满足沿线国家民生需求和能够挖掘长远发展潜力的基础设施项目，加快推动贸易、投资、数字、绿色、税收、健康等规则体系建设，加快推动第三方市场国际合作，加快推动沿线国家宏观经济政策协调，促进全球经济治理体系朝着更能反映发展中国家需求的方向变革。

二、推进"一带一路"高质量发展的总体思路

（一）以加快构建以国内大循环为主体国内国际双循环相互促进的新发展格局为基本要求，不断提升"一带一路"沿线国家经贸合作水平

推动进一步扩大"一带一路"沿线国家之间贸易规模和双向投资。立足扩大国内需求基点，利用中国进出口博览会等重要开放平台，扩大进口沿线国家优质商品。围绕重要境外经贸与产能合作平台，加快与沿线国家共建"一带一路"沿线区域重要产业链供应链平台，打造产业循环与经贸合作节点、中枢，以点带面，提升区域产能合作水平。加快数字技术应用及贸易数字化转型，利用电商等新业态模式促进沿线国家间经贸产业融合发展。推动沿线国家间双向高质量商品、服务进出口，继续扩大对沿线国家具有竞争力的优质农产品、制成品和服务进口，促进贸易平衡发展，进一步消除关税壁垒。

（二）以重大基础设施互联互通架构为基础，不断促进沿线国家释放经济发展潜力，提升沿线国家经济发展内生动力

不断提升"六廊六路多国多港"基础设施建设水平，充分利用重要基础设施推进我国与沿线国家、沿线国家之间经贸合作，打通关检、物流、税收、标准等堵点障碍，畅通贸易合作。加快与沿线国家及第三方合作共建若干能够释放区域国家增长潜力的中长期项目，利用中欧班列、陆海新通道、信息高速路等要素流通渠道，加快发掘基建项目拉动长期增长能力，与沿线国家共同培育发展适合当地情况的特色产业，加强新技术、新模式应用，优化传统产业结构，加快推进在粮食生产加工、农产品贸易、医药卫生、机电产品等领域的合作。加强专项贷款、丝路基金、专项投资基金等使用，支持建设多边开发融资合作中心，拓宽项目建设资金来源，降低债务与安全风险，建设高标准、可持续融资体系。

（三）以开放合作、共赢合作、包容发展为导向，推进建设绿色、廉洁、健康、复苏、民生之路

坚持以人民为中心的发展思想，拓宽合作领域，将绿色、廉洁理念作为"一带一路"建设合作的基本方针，与各方共同推进绿色基础设施建设、绿色投资、绿色金融；遵守各国法律法规，坚持一切合作在阳光下运作，共同以零容忍态度打击腐败，共建风清气正的丝绸之路。坚持可持续发展，通过建设一批惠民生的项目工程，持续推进消除贫困、增加就业和改善民生，坚持将发展成果惠及最广大民众，坚持项目建设为当地经济社会发展提供动力支撑。坚持推进卫生健康共同体建设，面向应对疫情冲击和经济复苏需求，加强沿线国家间卫生合作，进一步加大公共卫生基础设施建设，推进建设高效可持续公共卫生体系，加强与各方合作，共同为发展中国家、地区提供力所能及的卫生健康援助，帮助不发达国家和地区提升基本公共卫生服务水平。

（四）以合作共赢为目标，加快推动"一带一路"建设重点区域、重点国家国际产能合作再上新台阶

稳步推进已形成较好产能合作基础的境外产业园区继续拓宽合作领域、渠道，面向所在区域、所在国家优势资源、产业，加强双向贸易、双向投资合作，促进技术、管理、标准、人才等双向互联互通与共同协作。加快利用中欧班列、E国际贸易、跨境电商等软硬贸易业态，拓宽境内产品外销市场，增加境外优质产品进口。面向中东欧、东南亚、南亚等重点区域，建设境外物流园区，进一步提升境内物流体系与境外物流园区的协作能力，重点推动我国中西部、西南部内陆开放地区加快建设空港物流园区，培育机电装备、先进制造、果蔬农副等专业性产业园区和专业市场，进一步提升开放水平。加快促进文化创意、商贸旅游、知识产权等服务业态国际合作。

（五）以规则建设为重点，加强沿线国家间区域及国际经贸规则体系建设，推进全球治理体系变革

加强沿线国家间国际宏观经济政策协调，推进以经济复苏为目标的多层次产业、贸易、投资合作。加快促进贸易和投资自由化便利化，坚决反对保护主义，加快与沿线国家商签高标准自由贸易协定，支持沿线国家间签署高标准自贸协定，适时推进我国与区域国家共同商签多边自贸协定。加强在海关、税收、审计、金融、监管等领域双边、多边合作，加快推动共建"一带一路"税收征管合作机制，加快推广"经认证的经营者"国际互认合作。加快推进沿线国家间共建知识产权保护规则体系，杜绝强制技术转让，完善商业秘密保护，联合执法打击侵犯知识产权行为，创造良好创新环境，推动扩大技术交流合作。共建可衔接的商事制度与争端解决机制，发挥仲裁机制等制度基础设施引导预期作用，降低合作不确定性和交易成本。加快探索数字支付、数字货币、数字税收等新技术模式应用中的规则对接，面向跨境电商等业态模式需求，加快推动人民币在跨境贸易投资中的清算使用。

（六）以机制和平台建设为保障，推进"一带一路"高质量发展更加机制化、规范化

积极推进我国与沿线国家间战略、规划、机制、合作框架对接，充分利用双边经贸联委会、混委会框架，建立贸易畅通工作组、投资合作工作组、产能合作工作组，完善服务贸易、电子商务等工作机制。积极推进沿线国家间战略、规划、机制、合作框架对接，支持各国建立双边多边经贸合作、产能合作机制平台。与各国共建经贸合作平台载体，充分发挥广交会、中国东盟博览会、中非经贸博览会、中阿博览会、中国—中东欧国家博览会等系列展会平台作用，打造更多强有力支撑平台。

三、推进"一带一路"高质量发展的基本原则

（一）坚持共商共建共享

坚持推动经济全球化朝着更加开放、包容、普惠、平衡、共赢的方向发展，将"一带一路"高质量发展作为新时代促进经济全球化、反对保护主义、建设更高水平开放型经济新体制的首要工程，秉持"大家的事大家商量着办"的理念，推进项目、平台、机制、规则等共商共建，推进经济发展成果普惠包容，惠及全体民众。

（二）发挥企业主体作用

尊重市场规律，发挥企业主体作用，支持推动企业将自身发展融入国家战略，积极参与境外基础设施建设和国际产能合作。支持国内企业"走出去"，利用国际合作与基础设施项目建设机遇，更好地与发达国家市场主体推进项目合作，更好地适应国际经贸规则，更好地从合作中提升知识、人才、管理水平。

（三）坚持可持续发展

坚持绿色、可持续发展，落实"一带一路"绿色发展伙伴关系倡议，有序推进国内企业在"走出去"过程中投资项目适用绿色标准和绿色规范，与当地国家、企业及社会组织共建有利于绿色投资和稳定发展的环境。探索共建绿色投资、绿色企业区域财税、监管及金融政策体系，开发绿色金融产品。加快与各国共同推进能源转型，推进能够应对人口增长及能源消耗的可持续工业发展体系与政策环境。坚持项目建设惠民生，在公共卫生、医疗健康、扶贫减贫等领域强化企业社会责任。

（四）强化双边、多边规则引领

坚持提升"一带一路"建设规则化、机制化运作水平，通过双边

多边战略、规划等对接搭建高层级经贸合作基本框架。加强在国际投资、技术转让、跨境税收、人员流动等领域，共同建设可衔接、可对接的共同政策体系与规则体系。加强探索面向数字贸易、数字税收、数字监管等新技术领域的跨境合作模式，加快推进经贸投资领域国内法与国际法规的衔接，完善对外贸易法律制度。

四、推进"一带一路"高质量发展的共同愿景

到 2025 年，"一带一路"高质量发展政策框架体系基本搭建完成，在国内与国际经贸法规衔接、重点平台建设、创新发展环境、绿色标准体系等领域实现共同且可衔接的双边、多边多层次政策及法规框架体系。在国际上形成关于共建"一带一路"的正确、广泛共识，推动由双边国际经贸合作向多边经贸合作转变，将共建"一带一路"重要共识转化为共同行动。基础设施互联互通网络运转水平进一步提升，重要节点、枢纽基础设施、重要产能合作园区发展较 2019 年有较大水平提升。探索推进若干双边、多边高标准自由贸易协定。推进建设若干绿色可持续惠民生典范项目工程。我国与"一带一路"沿线国家贸易往来水平进一步提升，优质农产品、制成品等沿线国家具有竞争力的商品进口规模持续扩大。"一带一路"国家间科技创新合作水平进一步提升。面向数字贸易、数字税收等新业态模式的规则衔接形成基本框架，人民币用于沿线国家间贸易投资清算规模进一步扩大。基本形成适合沿线国家及区域国家实际情况的基础公共卫生服务体系，人文交流水平进一步提升，跨境人员流动频次提高，规模进一步扩大。

到 2035 年，"一带一路"高质量发展政策框架体系达到成熟，将形成一批运作良好的区域及国际多边经贸规则体系，在税收、审计、监管、争端解决等方面形成成熟完备机制框架。重要基础设施与产能合作园区运转良好，以合作园区为依托，形成合作发展的产业链供应链，区域价值链合作水平进一步提升。探索推进经贸合作情况良好的国家与我

国达成更高水平、平等互惠的双边贸易投资协定。我国与沿线国家货物贸易规模进一步扩大。沿线国家间科技创新合作水平进一步提升，形成若干重要的跨境科技创新合作平台与项目载体。数字经济合作发展水平进一步提升，数字贸易、数字税收、产业数字化等数字技术应用规则体系框架运转良好。贸易投资清算人民币使用比例进一步提高。区域公共卫生合作水平进一步提升，人文交流重要平台建设迈上新台阶，跨境人员流动频次、规模较 2025 年全面提升。

（执笔人：田栋）

第四章

推动「一带一路」高质量规则体系建设

"一带一路"正在从谋篇布局的"大写意"转向精工细作的"工笔画",未来一个时期,高质量将是"一带一路"建设的主题。规则体系是"一带一路"建设的重要方面,无规矩不成方圆,要推动"一带一路"高质量发展,必须要有高质量的规则体系。

一、"一带一路"规则建设的总体现状

(一)"一带一路"规则建设尊重现有国际规则体系

"一带一路"主要建设内容包括政策沟通、设施联通、贸易畅通、资金融通、民心相通"五通",其中规则建设是政策沟通的重要内容,其他"四通"也大量涉及国际规则。"一带一路"建设总体遵循不另起炉灶、尊重现有国际体系的原则,因此"一带一路"规则建设总体也遵循现有国际规则。比如,在处理重大国际问题方面,尊重以联合国为核心的国际治理体系;在贸易领域,中国与"一带一路"沿线国家均按照 WTO 规则开展国际贸易,积极推动贸易自由化和便利化;等等。中国是当前全球治理体系的重要贡献者和受益者,"一带一路"规则应是对全球治理体系的完善和补充。

(二)"一带一路"规则与现有区域多双边合作机制有机衔接

近年来,区域一体化蓬勃兴起,大量区域性多双边合作机制不断涌现。"一带一路"契合区域一体化的发展浪潮,与各类区域性多双边合作机制有机衔接,"一带一路"与区域经济合作有机契合。近年来,中国积极参与了 RCEP 等区域经贸合作，正在积极研究参与 CPTPP，这些区域协定涉及国家均为"一带一路"重要共建国家，协定中涉及的贸易投资、要素流动等也是"一带一路"重要建设内容。"一带一路"建设坚持多样化原则，尊重这些差异化的区域协定经贸合作可使"一带一路"建设与各国各地区的特殊发展情况、发展阶段有机结合。

（三）一些重点领域尝试建立一些新的规则标准

现有以世贸组织、世界银行、国际货币基金组织为核心的全球经济治理体系，尽管经过多年发展，规则不断演进，但在很多领域，特别是在"一带一路"建设所涉及的国际投资、国际金融、国际工程项目建设、服务贸易、数字经济、国际援助等诸多领域，仍然存在不完善甚至缺失等情况。近年来，"一带一路"建设在国际金融、主权贷款、工程承建、跨境电商、海关合作、产业园区等领域逐渐形成了一些规则和标准，并得到各国各方的积极认可，对现有国际经济体系发挥了重要的补充和完善作用。随着"一带一路"建设的进一步推进，未来将在这些领域形成更多的规则"增量"，推动现有国际规则"存量"的进一步优化调整。

二、推动"一带一路"高质量规则建设的主要原则

（一）继往开来

当前的国际治理体系主要是二战后由美国等发达国家主导设计和制定的，这一体系固然有很多问题，诸如霸权国家主导国际政治制度和格局，国际贸易规则设计主要体现发达国家利益，全球化条件下贫富差距、国别差距无法解决，等等。但不可否认的是，二战后的国际政治经济秩序总体上运行良好，且当前并无其他可替代的公共制度供给，中国是当前国际规则体系的重要贡献者和获益者，世界各国也基本适应了这套规则体系。国际规则体系的建立并非一朝一夕，全球现代国家体系的

形成经历了几百年时间，自由开放的全球化经济秩序的成熟稳定也经历了战后的几十年时间。建设"一带一路"高质量规则体系，不能另起炉灶，要以现有国际规则为基础，未来根据实践需要，"一带一路"建设会逐步对现有国际规则进行补充完善，逐渐形成制度上的突破，因此"一带一路"高质量规则体系的构建会是一个由点及面、循序渐进、承前启后、继往开来的过程。

（二）平等协商

从历史上看，全球化体系的形成是西方国家依靠武力、霸权强行推动的过程，西方国家通过坚船利炮、殖民体系、不平等条约、门户开放、黑奴贸易等各种不光彩手段将世界各国推入全球化进程中，通过剥削和殖民收获了超额利润和资本的原始积累，使得广大发展中国家和不发达国家陷入贫困而难以自拔。现在，美国等发达国家仍在通过贸易壁垒、经济制裁、"长臂管辖"、政治霸权、"颜色革命"、武装干涉等各类单边主义手段对很多国家进行打击，使其难以挑战美国的全球和地区霸权，使其一直被锁定在全球产业链分工低端，从而难以与美国在经济上开展竞争。中国推进"一带一路"高质量规则体系建设，不走西方国家的老路，不搞强加于人、武力推动、霸权主义、殖民主义，而是坚持多边主义原则，在各国自愿参加的前提下，平等协商，商定能够凝聚最大公约数和利益汇合点的原则、规范、标准、程序，形成利益共同体、责任共同体和命运共同体。

（三）互利共赢

"一带一路"秉承人类命运共同体的重要理念，坚持互利共赢的基本原则，致力于打造你中有我、我中有你的融合式嵌套式发展格局，因此，"一带一路"高质量规则体系也必须是互利共赢的规则体系。"一带一路"高质量规则体系与当前西方主导构建的国际规则体系最大的不同点在于，"一带一路"高质量规则体系强调发达国家、发展中国家和不发达国家等所有国家的共同发展，为各国发展创造公平的发展机会，打造面向各方开放的合作平台，为全世界创造公共产品；西方主导的国际规则体系则更多强调的是发达国家的利益，维护发达国家在全球政治经济格局中的领导地位，确保其发展不被其他发展中国家超越，维持其在国际社会第一梯队的位置。二者具有本质的区别。"一带一路"高质量规则体系充分体现共商、共建、共享，共商意味着相关规则的设计、制定要由各国共同商议并形成共识；共建意味着发挥各国各方的优势和潜能，携手合作、形成合力，推动规则落地落实；共享意味着各国各方能够公平、平等地分享"一带一路"建设成果和收益。

（四）基于实践

中国是"一带一路"倡议的提出者、践行者和推动者，应该成为"一带一路"高质量规则体系构建的探索者、开路人和先行示范。"一带一路"高质量规则体系是软性的、非直观的，如果让世界各国有意愿加入进来，必须让其看到"一带一路"高质量规则体系在实践中的巨大优越性、先进性，让各国目睹该规则体系对经济发展的重要促进作用。中国从改革开放初期"摸着石头过河"到如今大手笔的顶层设计、战略谋划，40多年来积累了丰富的实践经验，所创造的中国模式、中国方案、中国道路使中国由一个经济基础薄弱的国家迅速发展成为仅次于美国的世界第二大经济体，这些实践经验也值得"一带一路"沿线很多其他国家借鉴。全球很多国家对于中国如何摆脱贫困、如何建立现代工业体系、如何推动改革开放、如何实现高新技术产业发展赶超、如何确保经济长期保持中高速增长等问题十分感兴趣，希望将这些成绩背后的经验模式复制到自己的国家。中国应选取这些有优势、实践成熟、受到广泛认可、取得突出进展的领域，率先尝试建立一些国际新规则，并身体力行先行示范，向沿线其他国家推广，从而凝聚共识，团结各国共同推动"一带一路"高质量规则体系建设。

（五）公开透明

"一带一路"倡议提出后，曾遭到一些国家的质疑甚至批评，如一些西方国家认为，中国会利用"一带一路"抢占沿线国家市场、控制能源资源、通过债务控制他国政治，"一带一路"项目质量不高、效益较低、破坏环境、滋生腐败，等等。这些质疑显然是由于部分西方国家戴着有色眼镜看中国，"一带一路"建设逐步取得的进展，完全可以回应这些质疑和批评。这就要求"一带一路"高质量规则体系的研究、建立和运行，也要坚持公开透明原则。新规则既可由中国提出，也可由沿线其他国家提出，要允许沿线各国及关联方参与到规则的研究和建立中来，规则的建立和运行也要实现透明化，最大限度地减少规则构建中的阻力。

三、"一带一路"高质量规则体系的主要内容

（一）自由化便利化的"一带一路"贸易规则

"一带一路"高质量规则体系的建立要面向经济自由化、一体化的发展大势，一方面以现有 WTO 体系为依托，积极推进多哈回合进程，针对现有 WTO 制度的一些关键缺陷推动改革；另一方面也要推动整合各类碎片化的区域贸易协定。同时，在推动降低取消贸易壁垒、建设"一带一路"大通关机制等方面有所创新，力争形成规则突破，使"一带一路"沿线国家间相互贸易扩大规模，使"一带一路"成为开放型世界经济、贸易投资自由化便利化的重要平台和手段。

（1）继续推动 WTO 多哈回合进程。WTO 是当前全球贸易领域最为重要的国际规则，是当前推动"一带一路"贸易畅通的基础性机制。当前，WTO 多边贸易谈判停滞于多哈回合，突出表现为发达国家集团和发展中国家集团、工业国集团与农业国集团的矛盾，涉及农产品贸易、服务贸易、知识产权、环境保护等诸多议题。"一带一路"沿线国

家大多为发展中国家和不发达国家，这些国家在多哈回合谈判中往往具有很多利益共同点和相似的发展诉求，通过结成联盟、捆绑利益，形成步调一致的战略和策略取向，携手推进多哈回合进程，符合"一带一路"沿线国家的共同利益。中国应与沿线国家一道，支持WTO在多边贸易体制中的核心和基石作用，坚持特殊与差别待遇原则，坚决抵制保护主义、封闭主义，推动世界各国在尊重发展授权原则、锁定已有谈判成果、采取一揽子谈判方式的基础上结束多哈回合，彻底解决以往谈判回合遗留的发展赤字和利益诉求无法弥合等问题，增强"一带一路"沿线国家在WTO中的影响力和话语权，在全球贸易规则的完善与重构中发挥更加积极的作用。

（2）推动对现有WTO体制机制进行改革。毋庸置疑，当前WTO体制机制还存在一些缺陷，为各成员方所诟病和指责。例如，对个别霸权国家缺乏有效的制裁能力，导致其无视WTO机制和多边规则，按照国内法处理国际贸易争端，使国内法凌驾于WTO规则之上；争端解决机制效率较低、诉讼期限较长，贸易救济与受到损害明显不对等；WTO规则越来越由"绿屋会议"决定，"绿屋会议"作为重要正式会议之前的闭门会议，主要参与者均为发达国家，少数发达国家主导WTO规则制定，使得其不公开、不透明；等等。为使WTO机制更好发挥作用，中国应与"一带一路"沿线国家一道，共同推进WTO规则朝更加公正合理、公开透明方向改革，使WTO能够适应新型全球化的需要。

（3）加快推进沿线国家双多边自贸区建设。目前"一带一路"沿线已启动了欧盟、东盟、中国—东盟、中国—瑞士、中国—新加坡、中国—巴基斯坦等一批双多边自由贸易区，这对于推动沿线各国经济合作发展发挥了重要作用。与此同时，区域全面经济伙伴关系（Regional Comprehensive Economic Partnetrship，RCEP）、中国—东盟自贸区升级版、中国—海合会自贸区、中国—巴基斯坦自贸区第二阶段、中国—斯里兰卡、中国—以色列、中日韩等一批自贸区谈判也正在积极推进。当前沿线各国应积极推进各类双多边自贸区建设，已签署协定并启动的双多边自贸区可结合各国国情努力打造升级版，进一步提升开放程度；正在谈判的自贸区协定应积极加快谈判进程，必要时可考虑创新谈判规则，推动尽早达成关键共识和早期收获；共同开展一批新的双多边自贸区谈判，推动各国与主要经贸合作伙伴自贸区建设等。

（4）整合各类区域性多边贸易规则。近年来，全球经济治理结构从多边主导转向区域主导的特征越来越明显，随着 WTO 谈判难度增大、谈判进程缓慢，一些国家开始转向各类区域自贸协定，CPTPP[①]、RCEP、欧盟、北美自贸协定、中国—东盟自贸区等超大型自贸协定发展迅速，呈现出复杂的"意大利面碗"效应。"一带一路"国际贸易规则的构建要在 WTO 规则蓝本的基础上，整合这些分散化、碎片化的区域贸易规则，打造高标准的规则体系。

（5）进一步减少并取消贸易壁垒。"一带一路"沿线很多国家贸易保护思维较强，对于货物进口还存在较多贸易壁垒。推动沿线国家互相开放国内市场，打造统一的、要素自由流动的区域大市场，是"一带一路"的重要建设目标。要推动沿线国家在 WTO 规则基础上进一步削减贸易关税，取消各种不合理的贸易保护和贸易壁垒，取消对外资企业的各种歧视性和限制性政策，取消各国国内各种可能影响公平竞争的倾斜性补贴，提升金融流动的便利化程度，等等。

（6）推动"一带一路"通关便利化。"一带一路"沿线国家应以一体化通关为重点，改革海关监管体制，优化作业流程，合作建立沿线国家大通关机制。沿线国家海关应加强信息互换、监管互认、执法互助合作，及检验检疫、认证认可、标准计量、统计信息互认；应推进建立统一的全程运输协调机制，推动口岸操作、国际通关、换装、多式联运的

---

① CPTPP，是指全面与进步跨太平洋伙伴关系协定（Comprehensive and progressive Agreement for Trans Pacific Partnership，CPTPP）

有机衔接，形成统一的运输规则，达到"一次通关、一次查验、一次放行"的便捷通关目标；加强沿线国家出入境管理和边防检查领域合作，积极开展扩大双向免签范围谈判。积极与世界海关组织、万国邮政联盟、国际铁路联盟、国际道路运输联盟等国际组织开展合作，在通关方式、单一窗口、信息系统、数据共享、单证设计、查验制度、作业流程等方面形成统一的国际规则。

（二）标准统一、便利高效的"一带一路"投资规则

"一带一路"涉及大量投资，客观要求必须形成一套公认一致的"一带一路"高质量投资规则体系。目前，全球各类双多边投资机制众多，相互交叉、标准不一，需要在此基础上，进一步整合形成协调统一的规则体系。"一带一路"投资规则体系的建立要考虑两个方面：一是保护性原则，要兼顾投资国和东道国的双重利益，争取大多数国家的支持认可；二是便利化原则，推广准入前国民待遇和负面清单管理模式，打破各种投资壁垒，放松投资限制，推动形成一体化的"一带一路"投资大市场。

（1）形成以各类双多边投资协定为基础的"一带一路"投资制度框架。同贸易规则相似，包括"一带一路"沿线国家在内的世界各国也参与签订了各种双多边 BIT 协议，全球投资领域也呈现出错综复杂的"意大利面碗"效应。据估计，目前全球约有 3000 多种国际投资协定，这些协定有的"年久失修"，远不能适应当前各种形式的、快速流动的全球跨国投资需要；有的相互矛盾、标准不一，分别体现出东道国和投资国不同的关切和诉求。"一带一路"涉及大量基础设施和商业项目投资，需要有一套较为统一、标准一致的投资规则体系。可在当前"一带一路"沿线各国双多边 BIT 协定、WTO《与贸易有关的投资措施协定》（TRIMS）的基础上，整合各类规则，分两步走，先是将整合后的规则加入中国参加的中国—东盟自贸区、RCEP 等大型经贸协定谈判和中国与沿线各国的双边 BIT 谈判中，然后再寻求机会构建沿线各方认可

的投资规则体系。

（2）构建兼顾东道国和投资者利益的国际投资规则。目前，中国已与53个国家签订了双边投资保护协定，但这些协定大多是在20世纪90年代签订的，签订时间较早。由于彼时中国处于吸引外资、发展本国经济阶段，"走出去"规模很小，因此这些投资协定较为强调对东道国的保护。当前，中国已经到了"走出去"与"引进来"并重的阶段，随着"一带一路"建设的推进，还会有越来越多的中国企业到沿线国家投资，单纯强调对东道国保护的投资协定已经远远不能满足企业维护投资安全的需求。美国等发达国家曾在TPP、TTIP中力推投资者—政府争端解决机制（ISDS），投资者可以起诉东道国政府并可能获得胜诉，实质上是完全代表投资者利益。但这一机制在"一带一路"沿线国家很难行得通，沿线国家经济普遍较为落后，在吸引外资的同时也十分注重对本国利益的保护，不可能以自由经济为名完全让渡本国利益。中国在推动"一带一路"投资规则的构建过程中，也要注意该规则必须兼顾投资者和东道国的双重利益，方能得到大多数国家的认可。

（3）推广准入前国民待遇和负面清单模式。在发达国家，准入前国民待遇和负面清单是较为普遍的外资管理方式，这也是国际投资规则的发展趋势。中国已在全国范围推广了该投资管理模式，并不断缩减负面清单长度。但在"一带一路"沿线，很多国家尚未形成该管理方式，投资管理较为僵化滞后，可借鉴西方国家在外资管理方面的先进做法和我国实践经验，将该模式向"一带一路"沿线国家推广，推动沿线投资开放。

（4）推动各国打破各类投资壁垒。整体而言，"一带一路"沿线国家对外资开放程度低于发达国家，部分国家还存在一些投资歧视性规定和行为，安全审查、投资壁垒、市场保护、劳工本地化、技术本地化、采购本地化等投资限制随处可见。特别是还有少数国家根据意识形态差异、戴有色眼镜看待中国企业，对中国投资采取更严格的管理方式。建立公开透明且非歧视的投资制度是"一带一路"投资建设的前提，沿线国家应放弃针对其他国家的歧视性政策，以开放的心态、积极的态度、主动的作为把多边投资合作推向深入。

（三）更加公平、高效、开放、安全的国际金融规则

"一带一路"建设需要巨量的资金支持，为弥补资金缺口，需要创新各类投融资机制，需要在新型金融机构设计组建、开发性金融、本币互换、人民币结算、信用评级、金融监管等方面形成能够突破当前国际金融霸权、服务"一带一路"建设的高质量国际金融规则体系。

（1）推动各开发性金融机构和各国援外机构协调合作。"一带一路"建设领域涉及亚洲基础设施投资银行、亚洲开发银行、世界银行等多边开发性金融机构，及各国政策性银行和援外机构，这些资金源出多口，使用分散零碎，不易形成合力，各机构仅凭自身实力均难以支撑起"一带一路"大项目建设，必须推动整合协调。短期内，可由亚投行牵头，联合各多边开发性金融机构、各国援外机构，就涉及"一带一路"重大投资项目的合作计划、利率安排、担保方式等进行沟通协调，为大项目建设提供充足有效的资金支持。中长期内，可探索建立"一带一路"投融资联盟，就"一带一路"相关项目的信息沟通机制、联合融资机制、风险分摊机制、利益共享机制形成国际融资规则。

（2）推动沿线国家本币互换和人民币结算。目前"一带一路"沿线国家间贸易仍主要使用美元结算，美元流动性、利率、汇率的变化极易对"一带一路"沿线国家间贸易产生冲击，为规避该风险，部分沿线国家间已开展了货币互换和本币结算。"一带一路"沿线国家内部贸易规模较大，且增速较快，应大力推动沿线国家本币互换，共同研究推动内部贸易本币结算，这既有助于削弱美元汇率变化对沿线国家造成的经济波动风险，也有助于将铸币税留在沿线地区。中国是"一带一路"沿线贸易规模最大的国家，应积极推动沿线贸易使用人民币结算，要将"一带一路"贸易本币结算和人民币国际化挂钩。中国应在沿线建立更

多的人民币离岸中心，推出更多人民币投资产品，与更多沿线国家签署双边本币互换协议和结算协议，增强人民币在"一带一路"沿线的流动性，推广数字人民币使用，鼓励各国增大人民币纳入储备篮子的比重，推动"一带一路"沿线国家摆脱美元霸权。

（3）共同组建"一带一路"信用评级机构。目前，国际信用评级话语权基本掌握在发达国家手中，评级机构通过不透明的评级过程和简单结论就能控制其他国家的融资成本和资金流向，这实际上反映了发达国家在金融领域的霸权。考虑到"一带一路"沿线国家整体的市场规模和国际影响力，可以共同研究建设能够与发达国家相抗衡的国际评级体系。积极构建跨区域的信用体系，加强征信管理部门、征信机构和评级机构之间的跨境交流与合作，积极推动各国现有信用评级体系的改进与完善，研究与"一带一路"国家国情相适应的评级标准和方法，提高投融资机构和证券信用评级水平，降低投融资成本，逐步建立客观、公正、合理、平衡的"一带一路"信用体系。

（4）加强金融监管合作。当前国际金融监管领域的制度缺失较为严重，"一带一路"沿线国家必须在金融监管领域加强合作，共同提高金融监管水平。要努力推动"一带一路"沿线国家金融监管体系对接，推动各国金融监管机构的合作，共同应对可能出现的金融风险。合作建立宏观经济与金融市场监测机制，加大资本流动监测力度，进一步巩固国际金融安全网，谋求共建货币政策等对话平台，扩展各国货币政策空间。建立金融监管联席会议制度，完善监管手段，提高市场与产品透明度。在巴塞尔委员会，"一带一路"沿线国家也应以一个声音说话，提高在国际规则制定领域的话语权。

（5）共同推动国际金融组织改革。"一带一路"沿线国家应联合推动构建一个更加高效、反映当前世界经济格局的全球经济治理体系，提高新兴市场和发展中国家的发言权和代表权。应共同致力于推动国际货币基金组织完成新一轮份额总检查，包括形成新的份额公式。应共同推动落实世界银行股权审议，提高"一带一路"沿线国家及全球广大发展中国家在世界银行的股权份额、表决权和话语权。

（四）科学合理的"一带一路"重大项目建设管理规则

"一带一路"沿线国家大多基础设施落后、产业基础薄弱，中国在基础设施、工业园区、能源资源等重大项目建设管理方面有着较为丰富的实践经验，形成了一套规范完整的全产业链管理方式，可将其向"一带一路"沿线国家推广，形成"一带一路"高质量的重大项目投资规则体系，提高沿线国家重大项目管理能力。

（1）基础设施项目全产业链工程管理规则。基础设施先行是我国经济建设的一条重要经验。在几十年的重大工程项目建设过程中，我国形成了一套体系完整的全产业链工程管理方式，覆盖可行性研究、项目规划、项目评估、项目立项、招投标、工程建设、工程监理、中期评估、项目验收、后评价等重大基础设施项目建设全流程，涉及资质管理、项目管理、财务管理、安全管理、环境评价、绩效考核等项目建设的各个关键环节。实践证明，这种全产业链的工程管理方式是十分科学高效的，我国基建能力水平能够领先全球与拥有这套管理方式是密不可分的。我国可以把这套管理方式向沿线国家复制推广，帮助沿线国家也形成相应的基础设施大项目管理能力，使"一带一路"重大基建项目能够成功落地。与此同时，也要注意做好与欧盟、日本等国在工程建设等方面的标准、规范合作对接。

（2）园区建设、运营、管理规则。目前，中国企业已在境外与东道国合作建立了几十个经贸合作区，运行良好，这都成为"一带一路"建设的重要支点和标杆项目。未来可将中国园区建设、运营、管理的经验以规则形式向沿线国家推广。当沿线一些发展中国家对短期内的全局性开放心存疑虑时，可以鼓励其选取一片地区为试验区、开发区或工业园区，复制中国经验、模式和规则，先行先试开放建设。

（3）环境评价管理规则。"一带一路"沿线国家普遍对环保要求较高，重大投资项目建设必须符合当地环保法律法规要求。近些年，随着中国经济发展水平的提高，人民群众的环保意识越来越强，在重大项目环保管理方面，中国已形成一套较为有效的环境评价管理规则。中国的环保管理不同于欧美国家，欧美国家走过了一条先污染后治理的老路，现在已经进入后工业社会，环保标准较高，该标准是不适用于"一带一路"沿线大多处于工业化初期的发展中国家的。中国的环保管理是一套能够兼顾工业化和绿色环保的较为成熟的规则体系，重大项目上马前或备案后需经严格的环境评价流程，这套管理方式能够在一定程度上解决经济发展与环境保护的二元悖论，对沿线国家适用性强。

（4）能源合作机制。全球最主要的能源供求市场集中在"一带一路"沿线地区，中国是全球最大的能源消费国，中东海湾地区、俄罗斯、中亚地区是全球最主要的能源供应地，但目前尚未形成"一带一路"能源合作机制。当前全球能源合作机制主要有石油输出国组织（OPEC）和国际能源署（IEA），它们分别代表能源输出国集团和能源输入国集团的利益，中国并未加入这两大组织。2013 年，中国正式提出合作建设上海合作组织能源俱乐部的意见，旨在为加强中国与中亚、俄罗斯的能源合作创造新机制。未来中国可考虑在上合组织能源俱乐部的基础上，牵头印度、日韩、欧洲等主要能源需求市场和俄罗斯、中亚、中东等主要能源供给市场，在该合作机制下开展能源重大项目、能源贸易、能源定价、能源技术等方面合作。

（五）兼顾开放发展与数字安全的全球数字贸易规则

数字贸易是未来全球贸易的重要发展方向，是各国都在积极开展战略布局的重点竞争领域。当前全球数字贸易发展主要受制于制度供给不足，全球尚未形成公认的数字治理体系。中国应通过"一带一路"特别是"数字丝绸之路"建设，积极推动兼顾开放与安全的数字治理体系建设，推动各国数字规则相互衔接，形成"一带一路"相关国家一体化的数字大市场。

（1）推进"数字丝绸之路"建设。与"一带一路"相关国家和地区积极开展数字贸易合作，推动更多国家加入《"一带一路"数字经济国际合作倡议》，构筑"数字命运共同体"。与相关国家共同开展数字基础设施建设，加大对沿线国家数字技术援助，助力解决全球数字鸿沟问题。推动相关国家数字企业在数字内容、跨境结算、金融科技、数字货币等重点领域开展技术研发、市场推广等国际合作。推动建立数字合作城市联盟，在数字服务采购、数字技术研发、智慧城市、跨境电商等领域开展合作。推动相关国家就数据安全、个人数据保护、数据跨境流动、数字知识产权等开展政策规则对接，力争形成具有共识、互利共赢的制度安排。

（2）推进全球数字治理谈判。坚持多边主义，坚决反对数字贸易领域的单边主义、霸权主义、保护主义，努力使中国成为全球数字贸易规则的重要参与者和贡献者。积极推动 WTO 相关数字议题谈判，积极参与联合国、G20、APEC 等国际多边平台数字规则标准的讨论和制定，积极争取更多国家支持中国提出的《全球数据安全倡议》。在中国对外开展的现有自贸协定升级谈判或商谈新自贸协定中，力争将数字贸易议题纳入其中，加强对数字贸易章节的制度安排。加强与国际高水平数字经贸规则对接，与主要发达国家就数字贸易议题开展沟通与谈判。

（3）引导各国有序开放数字服务市场。引导"一带一路"相关国家进一步放宽数字服务市场外商准入，积极推进数字服务领域准入前国民待遇加负面清单管理模式，建立健全与负面清单管理相适应的事中事后监管制度。中国要在数字服务市场开放方面发挥引领作用，要放宽外资股比限制，进一步扩大电信增值服务开放，允许外商投资国内互联网虚拟专用网业务，降低计算机服务和信息服务等领域的市场进入壁垒，有序开放云服务市场，允许国外可信任的互联网公司、数字平台企业在华开展相关数字服务业务。

（4）共同防范网络攻击。与相关国家共同打击黑客和网络犯罪活动，防止利用信息技术破坏各国关键基础设施或窃取重要数据，以及利用其从事危害各国国家安全和社会公共利益的行为发生。提升数字贸易企业数据安全保护能力，引导企业建立数据安全和风险内控管理体系，鼓励骨干企业建设漏洞库、病毒库等数据安全基础资源库，探索建立针对企业数据保护能力的第三方认证机制。支持云计算、大数据、人工智能、量子计算等技术在数字安全领域的应用，积极发展区块链、数据安全沙箱、多方安全计算等新型数据安全技术，提供数据安全产品，大力推动资产识别、漏洞挖掘、病毒查杀、边界防护、入侵防御、源码检测、数据保护、追踪溯源等重要数字安全服务。

（5）共同应对数字贸易领域"长臂管辖"。积极倡导尊重他国主权、司法管辖权和对数据的安全管理权，坚持未经他国法律允许不得直接向企业或个人调取位于他国的数据，坚决反对可以绕过数据所在国监管机构的数据调取机制。鼓励各国建立双多边跨境数据调取的司法制度安排，通过司法协助渠道或其他双多边协议解决数据跨境调取问题。建立受制裁企业维权投诉机制，保护受制裁企业的合法权益。

（六）开放高效、平等协商的"一带一路"建设组织协调机制

"一带一路"沿线国家共同推进"一带一路"建设，必须逐渐突破各国体制机制割裂的藩篱，逐步推进相互对接的制度性安排，并做出重大制度创新，形成一些新体制、新规则、新办法，为"一带一路"建设提供坚实保障。

（1）建立域外国家参与"一带一路"建设的开放机制。世界各国、国际和地区组织，只要有意愿都可参与进来，成为"一带一路"的支持者、建设者和受益者。"一带一路"沿线国家应共同致力于允许新成员国、新成员组织加入的开放机制建设。中国愿与世界上有志于推动"一带一路"建设的国家一道，共谋盛举，携手推动更大范围、更高水平、更深层次的大开放、大交流、大融合。

（2）建立推进"一带一路"建设的组织协调机构。为更好地推动"一带一路"建设，沿线各国可共同成立专门的"一带一路"组织协调机构。该机构由沿线各国政府派出代表组成，主要负责"一带一路"规划和实施方案制定、建设进展评估、重大项目选择、相关信息统计发布及相关重大问题协商等，并制定"一带一路"年度建设工作安排，可在北京设立机构秘书处，形成联合工作机制。

（3）建立"一带一路"沿线国家的安全对话与合作机制。"一带一路"沿线部分地区地缘政治军事冲突激烈、恐怖主义问题严峻、分离分裂主义势力猖獗，对安全稳定建设"一带一路"构成了威胁。沿线各国应共同建立安全对话与合作机制，形成制度化的共同对话框架，围绕影响"一带一路"建设的关键安全问题沟通协商，在充分尊重各方利益的前提下，凝聚相关方最大共识，逐步拓展利益契合点。沿线各国应共同建立常态化的安全合作机制，通过定期或不定期的联合反恐演习、海上合作巡逻、重大灾害救援演习、地区维和演习、网络安全应急演习等，进一步深化各国安全互信，不断强化安全合作水平，建立保障"一带一路"建设的有效安全力量。

（4）建立沿线国家宏观经济政策协调机制。"一带一路"建设为加强参与国的宏观经济政策协调与沟通，形成趋同化、协同化和有利于世界经济发展的政策取向，提供了新的平台和渠道。各国应借此推动全球宏观经济政策协调与沟通，统筹兼顾财政、货币、就业、产业和结构性改革政策，减少相关国家政策的不确定性、不连续性和不均衡性，将政策负面外溢效应降至最低，以支持全球经济可持续增长和应对潜在风险。

（七）及时有效的"一带一路"争端解决规则

"一带一路"建设过程中，不可避免地会涉及一些安全、贸易、投资等方面的争端，建立"一带一路"高质量的争端机制，对于协调各方利益诉求、顺利推进"一带一路"建设至关重要。"一带一路"

高质量争端解决机制涉及安全、投资、贸易等很多方面，其建立一方面要以现有较为成熟的国际争端解决机制为基础，另一方面也要结合"一带一路"建设实际情况、沿线各国主要利益诉求进行突破创新。

（1）国家和地区间安全问题争端解决机制。"一带一路"沿线存在领土争议、恐怖主义、宗教冲突等问题，一些地区战乱频仍、军事冲突激烈。安全是推进"一带一路"的基本前提和保证，为保证"一带一路"顺利推进，必须建立沿线各国的安全争端解决机制。安全争端解决机制总体要坚持对话协商方式，以上合组织等较为有效的安全沟通平台为基础，通过积极推进上合组织扩员，将"一带一路"沿线重要国家吸纳进来，在上合组织平台上，通过广泛的沟通磋商解决分歧。同时中国应积极发挥大国协调作用，组织对话谈判，使发生安全冲突的当事方能够坐下来就相互利益关切沟通交流，用对话代替对抗，用谈判代替战争，为"一带一路"建设营造良好的安全环境。

（2）改进创新WTO争端解决机制。WTO争端解决机制是目前国际贸易领域最为权威、体系最为成熟完善的争端解决机制，是经过战后几十年逐渐发展起来的。尽管WTO争端解决机制还存在效率较低、偏向发达国家利益等问题，但目前还没有更好的替代制度安排。"一带一路"贸易争端解决机制不应另起炉灶，可在现有WTO制度安排下进一步改进完善。改进方向，一是要提高争端解决效率，减少诉讼时间，降低诉讼成本；二是改革交叉报复机制，避免发展中国家因担忧发达国家报复，遇到不公平贸易行为也不敢诉诸WTO起诉，使各国能相对较为公平高效地解决贸易摩擦问题。

（3）探索建立"一带一路"投资争端解决机制。国际投资争端解决中心（The Internationl Center for Settlement of Investment Disputes，IC-SID）是当前国际投资领域争端解决的主要机制，主要是针对外来投资者与投资东道国双方争议而设计的。ICSID现有161个成员国，"一带一路"沿线大多数国家都在该机制中。该机制最大的问题是强调对投资者的保护，而往往忽视东道国的利益。未来可在 ICSID 基础上，进一步探索建立能够兼顾投资者和东道国双重利益的"一带一路"投资争端解决机制，并建立"一带一路"国际商事仲裁制度和法庭制度，将涉及"一带一路"的重大投资争端和分歧，依照"一带一路"投资争端解决机制进行仲裁和裁决。

（执笔人：梅冠群）

第五章

推动『一带一路』贸易投资高质量发展

贸易畅通是共建"一带一路"的重要内容，促进了相关国家贸易投资自由化便利化，降低了交易成本和营商成本，释放了各国的发展潜力，进一步提升了各国参与经济全球化的广度和深度，已成为"一带一路"高质量发展条件最好的领域。未来，要把贸易投资作为推动"一带一路"高质量发展的优先领域，推动共建"一带一路"相关国家深化"一带一路"贸易投资自由化便利化，加强贸易和投资领域规则衔接和机制对接，结合我国构建以国内大循环为主体、国内国际双循环相互促进的新发展格局，积极开展共建"一带一路"贸易投资领域的双边合作、多边合作、第三方市场合作，不断提升贸易投资发展质量，开创开放合作、包容普惠、共享共赢的贸易投资新局面。

一、推动"一带一路"贸易投资高质量发展的独特价值

"一带一路"贸易投资基础好、见效快，各参与方容易达成共识，优先推动"一带一路"贸易投资高质量发展有利于化解各种质疑、打造"一带一路"高质量发展的先行示范。

（一）"一带一路"贸易投资高质量发展的基础较好

2013年以来，共建"一带一路"倡议以政策沟通、设施联通、贸易畅通、资金融通和民心相通为主要内容扎实推进，其中贸易畅通取得明显成效。截至2020年年底，中国与8个国家建立了贸易畅通工作组，与40个国家建立了投资合作工作组，与22个国家建立了电子商务合作

机制，与 14 个国家建立了服务贸易合作机制，与 14 个国家签署了第三方市场的合作文件。

我国与"一带一路"相关国家的贸易实现了快速发展。据海关统计，2013—2020 年，中国与"一带一路"相关国家货物贸易累计总额达到 9.16 万亿美元，占我国货物贸易总额的比重超过 29.0%。如图 5-1所示，2020 年，我国与"一带一路"沿线国家货物贸易额为 1.35 万亿美元，同比增长 0.7%，占我国总体外贸的比重达到 29.1%；中欧班列开行超过 1.2 万列，同比上升 50%，通达境外 21 个国家的 92 个城市，比 2019 年年底增加了 37 个。2019 年，中国与"一带一路"沿线国家服务进出口总额为 1178.8 亿美元，其中服务出口 380.6 亿美元，服务进口 798.2 亿美元。

图 5-1 中国与沿线国家货物贸易总额及占比

我国与"一带一路"相关国家的直接投资保持稳定发展。据商务部统计，2013—2020 年，中国对"一带一路"相关国家直接投资超过了 1100.0 亿美元，新签承包工程合同额超过 9000.0 亿美元，完成对外承包工程营业额超过 5000.0 亿美元。如表 5-1 所示，2020 年，我国企业对"一带一路"沿线 58 个国家非金融类直接投资 177.9 亿美元，同比增长 18.3%，占同期总额的 16.2%，较上年提升 2.6 个百分点；在沿线国家新签承包工程合同额 1414.6 亿美元，完成营业额 911.2 亿美元，分别占同期总额的 55.4% 和 58.4%。2013—2020 年，"一带一路"

沿线国家对华直接投资接近 600.0 亿美元，其中，2020 年直接投资
83.0 亿美元。

表 5 - 1　中国对"一带一路"沿线国家非金融类直接投资

年份	金额/亿美元	占中国当年非金融类对外投资的比重/%
2013	126.3	17.1
2014	136.6	13.3
2015	148.2	12.6
2016	145.3	8.5
2017	143.6	12.0
2018	156.4	13.0
2019	150.4	13.6
2020	177.9	16.2
合计	1184.7	

资料来源：中国商务部网站。

中国—东盟之间的贸易投资发展迅速。2020 年，中国—东盟货物
贸易进出口总额达 6846.0 亿美元，同比增长 6.7%，东盟超过欧盟成为
中国第一大货物贸易伙伴，这是东盟继 2019 年超过美国成为中国第二
大贸易伙伴后实现的又一突破，中国则连续 12 年保持东盟第一大贸易
伙伴地位。2020 年，中国对东盟全行业直接投资 143.6 亿美元，同比
增长 52.1%；东盟对华实际投资金额为 79.5 亿美元，同比增长 1.0%；
中国企业在东盟新签工程承包合同额 611.0 亿美元，完成营业额 340.0
亿美元。随着中国—东盟自贸区升级红利的持续释放，《区域全面经济
伙伴关系协定》（RCEP）的签署，将在更大范围内、更高水平上把中
国与东盟十国的资源和市场优势与其他 RCEP 成员国的资本和技术优势
紧密结合，推动中国和东盟贸易投资保持快速发展的良好势头，实现产
业链和供应链深度融合发展。

（二）"一带一路"贸易投资高质量发展的前景广阔

跨境电子商务等新业态、新模式正成为推动"一带一路"贸易高

质量发展的重要新生力量。"丝路电商"合作蓬勃兴起，中国与 17 个国家建立了双边电子商务合作机制，在金砖国家等多边机制下形成了电子商务合作文件，加快了企业对接和品牌培育的实质性步伐。中国与"一带一路"相关国家电子商务领域的政策沟通不断深入，"一带一路"电商合作机制正逐步建立。截至 2020 年年底，中国已与 22 个国家和地区签署电子商务合作备忘录，并建立了双边电子商务合作机制。2019年，中国与"一带一路"相关国家跨境电商交易额同比增速超过 20%，与柬埔寨、科威特、阿联酋、奥地利等国的交易额同比增速超过100%。据不完全统计，我国跨境电商综试区在 80 个"一带一路"相关国家和地区建设了 200 多个海外仓。

支撑"一带一路"投资高质量发展的渠道不断拓展。共建"一带一路"支持开展多元化投资，推动形成普惠发展和共享发展的产业链、供应链、服务链、价值链，为相关国家加快发展提供新的动能。截至2019 年年底，我国已同哈萨克斯坦、埃及、埃塞俄比亚、巴西等 40 多个国家签署了产能合作文件，同东盟、非盟、拉美和加勒比国家共同体等区域组织进行合作对接，开展机制化产能合作。

第三方市场合作将成为"一带一路"贸易投资高质量发展的重要途径。中国政府高度重视第三方市场合作，与多个发达国家共同推动第三国产业发展、基础设施水平提升和民生改善，实现 1 + 1 + 1 > 3 的效果。截至 2020 年年底，中国与法国、日本、意大利、英国等 14 个国家签署了第三方市场合作文件。首届中国—意大利、中国—奥地利第三方市场合作论坛成功举办，中国—奥地利第三方市场合作工作组第一次会议举行，中国与法国就第三方市场合作机制开展"一带一路"具体项目合作达成共识。国家发展改革委发布的《第三方市场合作指南和案例》涵盖铁路、化工、油气、电力、金融等领域的 21 个案例。中国人民银行与欧洲复兴开发银行签署了加强第三方市场投融资合作谅解备忘录，中国进出口银行与瑞穗银行、渣打银行等签署了"一带一路"项下第三方市场合作协议。

合作园区将成为"一带一路"贸易投资高质量发展的重要载体。我国各类企业遵循市场化法治化原则自主赴相关国家共建合作园区，推动这些国家借鉴中国改革开放以来通过各类开发区、工业园区实现经济增长的经验和做法，促进当地经济发展，为相关国家创造了新的税收源和就业渠道。同时，我国还分别与哈萨克斯坦、老挝建立了中哈霍尔果斯国际边境合作中心、中老磨憨—磨丁经济合作区等跨境经济合作区，与其他国家合作共建跨境经济合作区的工作也在稳步推进。作为中国和白俄罗斯两国共建"一带一路"合作的标志性项目，中白工业园是中国企业建设的最大海外工业园区，一期基本建成，截至 2019 年年底入园企业达 60 家。此外，泰中罗勇工业园、巴基斯坦海尔鲁巴工业园、匈牙利宝思德经贸合作区等建设也取得明显成效。截至 2019 年年底，中国企业在"一带一路"相关国家建设的境外经贸合作区已累计投资350 亿美元，上缴东道国税费超过 30 亿美元，为当地创造就业岗位 32万个。

多层次的投融资合作平台将成为"一带一路"贸易投资高质量发展的重要保障。财政部联合亚投行、亚开行、拉美开发银行、欧洲复兴开发银行等成立多边开发融资合作中心，国开行牵头成立了中拉开发性金融合作机制。2019 年 5 月，亚洲金融合作协会"一带一路"金融合作委员会成立，旨在助推会员单位在"一带一路"区域内的业务合作，支持服务"一带一路"国家和地区社会经济发展，推动经济金融新型全球化。截至 2020 年 7 月，亚投行成员总数已达 103 个，累计批准项目 87 个，项目投资额逾 196 亿美元，覆盖交通、能源、电信、城市发展等多个领域。截至 2020 年 10 月，丝路基金累计签约项目 47 个，承诺投资金额 178 亿美元。中日韩—东盟成立"10 + 3"银行联合体并共同签署《中日韩—东盟银行联合体合作谅解备忘录》。阿联酋阿布扎比投资局、中国投资有限责任公司等主权财富基金对"一带一路"相关国家投资规模显著增加。

（三）贸易投资可成为"一带一路"高质量发展的先行示范

推动"一带一路"贸易投资高质量发展的合作机制初见成效。我国与"一带一路"相关国家进行双边经贸合作机制建设，建立了数十个贸易畅通工作组和投资合作工作组，与韩国、缅甸、马来西亚、日本、奥地利、芬兰、希腊、捷克等国共同召开双边经贸联委会等机制性会议，全面梳理双边经贸合作情况和问题，共商深化合作路径。我国与东盟、新加坡、巴基斯坦、格鲁吉亚等多个国家和地区签署或升级了自由贸易协定，与欧亚经济联盟签署经贸合作协定，与相关国家的自由贸易区网络体系逐步形成。我国与毛里求斯签署的自贸协定，成为中国与非洲国家的首个自贸协定。《区域全面经济伙伴关系协定》（RCEP）取得重大进展，东盟十国以及中国、日本、韩国、澳大利亚、新西兰15个成员国正式签署 RCEP，世界上人口最多、成员结构最多元、发展潜力最大的自由贸易协定正式达成。2020 年年底，中欧完成中欧投资协定谈判，提出了着眼于制度型开放的国际高水平经贸规则，将显著提高双方市场的开放程度，让中欧企业的投资自由化便利化和营商环境改善都上了一个新台阶。2019 年，我国首次采取负面清单方式开展中韩自贸区服务投资第二阶段谈判和中日韩自贸区谈判，自贸区建设迈入高标准的"负面清单"时代。我国发起《推进"一带一路"贸易畅通合作倡议》，中国和哈萨克斯坦、吉尔吉斯斯坦、塔吉克斯坦农产品快速通关"绿色通道"建设积极推进，农产品通关时间缩短了 90%。我国与"一带一路"30 多个相关国家交流新冠疫情口岸防控经验，并推进与俄罗斯、老挝、缅甸、新加坡等国家签署国境卫生检疫合作协议。同时，我国与柬埔寨、新加坡、缅甸等国建立了应对疫情紧急热线联系机制，就疫情形势、重大政策举措等保持及时交流。我国海关成立了智慧海关、智能边境、智享联通合作专项联络工作组，积极推进与"一带一路"相关国家和地区海关的"三智"合作，加快 21 个先行先试项目落实和经验形成,推动贸易自由化便利化向更高水平发展。

我国将继续通过高水平对外开放促进外贸外资高质量发展。目前,我国平均关税水平从加入世界贸易组织时的 15.3% 降至目前的 7.5%,设立了面向全球开放的 21 个自由贸易试验区,探索建设自由贸易港。未来,我国将实施更大范围、更宽领域、更深层次的对外开放,更好参与国际经济合作。我国将大力发展跨境电商等新业态新模式,创新发展服务贸易,增加优质产品和服务进口,推动国际物流畅通。进一步缩减外资准入负面清单,推动服务业有序开放,制定跨境服务贸易负面清单。推进海南自由贸易港建设,加强自贸试验区改革开放创新,推动海关特殊监管区域与自贸试验区融合发展,发挥好各类开发区开放平台作用。深化多双边和区域经济合作,推动《区域全面经济伙伴关系协定》尽早生效实施以及《中欧双边投资协定》签署,加快中日韩自贸协定谈判进程,积极考虑加入《全面与进步跨太平洋伙伴关系协定》,与世界各国扩大相互开放,实现互利共赢。

二、"一带一路"贸易投资高质量发展面临的主要挑战

共建"一带一路"在取得显著成绩的同时,贸易投资发展也出现了一些矛盾、问题与挑战,需要高度重视。

(一) 国外部分舆论抹黑"一带一路"贸易投资

"十四五"和今后一个时期,"一带一路"建设发展面临更加复杂的国际形势,国际力量对比"东升西降",西方大国加大了对我国的遏制和打压力度。部分西方国家从意识形态角度戴着有色眼镜看待我国在"一带一路"相关国家的投资,大肆宣扬共建"一带一路"倡议是中国版的"马歇尔计划",错误地认为其服务于中国在国际市场的扩张,中国通过"一带一路"将商品、资金、产能、标准、规则等推销出去。少数国家恶意宣传中国将与"一带一路"相关国家开展大规模能源资

源贸易，这些国家将沦为中国的"能源附庸""资源附庸"，从而陷入"资源诅咒"陷阱。印度新德里政策研究中心研究员布拉玛·切拉尼2019年在环球网的"中国债务陷阱论"提出以后，由于其迎合了某些西方国家的需要，在西方舆论中受到追捧。一些国外舆论对我国在"一带一路"相关国家的投资出现了误解和误读，认为中国在"一带一路"相关国家的投资并非如中国宣称的那样，是为了与相关国家共同发展和共享经济成果，而是为了与美国争夺国际领导权和地区霸权。这些观点都是不正确的，美国、印度等国家有意曲解、故意抹黑和污名化共建"一带一路"倡议，但绝大多数国家特别是发展中国家对共建"一带一路"倡议持欢迎态度，认为共建"一带一路"倡议是其重要发展机遇。中国不断扩大的消费市场将为各国提供重要的出口机会，中国推动的国际产能合作将有助于各国承接新一轮国际产能转移，对共建"一带一路"倡议的接受、认可、支持是国际舆论的主流。在推进"一带一路"建设中，中国的贷款发挥了巨大作用。由于中国提供的贷款"门槛低"，不附带苛刻的政治条件，发展中国家得以有机会脱离西方的经济掌控。因此，这被某些西方国家看作"扰乱了金融市场秩序"，挑战了美国主导的国际秩序的合法性，进而打破了各个区域的势力均衡。于是它们便将中国贷款妖魔化，声称其违反规则、不够透明等，以阻挠中国与"一带一路"沿线国家的共同发展。

专栏 5 - 1　中巴经济走廊项目没有加重巴基斯坦的债务负担

早在2015年，国际货币基金组织（IMF）驻巴工作组就要求提高中巴经济走廊项目透明度。巴基斯坦国内有人认为诸多项目都是非公开进行的，更有议员危言耸听，说中巴经济走廊可能会转变成另一个东印度公司。面对质疑，2018年9月9日，中国国务委员兼外长王毅在伊斯兰堡同巴基斯坦外长库雷希举行会谈后，面对记者作了澄清。

走廊框架下目前共有22个合作项目，其中9个业已完工，13个在建，总投资190亿美元，带动巴基斯坦每年经济增长1至2个百分点，给巴基斯坦创造了7万个就业机会。目前，巴方所持外债47%来自多边金融机构，而中巴经济走廊的22个项目中，18个由中方直接投资或提供援助，只有4个使用的是中方的优惠贷款。因此，可以明确地说，走廊项目并没有加重巴方的债务负担。相反，这些项目陆续建成运营后，将释放应有经济效益，给巴方带来可观经济回报。走廊项目一直是透明的，所有项目都经过科学论证，履行应有程序，"透明"从来就不是一个问题。2019年4月8日，中国外交部发言人陆慷在外交部例行记者会上指出，中巴经济走廊是新时代中巴合作的标志性工程，也是"一带一路"建设先行先试的一个重要项目。走廊建设以来，早期收获项目多达22个，给当地社会创造了数万个就业岗位，满足了860万户人家的用电需求，有力促进了巴基斯坦的民生福祉。采取国际融资方式来实施重大项目是全球通行做法，也是发展中国家突破资金瓶颈、助力增长的有效途径，目前中巴经济走廊建设项目中，只有不到20%是使用了中方贷款，而超过80%是中方直接投资和无偿援助的，所以这个项目的建设本身不但没有加重巴方负担，反而有助于更强健巴方的经济"筋骨"。

资料来源：外交部. 中巴经济走廊项目有助于强健巴方经济筋骨［EB/OL］. (2018－04－08)［2019－04－08］. http：//www. gov. cn/xinwen/.

（二）中美博弈给"一带一路"贸易投资带来新挑战

共建"一带一路"作为一项全球合作新倡议，将全球化中被边缘化的欧亚非大陆各发展中国家凝聚起来，会改写全球经济格局、政治格局，对既有的全球秩序、规则、结构产生冲击，因此"一带一路"成为大国的博弈焦点。当今世界正经历百年未有之大变局，"变"的核心是中美关系。美国将共建"一带一路"倡议视为中国与美国争夺全球霸权、开展中美"百年竞争"的重要手段，拜登政府非常关注中国"一带一路"具体的推进情况及其对国际秩序和规则造成的冲击。在对"一带一路"进行打压抹黑的同时，也提出了若干与"一带一路"相竞争的"印太"战略、"蓝点网络计划"、"经济繁荣网络"计划等。美国提出"印太"战略后，印度积极向美靠拢，推出了被印度各界普遍解读为印度版21世纪海上丝绸之路的"季风计划"。为抗衡孟中印缅经济走廊，印度积极推动孟加拉国、不丹、印度、尼泊尔（BBIN）四国联通和环孟加拉湾多领域经济技术合作（BIMSTEC）两大区域合作机制建设。此外，日本对"一带一路"在战略上与美保持一致，也提出"高质量基础设施伙伴计划"、CPTPP等若干与"一带一路"相竞争的计划，或积极加入美国相关的对抗"一带一路"的计划。

（三）多种不稳定因素影响"一带一路"贸易投资质量

随着共建"一带一路"的深入推进，我国与周边国家互联互通不断加强，各国彼此的经贸往来、人员流动、社会交流及科教文化合作日益增多。但与此同时，一些非传统安全和风险因素也会增加，恐怖主义、经济安全、生态安全、文化安全、信息安全、杀伤性武器扩散、跨国犯罪等非传统安全方面风险也在加大。其中，以恐怖主义的威胁最为突出。因贫困落后、信息封闭、文化保守，一些地区的极端主义、恐怖主义问题突出。当前，我国在推进"一带一路"建设中，受恐怖主义威胁最大的是中巴经济走廊，特别是巴基斯坦俾路支省的恐怖主义问题，未来有可能成为走廊建设尤其是瓜达尔港的重要安全威胁。同时，"一带一路"相关国家众多、民族各异、宗教多元，各国国情差异较大，处于不同发展阶段，制度迥异，各种历史矛盾、民族矛盾、宗教矛盾、政治矛盾、经济矛盾交织。长期以来，我国对外研究主要集中在欧美日等发达国家以及少数地区大国，对沿线一些小国研究不多、不深，针对这些国家开展的系统性研究和实地调查研究明显不足。中国出口信用保险公司2020年11月发布的2020年《国家风险分析报告》显示，共有 61 个国家风险水平较高、32 个国家主权信用风险水平较高,其中多数国家为"一带一路"相关国家。该报告认为,2019 年下半年以来,尤其是 2020 年年初新冠疫情暴发以来,全球国家风险水平显著上升,在未来一段时期仍将处于高位,新冠疫情持续扩散、贸易保护主义日渐盛行、民粹主义不断抬头以及一些国家治理能力不足的局面在短期内难以扭转,一些债务水平较高的国家出口收入锐减可能导致公共债务风险持续上升。

(四)"一带一路"基础设施投资缺乏稳定的盈利模式

基础设施投资的盈利主要来源于三个方面:一是使用者付费;二是从因基础设施改善提高的财政收入中安排资金进行支付;三是因基础设施改善带来的周边区域商业升值。三种盈利模式在"一带一路"相关国家都存在一定的风险。对于基础设施的建设方、运营方而言,使用者付费模式存在市场发展低于预期的经营风险。在经济欠发达地区,市场发展低于预期的可能性较大。财政资金支付模式受制于东道国的整体财政能力,"一带一路"很多参与国均存在严重的财政赤字,债务违约风险较高。现实中,"一带一路"相关国家基础设施的债务违约率较高,有的国际咨询机构甚至将有些国家列入高风险债务人。因基础设施改善带来的周边区域商业升值是中国发展基础设施的重要经验,但是周边区域商业升值模式的风险源自东道国的土地制度,对于土地私有制的国家,周边土地并不一定能提供给基础设施建设运营方开发,第三方开发的收益也不一定会与其分享。

(五)我国企业国际化程度不高制约贸易投资质量

从目前"一带一路"推进情况看,我国企业仍较为重视"硬联通",在一定程度上忽视了"软联通"。从主观上讲,"硬联通"项目往往能带来直接或间接的经济效益,且项目建设立竿见影,便于突出"一带一路"建设成绩,东道国政府、我国有关部门、建设企业等积极性较高，"软联通"项目强调社会效益，经济效益不直接、不显著，且见效时间长，短期效果不突出，相关主体积极性相对低一些。

（六）新冠疫情对"一带一路"贸易投资造成冲击

受新冠疫情影响，"一带一路"部分推进工作有所放缓。新冠疫情对全球经济造成较大影响，尤其是主要经济体经济受到较大冲击、大幅度衰退。各国生产和消费能力的大幅度下降将严重冲击国际贸易投资。同时，"一带一路"相关国家经济脆弱度较高，且公共卫生设施和条件相对较差，疫情对相关国家经济冲击巨大，甚至危及"一带一路"供应链、产业链安全。此外，受疫情和一些国家出入境限制措施影响，很多中国海外工程项目的中方工作人员难以返回工作岗位，部分"一带一路"工程项目无法开工。我国在东南亚、非洲、中东、南美等地区有大量工程项目，这些项目建设都受到了影响，延期开工给企业造成了较大的资金成本压力。

三、推动"一带一路"贸易投资高质量发展的对策建议

以共建"一带一路"贸易畅通为重点，推动进口与出口、货物贸易与服务贸易、贸易与双向投资、"引进来"与"走出去"、贸易投资与产业协调发展，促进国际国内要素有序自由流动、资源高效配置、市场深度融合，实现贸易投资高质量发展，开创开放合作、包容普惠、共享共赢的贸易投资新局面，将会为推动"一带一路"相关国家经济社会发展和构建人类命运共同体做出更大贡献。

（一）聚焦重点区域，形成"一带一路"贸易投资新布局

多维度加强与"一带一路"重点区域的贸易投资合作。我国要综合考虑市场规模、贸易潜力、消费结构、产业互补、国别风险等因素，引导企业开拓一批"一带一路"相关国家重点市场，继续深耕发达经济体等传统市场，拓展亚洲、非洲、拉丁美洲等新兴市场，逐步提高自

贸伙伴、新兴市场和发展中国家在我国对外贸易、投资中的占比,扩大与周边国家贸易规模、投资规模。继续通过进博会等开放平台,支持各国企业拓展中国商机。加强与东盟、中东欧、非洲等重点区域的境外经贸合作园区建设和第三方市场合作,推进"一带一路"贸易投资高质量发展。推动共建"一带一路"重点区域拓宽货物贸易领域,推动优质农产品、制成品和高技术产品进出口。推动共建"一带一路"重点区域加强服务贸易合作,探索跨境服务贸易负面清单管理制度,发展特色服务贸易。推动共建"一带一路"重点区域发展"丝路电商",积极推进跨境电商综合试验区建设,鼓励企业在相关国家开展电子商务,建设一批海外仓,推广跨境电商应用,促进企业对企业(B2B)业务发展。

加强中国—东盟的贸易投资合作。继续深化与东盟的经贸合作,对于高质量共建"一带一路",要不断拓展国际合作新空间,尤其是在后疫情时代,提高我国产业链和供应链的稳定性、安全性及国际竞争力,构建以国内大循环为主体、国内国际双循环相互促进的新发展格局,具有重要战略意义。要在《中国—东盟战略伙伴关系2030年愿景》的指导下,高标准建设中国—东盟自贸区,深化双边在贸易投资领域合作,扩大市场开放,提升贸易投资便利化水平,提高双边产业链、供应链、价值链、创新链的融合度和竞争力。依托陆海新通道建设,加强铁路、公路、港口、机场、电力、通信等基础设施合作,实现海、陆、空、网全联通,扩大5G、大数据、云计算、人工智能、区块链等信息技术在东盟的应用。提高货物贸易合作水平,继续削减关税和非关税壁垒,最大限度地发挥双边互补优势,提高区域市场活力,增强贸易创造效应,不断扩大我国与东盟在机电产品、中间品、农产品、高技术产品等领域的贸易规模。积极扩大服务贸易合作,扩大双边服务业开放,促进技术、人员、资金、数据等要素跨境自由流动,打造"数字丝绸之路",扩大数字贸易合作。加强产业投资合作,积极扩大我国对东盟在制造业、服务业、农业领域投资，完善双边的产业链分工体系。

加强亚欧贸易投资合作。在欧洲内部，推动共建"一带一路"倡议同欧盟欧亚互联互通战略对接，加快落实中欧投资协定，为中欧贸易投资合作提供机制保障。在欧洲外部，中欧可以共同开发非洲、拉丁美洲等第三方市场。亚欧贸易投资合作可通过波罗的海、地中海、印度洋辐射到北极、中东、非洲、南太地区。推动"一带一路"贸易投资发展不仅能够帮助内陆地区和内陆国家寻找海洋，不仅有利于中国经济发展模式转型，也有利于降低物流成本，提升亚欧国家比较竞争力，消除内陆与海洋国家、地带的发展差距。

加强中日韩贸易投资合作。中日韩作为亚洲重要国家和东亚三大主要经济体，GDP 占全球总量 1/5 以上，在全球经济格局中具有极其重要地位。从 2013 年到 2020 年，日韩两国对"一带一路"的态度正在发生转变。日本对"一带一路"倡议由消极转向积极，逐渐认识到，只有积极参与共建"一带一路"倡议，才能搭上中国发展的"顺风车"，才是确保日本利益的最佳选择。中韩两国早就开启了"一带一路"倡议与韩国"欧亚倡议"的对接，目前韩国"新北方政策"与"一带一路"倡议正在有效对接，正在我国东北三省地区展开。在"一带一路"框架下，中日韩三国可在贸易、投资等方面实现优势互补，共同发展。加快推进中日韩自由贸易协定，全面落实"中日韩＋X"早期收获项目清单等成果文件，促进区域经济一体化进程。加强中韩战略对接，推动中韩共建"一带一路"倡议同韩方发展战略规划对接进一步早见实效、早结硕果。加强中日第三方市场合作，积极推动构建携手合作、互利双赢的新格局。

（二）注重优化创新，探索"一带一路"贸易投资新方式

大力发展数字丝绸之路。推动共建"一带一路"相关国家加快发展数字贸易，形成以数据驱动为核心、以平台为支撑、以商产融合为主线的数字化、网络化、智能化发展模式。加快发展跨境电子商务、E 国

际贸易、远程医疗、远程教育、物联网、云计算、人工智能、区块链、量子计算等新技术和新业态,为"一带一路"沿线国家培育新的贸易投资增长点。据海关初步统计,2020 年我国跨境电商增长迅猛,跨境电商进出口 1.69 万亿元,同比增长 31.1%,其中出口 1.12 万亿元,同比增长 40.1%;进口 0.57 万亿元,同比增长 16.5%。通过海关跨境电子商务管理平台验放进出口清单达 24.5 亿票,同比增长 63.3%。跨境电商海外仓数量超过 1800 个,同比增长 80%,面积超过了 1200 万平方米。推动 E 国际贸易运行模式向"一带一路"相关国家复制推广,可通过谈判向国外推介保税备货、保税集货等模式,将我国在 E 国际贸易进口中形成的经验介绍给 WTO 各成员,使各成员认可 B2B2C 的 E 国际贸易模式,并争取将 B2B2C 所涉及的保税区、大通关制度、前置备案、后置监管、平台责任等一系列制度上升至 WTO 规则层面。充分发挥政府与国际组织的作用,进行共建数字丝绸之路的顶层设计,成立跨国合作机制,组织产业合作联盟,搭建公共服务平台。立足企业数据跨境流动实际需求,在确保安全的基础上,开展政策创新、管理升级、服务优化,完善数据跨境流动机制,营造良好的数据跨境流动政策环境,为数字经济数字贸易发展提供有力支撑。

优化"一带一路"重大基础设施投资方式。逐步调整我国前期主要投资投入大、回报周期长的基础设施建设项目的做法,推动共建"一带一路"相关国家合作建设境外经贸合作区、跨境经济合作区等产业园区,促进产业集群发展,推动新兴产业合作。对于"一带一路"重大基础设施建设,坚持共建原则,以东道国为主,发挥中国的积极作用,坚持市场化运作,创新中长期融资机制,加强域内外金融资源的统筹和各种融资渠道的使用。

创新"一带一路"投资模式。推动共建"一带一路"相关国家拓宽双向投资领域,放宽外资市场准入限制,鼓励外资投向新兴产业、高新技术、节能环保、现代服务业等领域,充分发挥外资对东道国产业升级的带动作用。推动共建"一带一路"相关国家绿色基础设施建设、绿色投资，推动企业按照国际规则标准进行项目建设和运营，推进商建投资合作工作机制。推动共建"一带一路"相关国家的行业龙头企业提高国际化经营水平，逐步融入全球供应链、产业链、价值链，形成在"一带一路"范围内配置要素资源、布局市场网络的能力。

推动共建"一带一路"相关国家积极开展第三方市场合作。"一带一路"相关国家合作开发第三方市场，不仅有助于开发国优势互补、进一步拓展经贸市场，也有助于帮助第三方国家和地区提升发展水平。"一带一路"两端的东亚和欧洲地区经济较为发达，中间的广大腹地国家和地区经济发展相对滞后，应推动中欧携手开展对中亚、南亚、中东、非洲腹地等国家和地区的第三方市场开发，推动中国与欧洲的资金、技术、人才、装备等要素流向腹地国家和地区，帮助"一带一路"腹地国和地区家提升经济发展水平。

完善"一带一路"资金融通机制。从宏观层面进行资金融通的顶层设计，加强金融基础设施建设，推动金融机构改善金融服务、拓宽企业融资渠道，为民营企业参与"一带一路"建设创造良好融资条件。基于基础设施投资项目的特征及风险，鼓励金融机构创新融资产品，根据"一带一路"投资活动特性，研发不同风险、期限、保费、保价的投资保险产品，研发企业海外资产保值和风险对冲理财产品及衍生产品。在投融资方面强化电子网络平台建设，利用好"大数据"和"云技术"，为供应链上的供应商、投资商、代理商等参与方提供信息资源共享平台。

构建"一带一路"投融资风险监控体系。整合各方力量构建"一带一路"投融资风险监控体系，对"一带一路"建设参与国家和重点产业的相关风险进行动态监测和预警。现有的信息平台在披露"一带一路"建设参与国家的相关政策和风险时，大多是归集和披露宏观层面的信息和风险因素，还不能很好地对企业参与"一带一路"建设所面临的投融资风险进行兼具时效性与针对性的分析、判断和预测。可运用大数据和人工智能技术，构建面向所有企业、更为及时有效的风险监测预警和防范体系，为企业提供符合其特点的风险防范服务。推动民营企业依托"一带一路"投融资风险监控体系，构建适合自身特点的多层次、多维度的投融资风险监测预警与防范体系。

充分发挥我国自由贸易试验区和自由贸易港的制度创新作用。以制度创新为核心，推动自由贸易试验区先行先试，开展首创性、差别化改革探索，加快形成法治化、国际化、便利化的营商环境和公平、开放、统一、高效的市场环境。探索实施国际通行的货物、资金、人员出入境等管理制度。围绕雄安新区建设开放发展先行区的定位，全面对标国际高标准贸易规则。以上海自由贸易试验区临港新片区为载体，进一步提升浦东新区开放水平，打造更具国际竞争力的特殊经济功能区。以广州南沙、深圳前海、珠海横琴等重大合作平台为重点，加强贸易领域规则衔接、制度对接，推进粤港澳市场一体化发展。加快探索建设自由贸易港，打造开放层次更高、营商环境更优、辐射作用更强的开放新高地。扎实推进海南自由贸易港建设，推动出台海南自由贸易港法，制定海南自由贸易港禁止、限制进出口的货物和物品清单，清单外货物和物品可自由进出，出台海南自由贸易港跨境服务贸易负面清单，进一步规范影响服务贸易自由便利的国内规制。

（三）推动规则衔接，打造"一带一路"贸易投资新格局

构建"一带一路"沿线国家自贸区网络。推动共建"一带一路"相关国家加强贸易投资规则衔接，推动削减非关税壁垒，提高技术性贸易措施透明度，提升贸易投资便利化水平，共同扩大对外开放，推动经济全球化朝着更加开放、包容、普惠、平衡、共赢的方向发展。推动共建"一带一路"相关国家促进国际国内商品和要素有序自由流动、资源高效配置、市场深度融合，开创开放合作、包容普惠、共享共赢的国际贸易投资新格局。落实好已签署的共建"一带一路"合作文件，大

力推动与共建"一带一路"国家商建贸易畅通工作组、电子商务合作机制、贸易救济合作机制，推动解决双边贸易领域突出问题。

通过自贸协定拓展"一带一路"贸易投资新空间。面对目前产业链供应链区域化、本土化新趋势，应该进一步推进区域合作，加强同东南亚、东北亚、欧洲等区域的合作，推动 RCEP 尽快生效实施，加快推进中日韩自由贸易协定，加快落实中欧投资协定，为疫情后有效应对单边主义、民族主义、贸易保护主义等提供条件。要提升区域自贸协定对贸易投资的实际带动作用，积极商签更多高标准自由贸易协定和区域贸易协定，推进中国—海合会自由贸易协定谈判，积极研究加入《全面与进步跨太平洋伙伴关系协定》（CPTPP）相关事项，争取到 2025 年，我国与已签署区域自贸协定对象国间的贸易额占贸易总额的比重由 2019 年的 35% 提升至 50% 以上。

推动"一带一路"相关国家参与全球数字经济和数字贸易规则制定。进一步加强国际电商合作，在电子商务标准及通关、物流、支付等方面建立合作机制，反对贸易保护主义和单边主义，推动建立各方普遍接受的国际规则，推动贸易自由化便利化。进一步推动电商融合创新，并进一步优化电商营商环境，为电商发展提供更加公平、透明、稳定、可预期的市场化、法治化、国际化营商环境。

（四）深化产业合作，开拓"一带一路"贸易投资新途径

产业合作是推进"一带一路"贸易投资高质量发展的重要途径。"一带一路"相关国家要素禀赋各不相同、比较优势差异较大，当前这一差异主要以相关国家之间的最终产品贸易形式体现，各国产业链的深度融合总体尚未实现。各国应进一步加强产业链各环节整合，积极承接来自沿线其他国家的产业转移，积极推动不适应本地比较优势的产业或生产流程向沿线其他国家转移，提高中间品贸易在贸易总额中的比重，基于各自比较优势构建新型产业分工体系，重构"一带一路"产业链、价值链、供应链、服务链，形成共建、共赢、共享的包容性经济发展

模式。

推动共建"一带一路"相关国家深化产业合作。工业革命后，世界经济先后经历了多轮产业转移浪潮，全球制造业从工业革命的发源地欧洲转移到北美洲，二战后又进一步转移至东亚特别是中国，中国成为世界第一制造业大国和"全球工厂"。随着中国的发展水平提升、需求结构变化、产业结构升级，目前中国的一些产业也正在沿"一带一路"向东南亚、南亚、非洲等地区"走出去"，新一轮的全球产业转移大幕正在拉开。"一带一路"相关国家应顺应这一经济规律和发展趋势，共同开展国际产业合作。要持续加大优势产业合作，推动国际产业合作从单一的项目合作、企业合作，向集约式、集群式园区多元合作转变，努力打造国际产业合作升级版。

推动"一带一路"相关国家共同建设好经济走廊和经贸合作园区。"一带一路"相关的合作项目，应加强价值链、产业链、供应链合作。加快推进中国—中亚—西亚经济走廊，中国—中南半岛经济走廊包括中老经济走廊、中蒙俄经济走廊、中国—缅甸经济走廊、中国—巴基斯坦经济走廊、文莱—中国广西经济走廊、亚的斯亚贝巴—吉布提铁路经济走廊及沿线工业园建设。中巴经济走廊取得了丰硕的先期成果，在"一带一路"建设中发挥了示范效应，但是也面临严峻的投资风险以及安全风险与地缘政治风险，需要坚持市场运作规则，防范与应对潜在的投资风险。中资企业要增强风险防范意识，建立适合本企业的财务风险、安全风险、突发风险的预警管控机制，提升风险应对能力，针对项目不同阶段的特点和地区恐怖风险来源，采取不同的安保规划与措施，比如既定项目建设施工阶段——不安全不建设，结项工程日常运营阶段——不安全不生产，以保证中巴经济走廊建设中资项目人员和资产的安全。加快建设中国—马来西亚钦州产业园、马来西亚—中国关丹产业园、中白工业园等各类经贸合作园区，整合各类生产要素，搭建产业合作平台，吸引全球企业入区投资，打造一批具有国际竞争力的产业集群，从而以点带面、聚点成片，进一步推动相关国家和地区的互利合作。

（五）强化市场导向，构建"一带一路"贸易投资新机制

处理好政府和市场在共建"一带一路"中的关系。推动共建"一带一路"高质量发展要坚持以企业为主体、以市场为导向，遵循国际惯例和债务可持续原则，健全多元化投融资体系，有效应对"一带一路"建设面临的复杂形势。全球经济增速放缓、债务规模上升，导致一些共建"一带一路"国家经济形势趋紧，在融资方面对我国期待过高。要坚持以企业为主体、以市场为导向的核心要求，处理好政府和企业、政府和市场的关系。政府重在把握方向、统筹协调，着力提高公共服务水平，规范企业经营行为，为企业开展合作创造便利环境。企业重在坚持谁投资、谁负责，不断提高投融资决策的科学性和债务管理水平。市场要充分发挥对资金等资源配置的决定性作用，使得各类要素能在市场规则下优化组合和配置，引导投资合作。

加快创新投融资机制。开展更为精准的分类施策，充分发挥公共资金和政策性资金的引领和杠杆作用，对战略性项目更好地发挥政策性、开发性金融作用，给予企业和金融机构风险分担、财政补贴等政策支持。创新项目对外合作模式，鼓励企业丰富、创新合作模式，通过建设—经营—转让（BOT）、政府和社会资本合作（PPP）等多种模式推进合作。拓展第三方市场合作，优先推动我国同发达国家之间条件成熟、规模较大的第三方市场合作，带动其他国家企业参与。健全多元化投融资体系，提高投资的商业可持续性，拓展资金来源和渠道，增强债务可持续能力。利用好东盟与中日韩（10＋3）合作、各类专项基金等机制作用。借助于亚投行、丝路基金等平台，积极吸引境内外金融机构、民间资本参与。吸引世界银行、欧洲复兴开发银行等国际开发机构共同参与，形成长期、稳定、可持续、风险可控的投融资制度安排，以实现项目前景共同评估、项目实施共同推进、项目

风险共同承担。加强风险监测预警，建立常态化风险监管机制，加强存量投资风险监督管理，严格管控增量投资风险，督促企业完善公司治理模式。

（六）扩大开放合作，营造"一带一路"贸易投资新环境

当前，各国走向开放、走向合作的大势没有改变，面对经济全球化带来的挑战，不应该任由单边主义、保护主义破坏国际秩序和国际规则，而要以建设性姿态改革全球经济治理体系，更好地趋利避害。共建"一带一路"倡议相关国家要携起手来，坚持共商共建共享的全球治理观，维护以世界贸易组织为基石的多边贸易体制，维护以规则为基础的开放、包容、透明、非歧视性等世界贸易组织核心价值和基本原则，反对单边主义和保护主义，推动对世界贸易组织进行必要改革；维护多边贸易体制的权威性和有效性，完善全球经济治理规则，推动建设开放型世界经济。推动共建"一带一路"倡议与国际货币基金组织的合作，加快构建稳定、公平的国际金融体系，推动各参与国构建稳定、可持续、风险可控的金融保障体系，通过推动支付体系合作和普惠金融等途径，促进金融市场相互开放和互联互通。同时，共建"一带一路"倡议相关国家要推动二十国集团、七十七国集团、亚太经合组织、亚投行等多边合作机制发挥国际经济合作功能，为"一带一路"贸易投资高质量发展提供制度保障。

推动共建"一带一路"加强与联合国的合作。支持落实联合国《2030 年可持续发展议程》，加快推进中国商务部与联合国开发计划署共同开展的"一带一路"可持续投资促进中心项目，总结在埃塞俄比亚、斯里兰卡等国的试点经验，并推广到更多"一带一路"相关国家。加强共建"一带一路"倡议同联合国等国际组织的发展和合作规划对接，深化中国相关部门和组织与联合国专门机构和附属机构合作，重点加强中国国家发展改革委与联合国开发计划署、联合国工业发展组织以及中国商务部与联合国开发计划署的合作。

推动共建"一带一路"加强与世界银行的合作。作为具有丰富国际开发经验的国际组织，世界银行在"一带一路"沿线国家和地区已经有很多基础设施、贸易、电力和联通性相关的项目，世界银行投资的阿富汗跨兴都库什公路、哈萨克斯坦东西公路、巴基斯坦卡拉奇港口等项目对于"一带一路"建设是很好的参照。世界银行同中国以及其他国家和多边开发银行联手发起了"全球基础设施基金"和"全球连通性联盟"，将提供项目准备资金和交易结构咨询建议，以帮助加快项目准备。世界银行集团除了世界银行本身外，还拥有国际金融公司（IFC）和多边投资担保机构（MIGA）。其中，国际金融公司与丝路基金和中国三峡公司在巴基斯坦合作进行水利项目的开发，也与中国进出口银行、中投公司、中国—东盟投资合作基金合作开展基础设施建设。而作为世界银行保险机构的多边投资担保机构，专门提供政治风险担保和信用增级。要推动共建"一带一路"倡议与世界银行进一步深化合作，量化研究"一带一路"倡议的潜在效益，科学评估"一带一路"建设的投资需求，共同建立支持机制来制定和达到统一的投资标准，探索创新型融资解决方案，甄别关键的基础设施瓶颈，针对政策和监管制约因素提出相关的解决方案，构建项目准备和适当的风险分担。

推动共建"一带一路"加强与地区国际组织的合作。"一带一路"还需要与地区国际组织的地区发展战略、发展议程和发展规划对接，共同为解决地区发展问题和难题服务。"一带一路"要加强与中国周边、非洲、东欧、拉丁美洲、南太等地区合作机制的协调，重视与东南亚国家联盟、南亚区域合作联盟、上海合作组织、湄公河次区域经济合作、大图们倡议、海湾合作委员会、非洲联盟、美洲国家组织、金砖国家合作机制等国际组织之间的多边对话和合作。

（执笔人：李锋）

参考文献

［1］François de Soyres, Alen Mulabdic, Siobhan Murray, et al. How much will the Belt and Road Initiative reduce trade costs？［R］. WORLD BANK policy research working paper 8614, Development Research Group, 2018 - 10.

［2］François de Soyres. The growth and welfare effects of the Belt and Road Initiative on East Asia Pacific countries［Z］. WORLD BANK GROUP, 2018 - 10.

［3］Maggie Xiaoyang Chen, Chuanhao Lin. Foreign investment across the Belt and Road patterns, determinants and effects［R］. WORLD BANK Policy research working paper 8607, 2018 - 10.

［4］陈文玲. 中国与世界：以中国视角解析国际问题［M］. 北京：中国经济出版社, 2016.

［5］陈文玲. 中国主动参与开放型世界经济的新格局正在形成［EB/OL］. 中国一带一路网. 2019 - 04 - 27.

［6］李锋. "一带一路"建设的前景展望［J］. 中国财政, 2017(12).

［7］李锋. "一带一路"与容克计划对接［J］. 全球化, 2018(2).

［8］王爽, 王占义. 建设绿色"一带一路", 提供更多"中国方案"［EB/OL］. 新华网, 2018 - 09 - 14.

［9］习近平. 努力推动共建"一带一路"走深走实——在推进"一带一路"建设工作5周年座谈会上的讲话［EB/OL］. 新华网, 2018 - 08 - 29.

［10］曾培炎. 推动"一带一路"走深走实、行稳致远［N］. 光明日报, 2019 - 04 - 26.

［11］中国国际经济交流中心. "一带一路"：倡议与构想——"一带一路"重大倡议总体构想研究［M］. 北京：中国经济出版社, 2019.

［12］中国国际经济交流中心. "一带一路"：愿景与行动——"一带

一路"视角下的重点领域与布局[M]. 北京：中国经济出版社,2019.

[13]中国国际经济交流中心."一带一路"：合作与互鉴——"一带一路"视角下的国际地缘关系[M]. 北京：中国经济出版社,2019.

[14]中共中央党史和文献研究院. 习近平谈"一带一路"[M]. 北京：中央文献出版社,2018.

第六章

推进数字「一带一路」高质量发展

高水平建设数字"一带一路"是推进"一带一路"高质量发展的应有之义，也是加快构建中国开放型经济新体制以及加速新一轮经济全球化的重要驱动力。"一带一路"沿线国家和地区数字化转型是必然趋势。中国应深刻把握数字经济发展的崭新机遇，充分发挥数字化在国家经济社会发展中的基础性、先导性和战略性作用，以数字"一带一路"建设为契机，破除数字经济和数字贸易发展的壁垒，积极参与构筑数字经济发展的区域平台和数字规则治理的新框架。同时，深入对接不同区域、不同国家、不同合作对象的需求，妥善应对"数字地缘政治"等新的难题，注重与东盟、欧盟等各方在数字贸易、数据治理规则制定方面加大协调力度，继续合作探索开放、包容、共享的"数字共同体"发展之道。

一、数字"一带一路"建设的背景与重大价值

（一）数字"一带一路"规划及其背景

数字"一带一路"，即"数字丝绸之路"这一概念首次出现在2015年国家发展改革委、商务部和外交部共同印发的白皮书《推动共建丝绸之路经济带和21世纪海上丝绸之路的愿景与行动》中，提出要"提高国际通信互联互通水平，畅通信息丝绸之路"。此后，国务院2016年发布的"十三五"规划中，也强调了海陆光缆基础设施建设、中国与阿拉伯国家之间的"互联网丝绸之路"以及"中国—东盟信息港"，其

相关概念随着一系列国际会议进入了"一带一路"倡议的主流话语体系中。此外，习近平主席进一步扩大了"一带一路"倡议的范畴，迈入外太空领域——"空间信息走廊"。一系列不同叫法，都指向了一个更为宏大的数字互联计划——数字"丝绸之路"，这是继海上、陆上丝绸之路之后的"第三条路"。

关于"数字丝路"的主要内容，习近平主席在 2017 年 5 月 14 日举办的"一带一路"国际合作高峰论坛开幕式上提出："我们要坚持创新驱动发展，加强在数字经济、人工智能、纳米技术、量子计算机等前沿领域合作，推动大数据、云计算、智慧城市建设，连接成 21 世纪的数字丝绸之路。"此外，国外智库也都对此有所表述。美国外交委员会（Council on Foreign Relations）将"数字丝路"涉及的领域归纳为四个方面：数字基础设施建设、前沿科技、数字经济以及互联网和尖端科技的国际标准制定。

在 2017 年举行的第四届世界互联网大会上，中国、老挝、沙特、塞尔维亚、泰国、土耳其、阿联酋等国共同发起《"一带一路"数字经济国际合作倡议》。欧亚集团（Eurasia Group）报告显示，截至 2020 年 4 月，中国已同韩国、沙特、英国等 16 个国家签署了关于"数字丝路"的合作备忘录，超过 80 个项目正在推进当中，覆盖光纤电缆、5G 网络以及连接相关系统的卫星和设备等领域，总额超过 790 亿美元。

（二）数字"一带一路"高质量发展的重大价值

当前，数字经济正成为驱动第四次工业革命的重要力量。发展数字经济以重塑全球竞争力成为全球主要国家的普遍共识。随着数字化变革深刻影响世界经济发展与全球治理格局，"一带一路"沿线国家也开始加快推动数字经济建设，共建数字"一带一路"成为中国与沿线国家寻求数字化转型红利的新抓手，对于深化数字互联互通、重构全球产业链、价值链具有积极影响和重大战略意义。

第一，推动数字"一带一路"建设是重构全球价值链与实现数字化转型的历史机遇。

全球正处于新一轮科技及产业革命爆发期。信通院数据测算显示①，2019 年，全球数字经济平均名义增速为 5.4%，高于同期全球 GDP 名义增速 3.1 个百分点。从不同发展水平看，发展中国家数字经济同比增长 7.9%，超过发达国家 3.4 个百分点。从具体国家看，中国数字经济增速领跑全球，同比增长 15.60%。与此同时，目前全球已有一半以上的服务贸易实现了数字化，超过 15% 的跨境货物贸易通过数字平台实现。数字技术创新正深刻改变世界贸易模式、贸易主体和贸易对象，对全球价值链、产业链、供应链及国际贸易格局产生广泛而深远的影响。2008 年国际金融危机以后，代表经济全球化的全球货物及资本品贸易受到较大冲击；但相比商品和资本全球流动受阻，数字贸易呈现出较强的增长态势。联合国贸易和发展会议（UNCTAD）数据显示，2019 年全球数字服务贸易（出口）规模达到 31925.9 亿美元，逆势增长 3.75%，增速超过同期货物贸易和服务贸易，占全球贸易比重上升至 12.9%。新冠疫情加速了全球数字化转型，"一带一路"沿线国家和地区也面临打破发展失衡、弥补"数字鸿沟"、实现数字化转型的历史机遇。

第二，推动数字"一带一路"建设是我国寻求大国博弈战略突围的重要契机。

大国竞争博弈态势日益升级，各国争夺数字主权的"新赛道"将深刻改变全球经济格局、利益格局和安全格局。数据、算力、算法正在重新定义数字时代的关键生产力。数字技术、数字规则、数字主权正在成为大国博弈的新焦点。近年来，"数字主权"意识渐渐成为国家核心利益的重要体现，各国围绕"数字主权"的利益诉求、立场分歧与博弈全面展开，美日欧在实践中均纷纷行使立法、执法和司法管辖权，为

---

① 资料来源：中国信息通信研究院报告《全球数字经济新图景（2020 年）——大变局下的可持续发展新功能》。

数字空间"定规立制"，大国博弈尖锐复杂。"冷战"时期，美苏战略竞争的制高点是武器装备和核武器，未来中美竞争的制高点则将是数字经济和数字贸易。纵观全球发展格局，虽然美国仍引领数字经济和数字贸易发展的主导趋势，但我国已呈现快速崛起之势，两者之间的激烈竞争难以避免。美国特朗普政府执政期间，已在将我国明确定位为美国首要战略对手背景下，从"数字地缘政治"的角度展开对华竞争。为此，我国应将推进数字"一带一路"建设作为战略突围和战略对冲的重要工具与平台。

中美围绕"一带一路"的地缘博弈将升级。特别是在特朗普政府不断强化对华战略竞争背景下，美国战略界对"数字丝绸之路"的关注日益上升并形成若干负面认知，普遍认为"数字丝绸之路"对美国的经济、外交和安全利益构成了重大挑战，并就如何在数字基础设施建设、数字治理规则等领域强化对华竞争提出一系列政策建言。在实践层面，特朗普政府推出"数字互联互通与网络安全伙伴关系"（Digital Connectivity and Cybersecurity Partnership，DCCP）等机制，旨在支持数字基础设施投资、技术援助和网络安全能力建设，力图以"全政府""全社会"方式加大对"数字丝绸之路"的制衡。为此，我国更应客观研判数字"丝绸之路"建设面临的国际环境，更好地认识美国在"数字时代"推进对华战略竞争的策略、手段及其特征。

创建以国内大循环为主体、国内国际双循环相互促进的新发展格局。在新发展格局中，数字经济/数字贸易无疑扮演着更重要的角色。根据商务部数据，我国数字服务贸易规模达 2940 亿美元，在云计算、区块链、人工智能、5G 等领域积聚了较强实力。然而，横向对比来看，无论是规模还是国际竞争力均与美欧等发达国家存在不小差距，特别是美国对华加紧科技打压，我国企业"出海"频频遭遇围堵和制裁，应高度警惕我国企业被锁定在国内市场，以致长期形成"内卷化风险"。因此，我国需要数字"一带一路"建设，打通"双循环"，助力"一带一路"高质量发展。

第三，推动数字"一带一路"建设是争取数字全球化利益与规则主动权的迫切需要。

中国是数据大国，也是数字经济大国，推进数字"一带一路"建设具备良好的产业基础和巨大的市场空间。一是我国数字经济和数字贸易规模日益扩大。近年来，我国经历了快速的数字化转型步入成熟期，数字经济的规模从 2008 年的 15% 飙升至 2019 年的 36%，数字经济总量规模和增长速度位居世界前列。数字贸易规模同样位居前列。2019 年，我国可数字化服务进出口额为 2718.1 亿美元，居全球第七位，位于全球数字贸易的第一梯队。二是我国数字基础设施处于世界领先水平。我国已建成全球规模最大的光纤网络和 4G 网络，5G 终端连接数超过 1 亿。2020 年，我国成为全球第二大云服务市场，占全球支出的 14%，且继续保持强劲的增长势头。三是我国具有庞大的数字消费市场。我国网民规模超过 9 亿，相当于全球网民的 1/5。网络支付用户规模达 8 亿，移动支付市场规模连续 3 年全球第一。特别是随着 5G 网络逐步实现广域覆盖，行业模组规模放量、泛终端发展全面提速，以及移动边缘计算加快部署，消费应用有望进入快速成长期。四是我国具有丰富的数据资源。我国海量数据快速增长。IDC 报告显示，2025 年，全球数据量增长至 175 ZB，我国将凭借 27.8% 的比例占据第一位置，成为数据量最大、数据类型最丰富的国家之一。五是我国数字平台经济初具规模。截至 2019 年年底，我国价值超 10 亿美元的数字平台企业达到 193 家。从价值规模看，2015—2019 年我国数字平台总价值由 0.80 万亿美元增长至 2.35 万亿美元，年复合增长率达到 31.1%。

因此，应充分发挥我国数字经济发展的全球领先地位和产品服务优势，将我国数字经济发展的新业态、新模式、新应用推广到"一带一路"沿线国家和地区，大力推动数字"一带一路"高水平建设是包括中国在内的新兴经济体和发展中国家掌握数字经济发展主导权的重要路径，也是实现中国新型全球化利益的迫切需要。首先，从加快建设开放型经济新体制、推动国内国际双循环发展战略入手，夯实国内制度环境，构建数字贸易规则，积极争取国际规则主导权的多个维度，加快推动我国规则"话语权"建设，争取成为制定全球数字贸易规则的重要参与者和力量推动者。其次，目前全球公认的规则体系尚未形成。我国作为数字经济大国，从维护自身利益和履行国际责任的角度出发，应根据发展实际，在"一带一路"倡议框架下，破除各国数据贸易壁垒，实现全球数据在"一带一路"域内，特别是中国境内集聚。最后，顺应新型全球化发展大势，通过数字"一带一路"推动构建开放型世界经济，积极参与全球经贸规则治理，倡导基于规则和实力的公平竞争，加快全球数字链接，推动数字开放合作，把全球合作的方式做活，把全球共享的机制做实，共同把全球数字市场的蛋糕做大，构建贸易互惠、市场开放、资源互补、创新共享、科技互信的"人类数字命运共同体"。

二、数字"一带一路"建设进展及主要成果

数字"一带一路"倡议提出以来，随着合作机制与平台的逐步建立与完善，在新一代网络与数字基础设施建设、数字贸易/电子商务、数字金融等 OTT 服务、科技公司的新并购等"数字丝绸之路"领域取得了积极进展与重要成果。

（一）共建数字基础设施，推动实现"数字互联互通"

东盟是数字"一带一路"建设的重点区域。中国—东盟数字经济合作基础良好，中国和东盟加快推进数字基础设施建设，助力双方新旧动能接续转换，对进一步实现经济社会高质量发展起到了关键作用。2018 年，双方共同发表《中国—东盟战略伙伴关系 2030 年愿景》，提出要实现"一带一路"基础设施建设的战略协同。中国已经按照"1 –

3－10－4－6"的规划，在东盟多国境内援建了信息基础设施，即 1 个国际海缆登陆站、3 条国际通信海缆、10 条国际陆路光缆、4 个重要通信节点、6 个大数据中心。2019 年，《中国—东盟关于"一带一路"倡议与〈东盟互联互通总体规划 2025〉对接合作联合声明》发布，提出提升数字互联互通，支持落实《东盟信息通信技术总体规划 2020》等。中国与越南、老挝、缅甸等东盟国家建有十余条跨境陆地光缆，跨境系统开通总容量超过 1.8 Tbps。双方共同参与建设国际海缆总容量约 40 Tbps。特别是 2019 年以来，中国—东盟云计算大数据中心项目正式启动，为双方开展海上跨境贸易、跨境电商等业务提供了全方位的数据支撑和云服务。

此外，中国与中东数字互联互通也在不断加速。基于中国在数字基础设施的技术和管理优势，围绕跨境电商、通信网络等重点领域，加快在 5G、云计算、数据中心等方面进行技术合作与布局。阿里云 2016 年在迪拜设立中东市场上首个专业的本地公共云数据中心——阿里云中东（迪拜）数据中心。中东是华为全球 5G 建设项目最多的地区之一，华为在中东已经获得的 5G 商用合同达到 11 个，仅次于欧洲，位居世界第二。2019 年，华为与阿联酋最大的电信运营商埃提萨拉特电信公司（Etisalat）共同部署 5G 网络，建立了 600 个 5G 站点，实现了大部分地区的 5G 网络覆盖。2020 年 4 月，华为公司与阿曼技术和通信部签署合作谅解备忘录，双方将加快在人工智能、电子云和 5G 等领域的合作。此外，随着北斗全球组网完成，北斗卫星系统已覆盖巴基斯坦、沙特、缅甸等近 30 个沿线国家，沿线国家的农业、工业、服务行业等都逐渐在使用北斗的高精度产品。我国已经与沙特、阿联酋、埃及、突尼斯、阿尔及利亚等"一带一路"沿线国家签定合作框架协议，开展北斗应用的落地建设。中国还通过中阿北斗合作论坛、中国—中亚北斗合作论坛等机制推动北斗卫星在"一带一路"的应用。

（二）共建数字产业园区，培育"一带一路"数字产业链

数字"一带一路"的重点是夯实数字经济基础，重塑产业链、价值链。近年来，数字产业园区在促进数字丝绸之路方面取得了积极进展。中国和东盟合力推进数字园区建设，相继建成了区块链、人工智能、大数据等前沿技术数字园区。近年来，中国—东盟信息港建设加速推进，2022 年度重点项目有 85 个（见表 6 - 1）。中马双方企业共建了马来西亚首个人工智能产业园。中缅合作推进了缅甸首个国际化大型绿色智慧产业新城（曼德勒）建设。中菲金融企业共建了菲律宾第一个区块链技术驱动的科技平台。中日泰三国签订协议，共同投资泰国东部经济走廊（EEC），这是"泰国 4.0 战略"的旗舰项目。根据东部经济走廊规划，泰国拟在中国投资的支持下建设东部经济创新走廊（EECi）大型研发园区、泰国数字园区（EECd）和智能园区。

（三）跨境电子商务/数字贸易合作成为经贸增长的重要引擎

跨境电子商务是数字"一带一路"合作的重点领域，在政府间的引导、推动和支持下，跨境电商逐渐成为合作亮点，移动支付、物流快速发展，有效提升了区域电子商务与数字贸易发展水平。近年来在跨境电商领域，我国推进跨境电商综试区建设，线上综合服务平台注册企业已经超过 2 万家，带动了 168 个配套园区，超万家企业转型升级。各个综试区与"一带一路"相关国家和地区积极开展政策、技术和贸易标准对接，探索专线物流的跨境电商物流新模式，鼓励海外仓和跨境电商基础设施连通合作。与此同时，随着数字技术的逐步渗透，数字贸易将逐步朝自由化目标迈进，数字贸易或将重塑全球价值链体系和支付体系，成为驱动经济增长的新动能。《"一带一路"数字贸易指数发展报告》以"一带一路"沿线 30 个国家为研究对象，选取衡量国家间开展数字贸易的相关指标，构建"一带一路"数字贸易发展指数。测算结果显示，"一带一路"沿线国家数字贸易指数有 3 个属于深度合作型国

家（91～200 分），这些国家自身的数字经济和贸易基础优良，并且与中国的合作紧密，包括新加坡、俄罗斯和马来西亚，占比为 10.0%；快速推进型国家（71～90 分）有 6 个，其自身具有较好的基础，经济发展良好，近年来在数字贸易领域与中国的合作基本呈上升态势，包括泰国、阿联酋和印度尼西亚等国，占比为 20.0%；逐步拓展型国家（51～70 分）有 12 个，多数是发展中国家，具有很大的增长潜力，也是我国"一带一路"数字贸易的合作重点，包括波兰、以色列、菲律宾和匈牙利等国，占比为 40.0%；有待加强型国家（0～50 分）有 9 个，这些国家数字经济基础较为薄弱，与中国的合作也相对较少，有极大的发展和开拓空间，包括伊朗、肯尼亚、蒙古国等国，占比为 30.0%。

表 6 – 1　中国、东盟国家签署电子商务相关文件情况

时间	签署国家	名　称	主要内容
2017 年 5 月	中国、越南	《中华人民共和国商务部和越南社会主义共和国工业贸易部关于电子商务合作的谅解备忘录》	确定双方将通过电子商务提升两国贸易便利化程度和水平
2017 年 11 月	中国、柬埔寨	《中国商务部和柬埔寨商业部关于电子商务合作的谅解备忘录》	通过加强电子商务合作，共同提高贸易便利化程度和合作水平，进一步推动双边贸易持续稳定发展
2018 年 5 月	中国、印度尼西亚	《中华人民共和国政府和印度尼西亚共和国政府联合声明》	支持电子商务和互联网经济等新兴领域合作
2018 年 8 月	中国、马来西亚	《中华人民共和国政府和马来西亚政府联合声明》	积极拓展电子商务、互联网经济以及科技、创新等领域合作，并将启动商签双边跨境电子商务合作谅解备忘录，为中小企业提供机遇
2018 年 11 月	中国、新加坡	《自由贸易升级议定书》	将电子商务作为新增领域

资料来源：中国政府网。

（四）数字金融/金融科技成为"一带一路"高水平合作新动力

根据世界银行编制的 2017 年金融科技发展指数，在 150 个国家或地区中，新加坡排在第 9 位，印度排在第 43 位，泰国排在第 46 位，孟加拉国排在第 96 位。与之相应的是，中国排在第 2 位，仅次于美国。以第三方支付发展为例，尤其是移动支付，中国的移动支付在交易量和渗透率上全球领先。数据显示，在全球 10 大移动支付市场中，有 8 个在亚洲地区。中国有 86% 的人口使用了移动支付，中国的移动支付普及率是全世界平均水平的 3 倍左右。例如，蚂蚁金服已经在"一带一路"参与国中的 9 个国家和地区打造出本地版支付宝，包括印度、泰国、菲律宾、印度尼西亚、韩国、马来西亚、巴基斯坦、孟加拉国、中国香港。

此外，数字货币正在加速推进。2020 年 10 月，中国央行在深圳展开了 1000 万元数字人民币落地试点，标志着数字人民币距离大规模落地又近了一步。近期，泰国中央银行、阿拉伯联合酋长国中央银行及中国人民银行数字货币研究所、中国香港金融管理局宣布联合发起多边央行数字货币桥研究项目（M – CBDC Bridge），即"多边央行数字货币桥"，旨在探索央行数字货币在跨境支付中的应用。未来，随着人民币在国际上被广泛接受，以及中国有能力为收集和使用丰富的金融数据制定标准，数字人民币会变革现有基于 SWIFT 的西方主导的全球金融互联网体系，并大幅提升跨境贸易结算的效率。

（五）共建数字"一带一路"合作机制与平台并取得积极进展

中国与"一带一路"沿线国家和地区的数字经济对话机制在逐步建立中，特别是东盟地区。中国与东盟发布《关于建立数字经济合作伙伴关系的倡议》，提出包括对《东盟互联互通总体规划 2025》框架下东盟数字枢纽的支持，深化网络空间合作等。

此外，自 2015 年起，中国—东盟跨境贸易实现快速发展。东盟跨境电商总部基地项目、中国—东盟跨境电商平台相继启动。中泰两国已建立了"数字经济合作部级对话机制"，并于 2019 年 3 月召开第一次会议。中国与东盟各国电子商务合作机制也在逐步建立中。2017 年 5 月、2017 年 11 月，中国分别与越南、柬埔寨签署了"电子商务合作谅解备忘录"，旨在加强跨国电子商务合作，共同提高贸易便利化程度和合作水平，进一步推动双边贸易持续稳定发展。由于马来西亚是东南亚数字经济浪潮中的重要支点，2018 年 8 月，中国与马来西亚启动双边跨境电子商务合作谅解备忘录的商签进程，中马合作打造"数字自由贸易区"（DFTZ），这也是阿里巴巴首个海外 eWTP 试验区。

（六）中国在数字"一带一路"建设中发挥主导性作用

自 2017 年数字丝绸之路提出以来，中国的电信、计算机软件服务、信息服务等行业在"一带一路"沿线国家完成的并购金额从 2017 年的 6.22 亿欧元提高到 2019 年的 10.64 亿欧元，年均增长率为 32.35%，其中新加坡、印度、以色列的年均并购额均突破 1.00 亿欧元，三个国家并购额占"一带一路"并购总额的 86.76%；同时，电信、计算机软件服务、信息服务等行业海外并购金额占中国"一带一路"并购总额的比重同步上升，由 2017 年的 5.72% 上升至 2019 年的 41.51%。目前，中国已经与"一带一路"沿线 22 个国家和地区签署了电子商务合作备忘录，中国跨境电商综合试验区也在沿线部署了超过 200 个海外仓；中国与沿线国家的跨境电商交易额达到 20.00% 的年增长速度，与阿联酋、奥地利、柬埔寨的交易额增长速度更超过 100.00%。与此相对，在疫情造成全球宏观经济环境恶化的背景下，中国增设 46 个跨境电商综合试验区，形成了覆盖全国 30 个省（自治区、直辖市）的内外联动数字经济发展格局，支持"一带一路"跨境电子商务交易、通关、结汇、支付、退税、物流，推动全球电子商务规则和制度完善。此外，中资企业利用自身的规模与技术优势在海外数字基础设施建设、数字服务及海外并购方面发挥了决定性作用。

（1）数字基础设施。目前，中国已建成在用国际海缆15条，与周边12个国家建成跨境光缆系统。在各方共同参与下，宽带网络基础设施、移动互联网及物联网建设不断提速，"一带一路"沿线国家和地区信息高速公路建设进一步延伸，信息基础设施互联互通水平得到有效提升。作为身处中美科技角力最前沿的中国科技巨头，华为受益于"一带一路"倡议下的伙伴关系，并以此抵消了部分因中美经贸摩擦而面临的阻力。华为在全球拥有104个有关智慧城市和第五代移动通信技术（5G）项目，其中84个项目所在国家都与中国签订了"一带一路"双边协议。华为和中兴密切参与在第三国市场开发5G网络技术。华为、中兴在世界各地参与海底和地面通信电缆、ICT基础设施领域的招投标，获得了28个欧洲国家的5G建设合同。此外，根据全球并购交易分析库（BvD－Zephyr）数据，自2017年数字"丝绸之路"提出以来，中国对"一带一路"沿线国家出口信息与通信技术产品呈高速增长状态，从2017年的1174.16亿美元增长到2018年的1354.27亿美元，年均增长率为19.29%，比2013—2016年的年均增长率高14.47个百分点，出口额占中国信息与通信技术产品对全球出口的19.52%，其中通信设备出口额最大，远高于电脑及外围设备、消费性电子设备、电子元器件。

（2）电信运营商服务。大规模自动驾驶部署方面需要的5G建设会花费一些时间，若能尽早完成，将影响"一带一路"国家对5G供应商和运营商以及"数字丝路"的推广。2019年年初，中国移动宣布在武汉开发城市规模的道路网格的试点计划，支持移动服务和智能交通。事实上，对于依赖华为将4G升级为5G的国外运营商来讲，其仍然担心美国实体清单对华为继续开发和升级5G系统造成的影响。因此，欧洲运营商被迫对华为和非独立的5G计划采取观望态度。

（3）数据中心/云服务/智慧城市。华为正在与中亚、东南亚、非洲等地的多个国家推动智慧城市项目。大多数公司专注于"平安城市"

公共安全解决方案，涉及中国的人工智能和监控技术。阿里巴巴云在海外拓展云计算服务，与马来西亚智能交通系统控制器 Sena Traffic Systems 合作，建立了一个交通管理系统，来帮助马来西亚吉隆坡解决交通拥堵问题。2019 年，阿里巴巴曾与英国电信（BT）、新加坡电信（Singtel）和韩国 SK 集团（SK Group）讨论合作。

（4）OTT 服务提供商。中国科技巨头对东南亚独角兽公司进行了大量投资。2017 年，滴滴出行和软银（SoftBank）向 Grab 投资了 20 亿美元。阿里巴巴持有 Lazada 80% 的股份，2018 年，软银基金和阿里巴巴领头，向印尼电子商务公司 Tokopedia 投资了 11 亿美元。腾讯、京东和谷歌于 2019 年年初牵头对印尼 Go - Jek 网约车公司进行了新一轮 10 亿美元的投资。

三、数字"一带一路"发展的潜力分析

（一）数字"一带一路"存在的巨大数字增长潜能有待释放

数字经济的发展有赖于互联网技术的长足进步。在过去的 20 多年里，全球互联网流量提升了数十倍，从每秒 100 GB（千兆字节）飙升至 2017 年的每秒 46600 GB，互联网内容的质和量都有显著提升。如此惊人的增速还只是数字经济发展的初级阶段。目前，亚太区和北美洲占了全球流量的近 70%。据悉，全球互联网流量增长地图在今后几年可能发生变化，中东和非洲的流量将以 41% 的复合年增长率增长；其次是亚太地区，复合年增长率为 32%。值得关注的是，互联网使用增量的 90% 将来自发展中国家，"一带一路"将表现出最为积极的增长态势。

目前来看，"一带一路"沿线国家和地区大部分仍处于数字经济发展的起步期。东盟作为"一带一路"核心区，虽然已是重要的全球经济体，但仍不是关键的数字经济体。近年来，为改变数字经济落后现

状，东盟各国加强在智慧城市、移动支付、5G、远程医疗等方面的布局，并制定"第四次工业革命综合战略"，加快推进经济社会数字化转型，促进数字经济互联互通。但东盟各成员国之间经济发展水平不一，数字经济发展的基础差异较大。总体来看，表现为数字经济价值占区域GDP比重低，远低于美欧日中的同类指标。不过，将来在RECP以及区域一体化持续深化的大背景下，得益于人口红利丰厚、营商环境优化、经济增长强劲在内积极因素，东盟整体的数字经济增长潜力将逐步得以释放。

（二）数字"一带一路"有望成为全球新的数字经济与贸易枢纽

新一代信息技术与数字基础设施的广泛普及，特别是物联网、边缘计算、5G技术的广泛应用，为提升数字生产力开辟了广阔空间。根据全球市场研究机构Markets and Markets的预测，全球云计算市场规模有望从2020年的3714亿美元增长到2025年的8321亿美元，年复合增长率将达到17.5%。数据显示，2016年以来，中东和非洲的云计算流量增长率最高（35.0%），其次是亚太、中欧和东欧（29.0%），"一带一路"将是重点增长区域。随着中国—东盟等重点区域数字贸易枢纽中心启动建设，以及未来中国与沿线各国的过境运输、仓储物流、往来贸易更加频繁，通过对商流、物流、信息流、资金流的有效整合，供应链服务将有助于提高物流效率、降低物流成本。比如，中国已与世界200多个国家的600多个主要港口建立了航线联系，海运互联互通指数保持全球第一。因此，巨大的市场开发潜力使中国成为全球数字经济最具潜力的地区之一，并有望成为全球新的数字经济和数字贸易枢纽。

（三）中国数字经济红利转化为"一带一路"区域红利空间巨大

信通院数据测算显示[①]，2019年，中国数字经济增速领跑全球，同

---

① 资料来源：中国信息通信研究院报告《全球数字经济新图景(2020)》。

比增长 15.6%。数字经济增加值规模达到 35.8 万亿元，占 GDP 比重达到 36.2%。2014 年到 2019 年的六年时间，中国数字经济对 GDP 增长始终保持在 50.0% 以上的贡献率，2019 年数字经济对 GDP 增长的贡献率为 67.7%，成为驱动中国经济增长的核心关键力量。据 IDC 咨询预测，到 2023 年，中国 51.3% 的 GDP 将与数字经济直接或间接相关。

但相比之下，中国庞大的数字经济规模并未有效地转化为数字贸易规模与竞争力，数字贸易规模占数字经济总产值不到 1%。大型平台企业全球竞争力对比差距较大。2019 年，美国数字平台总价值达 6.65 万亿美元，占据全球总量的 74.1%；相比之下，我国数字平台总价值为 2.02 万亿美元，仅占全球总量的 22.5%，且平台企业海外业务收入占比较低。2019 年 3 月，英国政府国际发展部发布《沿着数字丝绸之路实现复杂的发展目标》，指出数字丝路有助于联合国可持续发展目标（SDGs）的实现，中国的数字化愿景超越了光纤电缆的建设，涵盖了各种技术的销售和出口等。中国不仅在信息与通信技术（ICT）基础设施方面，而且在更广泛的技术方面正在成为世界领先者，如在纳米技术、量子计算和人工智能等领域前沿技术的发展潜力和出口竞争力日益凸显。因此，未来通过数字"一带一路"将我国的数字经济红利转化为区域乃至全球化红利的空间巨大。

四、数字"一带一路"建设面临的挑战与风险

（一）数字"一带一路"成为中美博弈新前沿，美西方正加紧形成"战略同盟圈"

近年来，美国以"大国竞争"为导向大幅调整美国对华战略，尤其是显著加大对中国倡导的"一带一路"国际合作的制衡，如推动实施"印太战略"、设立国际发展融资公司、制造渲染"债务陷阱论"等针对中国的负面论调。在此背景下，作为"一带一路"国际合作的重

要组成部分，数字"一带一路"受到美国战略界的突出关注：一是担心中国借助于数字"一带一路"合作强化商业和技术优势，对美国"技术领导地位"造成损害；二是担心中国通过推动数字"一带一路"建设对美国等西方国家安全利益构成挑战；三是担心中国通过数字"一带一路"合作输出中国理念、中国方案，进而在国际规则层面对美构成挑战。为此，特朗普政府通过推动实施"数字互联互通和网络安全伙伴关系"等计划，加快构建应对"数字丝绸之路"的"全政府"机制。在东南亚地区，美国通过"美国—东盟互联互通"框架下设立的"创新互联互通"计划，对东盟国家展开"数字外交"。"创新互联互通"计划包括"数字经济系列活动""美国—东盟信息与通信技术工作计划"等内容。美国政府还通过国际开发署下设的"数字亚洲加速器"（Digital Asia Accelerator）、美国—东盟商会举办的"数字政策磋商论坛"（Digital Policy Consultative Forum）等机制，加大与马来西亚、泰国等国中小企业的接触，并借此利用商界力量影响东盟国家政府的政策制定。此外，还有美方人士建议从技术标准和规则角度加大对中国企业压制，以"东盟—澳大利亚数字贸易标准倡议""美日数字贸易协定"等为基础，将反对数据本地化、支持企业采取加密技术等条款扩展到美国与其他国家商签的贸易协议，进而影响国际数字贸易规则。拜登新政府将深化与盟友和伙伴国家政府的协调与合作，支持美国盟国、伙伴及本土企业发展数字经济，利用"替代性选择"抑制数字"一带一路"的拓展。此外，美国还通过其国际网络对他国施加压力，如"五眼联盟"和"D10联盟"，增强对中国数字技术的封锁，同时将更注重在技术标准、国际规则等层面加大对中国的制衡，在数字"一带一路"构筑对华"数字同盟圈"或"战略合围圈"。

（二）围绕"数字主权"，大国在数字"一带一路"倡议中的博弈风险日益突出

数字经济时代，国家拥有数据的规模、流动、利用等能力将成为综合国力的重要组成部分。包括个人、企业和国家数据等在内的数据早已不仅是国家竞争力的重要体现，更关涉情报、军事、国防等国家安全领域。然而，由于各国出于隐私保护、政府执法、产业发展等目的，其国内法律与国际规则之间存在分歧，并给"一带一路"跨境数据流动带来了挑战。例如，越南的《网络安全法》规定，提供互联网服务、收集用户的信息和处理用户的数据等要在政府规定的时间内将这些数据储存在境内。中国和部分"一带一路"沿线国家由于数据存储的法律要求不同，到此类国家投资的企业面临较大风险。

此外，部分国家要求将数据传送到国外之前须满足某些条件（即东道国数据政策的域外适用），如欧盟《通用数据保护条例》（GDPR）规定欧盟公民的个人数据只能向那些已经达到与欧盟数据保护水平相一致的国家或地区流动，"一带一路"沿线国家和地区中的保加利亚、克罗地亚、捷克、爱沙尼亚、匈牙利、拉脱维亚、立陶宛、罗马尼亚、斯洛伐克、斯洛文尼亚作为欧盟国家须遵守 GDPR 规定。如今中国数据安全管理水平尚未到达部分"一带一路"沿线国家和地区数据传送的法律要求，个人信息保护法、数据安全法还在制作中，对于跨境数据的使用也没有明确的相关法律。相较于欧盟对日本通过了"充分性认定"，新加坡、澳大利亚、加拿大等 11 个国家共同签署了包含"通过电子方式跨境转移信息"条款的《全面与进步跨太平洋伙伴关系协定》（RCEP），中国目前尚未与"一带一路"沿线国家达成任何双边或多边数据跨境流通协议，所以到"一带一路"沿线国家投资的部分中国企业，很可能在数据传输时会因为不符合沿线国家立法的规定而遭到巨额处罚和市场准入等风险。此外，近年来，"一带一路"沿线国家和地区受到的数字安全威胁也不断升级，如网络安全、数据滥用、被他国监控数据、窃取商业机密、侵犯隐私等问题时有发生，对关乎国家数字主权和国家安全的重要产业，如民航、交通、环保、能源、水利等经济支柱产业产生了较大威胁。

（三）数字"一带一路"尚缺乏治理规则，且与国际高水平经贸规则存在较大差距

目前，全球数字规则仍处于摸索初建阶段，尚未形成统一且广泛认可的多边规则，"一带一路"数字规则治理短板更加突出。2018年以来，主要经济体通过了其主导的美墨加协定（USMCA）、《全面与进步跨太平洋伙伴关系协定》（CPTPP）、《美日数字贸易协定》（UJDTA）、欧盟—日本经济伙伴协定（EPA），以及新加坡—智利—新西兰《数字经济伙伴关系协定》（DEPA）等区域框架，而目前数字"一带一路"规则治理明显不足。近年来，中国与"一带一路"沿线国家和地区商签多份文件。截至2021年2月底，我国先后与140个国家、31个国际组织签署了205份共建"一带一路"合作文件，包含46个非洲国家、37个亚洲国家、27个欧洲国家、11个大洋洲国家、11个北美洲国家和8个南美洲国家，涵盖了投资、贸易、金融、科技、人文、社会、海洋等领域。但与多数"一带一路"国家或地区尚未签署自由贸易协定（FTA）。因此，现有治理为数字经济合作方提供的权益保障非常有限，义务履行有很大不确定性，不利于数字"一带一路"高水平合作。受法治环境影响而设置的数字壁垒如数据本地化要求、网络审查、数字内容限制以及数据隐私和保护规则等，阻碍了数字贸易发展。目前，中国在数字贸易国际规则标准制定方面的话语权较弱，尤其是在数据跨境自由流动、市场准入、隐私保护、消费者权益维护、知识产权保护、争端解决机制等方面与高标准国际经贸规则还存在差距。特别是由于跨境电商领先全球，中国数字经济规则聚焦于全球物流、跨境支付等服务的便利化和跨境货物贸易，注重消费者权利保护和国家安全，且由于数字知识产权保护法律体系不完善，中国标准国际化难度高于欧美。美欧数字规则核心与中国数字规则核心的差异可能成为数字"一带一路"建设的重要挑战。

五、推动数字"一带一路"高质量发展的对策建议

推动数字"一带一路"高质量发展须"软硬兼顾",积极利用我国在数字经济方面的市场优势、技术优势,加快适应国际高标准规则步伐,打造数字贸易规则"朋友圈",构筑"数字命运共同体",推动数字"一带一路"建设朝着相互尊重、公平正义、合作共赢方向发展。

(一) 加大信息基础设施投资,促进数字软硬"互联互通"

促进数字基础设施互联互通,打造服务数字"一带一路"合作新高地。依托中国—东盟信息港核心节点资源,用足用好中国—东盟信息港项目库,强化与东盟在通信、互联网、卫星导航等各领域合作。积极共享数字基础设施建设经验,弥合"一带一路"数字基础设施建设鸿沟。促进数字互联互通,不仅在于硬件,更在于软件,特别是在标准、产品认证体系等方面的"互联互通"。加快智慧城市、物联网、5G 等领域建设及其标准对接。目前,全球智慧城市共 1000 多个。而中国自 2013 年以来,已经在 500 个城市开展了智慧城市试点工作,是全球智慧城市为数最多的国家,形成了数个大型智慧城市群。加快推进"一带一路"数字市场网络建设,推动建立数字合作城市联盟,以"一带一路"沿线国家的重要城市以及友好城市的数字贸易采购商和服务商为对象。利用中国在人工智能技术应用及 5G 网络标准研发等方面优势,引导和支持中国企业更多参与"一带一路"沿线国家和地区数字基础设施建设,拓宽与其在物联网、智能互联、5G 等领域合作范围,构建互联互通的高速宽带网络。加快电网、水利、公路、港口以及铁路等传统基础设施与互联网、大数据、人工智能等新一代信息技术的深度融合,积极推动智能电网、智能水务、智能交通、智能港口等建设。

(二) 全力构建以我国为主的数字"一带一路"区域价值链

随着疫情常态化、长期化以及贸易保护主义态势趋强,主要经济体

都在推动全球价值链"高端回流"。特别是拜登新政府在特朗普政府基础上加速"脱钩"进程。拜登提出政府部门对国防、卫生、信息技术、交通、能源、农业等6大领域的供应链进行长期评估，并建立四年一次的供应链评估审查机制，旨在"重塑"全球产业链价值链。美对华科技政策，将从特朗普时代的"一刀切"封锁，转为"小院高墙"的精准打击模式，以确保美国在高科技领域的全球领先地位，这会加速全球价值链向区域价值链转变。因此，亟待构建以我国为主的数字区域价值链，积极推动"一带一路"数字技术创新合作，加强与科技较发达国家和地区数字核心技术的联合攻关和研发，强化数字经济、贸易发展的科技支撑，促进数字要素资源创新集聚和高效配置，增强数字产业链、供应链韧性，打造基于数据链联动、供应链协同、产业链共享的融通发展模式，强化区域乃至数字全球价值链的主导权。

（三）加强自身优势，积极拓展 e–WTP 区域数字贸易平台

在数字"一带一路"框架下推广 e–WTP 合作机制，并逐步拓展至全球数字贸易平台，在互惠共赢的基础上促进世界数字贸易的发展。数字"一带一路"框架下 e–WTP 合作机制的建立可以有效为"一带一路"沿线国家和地区建设数字口岸、监管数据流动、优化数据产品及服务、创新数据应用及数字金融，为世界数字贸易平台提供良好的政策体系和制度安排，将数字"一带一路"打造成为全球重要的数字经济和数字贸易枢纽。

（四）大力推进以我国为主导的"数字流通圈"建设

倡导《"一带一路"数字国际合作倡议》，积极争取更多国家支持我国提出的《全球数据安全倡议》，并将具体倡议作为数字贸易"中国方案"的基本原则，推动相关国家地区就数据安全、数据跨境流动、数字知识产权、数字服务市场准入等开展规则对接。同时，以我国数字大市场为依托，在跨境电商、移动支付、金融科技、数字货币等具有比

较优势的数字服务领域,率先探索构建国际规则,形成数字贸易规则的"中式模板",并通过双多边经贸安排,优先向东南亚、中亚、中东欧、非洲等地区推广。逐步形成由我国主导的"数字流通圈",增强与美欧主导的"数字流通圈"的博弈能力。短期内可先从中日韩三国数据跨境流动突破入手,未来逐步拓展构建"亚太数字市场",力争形成具有共识、互利共赢的制度安排,共同构筑"数字命运共同体"。

(五)共商共建数字"一带一路"规则与治理框架

中国要借助于"一带一路"倡议,提供中国数字产业发展的经验,同时,联合"一带一路"沿线发展中国家,基于缩小"数字鸿沟"、争取数字发展权等共同利益诉求,共同探讨国际数字空间治理规则,凝聚发展中国家利益共识,从而更容易形成彼此认同的数字规则。第一,中国应积极与"一带一路"沿线国家打造数字贸易协同发展机制和国际贸易治理机制,加强数字贸易规则的多边磋商,借助于"一带一路"倡议,推广数字贸易规则"中式模板"并扩大其影响范围。第二,推动开放式诸边协定谈判,把握"求同存异"原则,积极寻求与核心利益相符合的国家及地区,共同建立数字贸易国际规则制定层面的战略联盟。同时,利用APEC、RCEP等已有区域合作平台和RTAs框架,深化数字贸易领域国际合作。鉴于RCEP签约15国之间的数字贸易互补性强,区域数据要素转换成贸易价值潜力大,应加快RCEP数字贸易条款升级。此外,以参与CPTPP为我国数字领域制度型开放契机,加快对接数字贸易高标准规则议题谈判步伐,在FTA中逐步缩小数字贸易负面清单范围。第三,借鉴"数字金砖"理念,达成"一带一路"数字贸易规则,并积极向联合国国际电信联盟、世界互联网大会、亚太经合组织、世界知识产权组织提出发展中国家数字贸易规则议案,争取获得更多的数字经济全球治理权力,推动多边数字贸易规则的探讨。第四,在《中欧全面投资协定》(CAI)框架下,利用我国对欧洲承诺在电信、云服务、计算机服务和金融服务等领域的市场开放,管控中欧数字规则的立场分歧。同时，欧盟在数据保护、道德和负责任的人工智能等方面，可能寻求建立多项国际标准，我国应深化双方在数字技术、数字标准、数字服务市场以及数字基础设施等领域的合作。

（执笔人：张茉楠）

第七章

推动绿色『一带一路』高质量发展

全球气候变化挑战加剧，绿色发展成为各国关注的议题。推动共建"一带一路"向高质量发展转变，就是要把绿色作为底色，以资源节约、环境友好的方式实现可持续发展，保护好我们赖以生存的共同家园。在共建"一带一路"过程中，中国始终注重将绿色发展理念贯穿其中。在努力实现自身绿色发展的同时，中国与"一带一路"共建国家和地区围绕绿色发展开展了领域广泛、内容丰富、形式多样的交流与合作，推动共建绿色"一带一路"取得了积极进展和显著成效。尽管受到新冠疫情等难以预料的冲击，"一带一路"高质量发展的长远趋势依然强劲。绿色丝绸之路目标的提出，为解决全球可持续发展问题提供了新方案。

一、共建绿色"一带一路"取得积极进展

（一）中国的示范引领作用日益凸显

中国在绿色发展方面取得了显著成就，为世界做出了突出贡献。美国航天局卫星数据表明，从 2000 年到 2017 年全球新增的绿化面积中，大约有 1/4 来自中国，贡献比例位居全球首位，其中约 42% 来自植树造林。我国国家林业和草原局的监测数据显示，从 2004 年以来，我国荒漠化和沙化土地面积连续三个监测期均保持缩减态势。中国还是可再生能源的最大投资国、生产国和消费国，世界 1/3 的太阳能发电厂和风力涡轮机都在中国。近年来，中国的生态环境治理走上了标本兼治的

"快车道"。一是积极签署并批准了《巴黎协定》《水俣公约》《基加利修正案》《名古屋议定书》等诸多全球性重要环境协定。二是各项环境指标明显改善。2019 年全国规模以上企业单位工业增加值能耗比 2015 年累计下降超过 15%，全国 PM2.5 浓度呈逐渐下降趋势，中国碳强度较 2005 年降低约 48.1%，中国对外承诺的碳减排 2020 年目标提前完成。三是中国绿色发展成就受到国际社会广泛关注。联合国环境署网站的文章提到"中国绿色发展经验值得借鉴"。世界资源研究所副主席海伦·芒福德认为，中国减排目标在国际社会产生的积极影响，将推动其他国家采取应对气候变化的行动。

（二）绿色发展合作机制逐步完善

当前，全球环境治理体系与合作机制进一步完善，绿色发展成为全球发展议程中的重要趋势与要求。中国始终坚持《巴黎协定》，早在 2016 年 8 月，积极倡导并打造绿色丝绸之路的提法就已经出现在推进"一带一路"建设工作座谈会上。2016 年 12 月，环保部与联合国环境规划署签署了关于建设绿色"一带一路"的谅解备忘录。中国与 30 多个"一带一路"沿线国家签署了生态环境保护的合作协议，建设绿色丝绸之路已成为落实联合国 2030 年可持续发展议程的重要路径。2019 年 4 月，"一带一路"绿色发展国际联盟正式成立，为"一带一路"绿色发展合作打造了政策对话和沟通平台、环境知识和信息平台、绿色技术交流与转让平台，目前已有 133 家中外机构合作伙伴加入，涉及 36 个国家。同时，发布"一带一路"绿色高效制冷、绿色照明、绿色"走出去"三项行动倡议，号召"一带一路"沿线国家将可持续发展理念融入"一带一路"建设各方面和全过程，在技术、产能、标准、人才以及资本等方面广泛开展合作和交流，促进资源节约和利用，积极应对气候变化和联合防御生态环境风险，共同守护地球美丽家园。2019 年 9 月，"一带一路"绿色发展国际联盟和博鳌亚洲论坛联合发布《"一带一路"绿色发展案例研究报告》，积极响应国际社会对可持续发展和气候变化问题的高度重视，相继出台了《关于推进绿色 "一带一路" 建设的指导意见》和《"一带一路" 生态环境保护合作规划》，将生态文明、生态环保、绿色发展作为 "一带一路" 倡议的核心特征[①]，对 "一带一路" 绿色发展目标、内涵、任务和保障等作了详细规定，全面勾画了绿色丝绸之路的建设蓝图。2020 年 9 月 10 日，"一带一路" 绿色发展国际联盟在线召开联盟旗舰报告《"一带一路" 绿色发展报告》与专题伙伴关系工作协调会，通过梳理全球绿色发展合作与创新机制、"一带一路" 绿色发展案例等，为推动绿色 "一带一路" 建设提出政策建议。2020 年 12 月 1 日，绿色发展国际联盟启动 "一带一路" 绿色发展国际研究院，旨在促进实现 "一带一路" 绿色发展国际共识、合作共享和共同行动。2021 年 3 月，联合国通过了环境经济核算系统新框架（System of Environmental – Economic Accounting—Ecosystem Accounting，SEEA EA），该框架超越了自第二次世界大战结束以来在经济上沿用至今的国内生产总值（GDP）体系，将自然的贡献纳入对经济繁荣和人类福祉的衡量中，以期重新制定关于可持续发展的政策。目前已经有超过 34 个国家正在试验性地编制生态系统核算标准，预计会有更多国家实施该系统。新框架的通过将会为 "一带一路" 沿线国家合作提供基础支撑，以期更有效地为共商、共建、共享 "一带一路" 提供有益的借鉴和指导，共享人类命运共同体红利。

（三）绿色发展合作项目有序推进

中国在 2016 年担任 G20 主席国期间，首次把绿色金融议题引入 G20 议程，成立了绿色金融研究小组，发布《G20 绿色金融综合报告》。中国积极实施 "绿色丝路使者计划"，先后为 120 个国家培训环保官员、专家和技术人员 2000 多人次，内容涵盖生态系统评估和管理、绿

---

① 环境保护部. 环境保护部国际合作司负责人就《关于推进绿色 "一带一路" 建设的指导意见》与《"一带一路" 生态环境保护合作规划》有关问题答记者问［EB/OL］. http://www.mee.gov.cn/gkml/sthjbgw/qt/201705/t20170515_414092.htm，2020 – 11 – 01.

色基础设施建设等。编写"一带一路"生态环境标准培训教材。举办澜沧江—湄公河水环境监测能力建设活动、中国—东盟应对气候变化政策与行动研讨等培训活动，共有500多名共建国家的环境官员、专家学者参加活动。相继与相关国家组建了"一带一路"智库合作联盟、丝绸国际智库网络、高校智库联盟等，与国外高校合作设立了"一带一路"研究中心、合作发展学院、联合培训中心等，为共建"一带一路"培养国际化人才。继续实施"绿色澜湄计划"旗舰项目，举办可持续生态系统管理与区域合作等活动，以及"2019澜湄之夜"环境合作主题交流活动。推动中国—柬埔寨环境合作中心建设，推进中非环境合作中心建设，开展"一带一路"绿色供应链相关活动。建成"一带一路"生态环保大数据服务平台，继续完善"一张图"综合数据服务系统。中蒙俄经济走廊生态环保、上海合作组织环保信息共享、中国—东盟环境信息共享、绿色供应链、环保技术国际智汇等5个子平台发展顺利。2020年12月，由生态环境部、中国科学技术协会、深圳市人民政府指导的"一带一路"绿色创新大会暨创新与可持续发展论坛在深圳举办。会议以打造具有国际影响力的绿色创新机制性合作平台为目的，有力地推动了"一带一路"共建国家环保产业和技术对接。绿色"一带一路"建设有望在后疫情时代加速发展，据美国企业公共政策研究所（AEI）发布的数据，2020年上半年，中国在"一带一路"国家能源领域投资仍在持续，总投资额为88.1亿美元，可再生能源占比首次超过化石能源，达58.1%。绿色"一带一路"项目融资情况如表7-1、表7-2所示。

表7-1　亚洲基础设施投资银行提供融资的绿色"一带一路"项目

年份	国别	项目名称	投资金额/百万美元
2018	斯里兰卡	废水管理项目	50
	巴基斯坦	拉合尔废水管理项目	400
	埃及	可持续农村卫生服务计划	300

年份	国别	项目名称	投资金额/ 百万美元
2019	尼泊尔	特尔苏里河上游1期水电项目	90
2019	印度	清洁技术项目	75
	印度	太阳能项目	65
2020	阿曼	太阳能光伏独立发电厂项目	60
	哈萨克斯坦	哈萨克斯坦扎纳塔斯风电项目	34.3

资料来源：亚洲基础设施投资银行，http：//www.aiib.org/index.html。

表7-2　金砖国家新开发银行提供融资的绿色"一带一路"项目

年份	国别	项目名称	投资金额/ 亿美元
2018	中国	广东粤电阳江海上风电项目	2.67
	俄罗斯	石化项目有关的可持续基础设施建设项目	3
2019	中国	广西崇左生态水系修复工程	3
	印度	可再生能源部门发展项目	3
	俄罗斯	可再生能源部门发展项目	3

资料来源：金砖国家新开发银行，http：www.ndb.int/。

（四）绿色发展金融创新稳步推进

2015年，上海证券交易所、德意志交易所集团、中国金融期货交易所共同出资成立中欧国际交易所。2017年6月，上海证券交易所与哈萨克斯坦阿斯塔纳国际金融中心管理局签署合作协议，共同投资建设阿斯塔纳国际交易所。2019年4月，中国工商银行新加坡分行成功发行了首笔等值22亿美元的绿色"一带一路"银行间常态化合作债券，由商业性金融机构主导，由光大集团牵头的"一带一路"绿色投资基金正式落地。中国支持国际和国内商业银行为"一带一路"项目提供融资，并推出绿色融资倡议，以推动金融机构转向支持低碳项目。2020年年末，已有11家中资银行在29个沿线国家设立了80家一级机构，2019年年末，来自23个沿线国家的48家银行在中国设立了7家法人银行、17 家外国银行分行和34 家代表处。截至 2020 年年末，中国先后与22 多个沿线国家建立了双边本币互换安排，与 8 个沿线国家建立了人民币清算机制安排，与 35 个沿线国家的金融监管当局签署了合作文件，人民币国际支付、投资、交易、储备功能稳步提高，人民币跨境支付系统（CIPS）业务范围已覆盖近 40 个沿线国家和地区。2018 年 4 月，中国—国际货币基金组织联合能力建设中心正式启动，2017 年 6 月，"一带一路"财经发展研究中心挂牌成立。2019 年 4 月，由中国金融学会绿色金融专业委员会与伦敦金融城牵头起草的《"一带一路"绿色投资原则》在北京签署，27 家国际大型金融机构参加，将低碳和可持续发展实践纳入重大海外投资倡议项目。这标志着"一带一路"投资绿色化走向新阶段。

（五）绿色贸易环境效益显著

无论是中国政府还是企业，都将"绿色"作为推动"一带一路"建设的底色，始终坚持"绿水青山就是金山银山"的建设理念。从政策方面来看，《关于推进绿色"一带一路"建设的指导意见》将"推进绿色贸易发展"作为绿色"一带一路"建设的主要任务之一，明确提出要研究制定政策措施和相关标准规范，加快绿色产品评价标准的研究与制定，推动绿色产品标准体系构建，促进绿色贸易发展。加强绿色供应链管理，推进绿色生产、绿色采购和绿色消费，加强绿色供应链国际合作与示范，带动产业链上下游采取节能环保措施，以市场手段降低生态环境影响。从实际行动来看，一是专门举办发展中国家环境与贸易投资研修班和发展中国家绿色经济与环境保护官员研修班，对发展中国家开展绿色贸易培训，支持"一带一路"发展中国家提升制定政策的能力。二是举办高层绿色贸易论坛，与"一带一路"沿线国家开展绿色贸易战略性讨论，制定绿色贸易路线图和行动计划。三是建立绿色贸易技术合作中心，加快环保技术孵化与转移。支持地方政府之间的绿色贸易和技术合作。从实际效果来看，中国对"一带一路"各沿线重点国家出口的工业品中包含的水污染物（COD、NH_3-N）和大气污染物（SO_2、NO_x）排放量，都呈下降趋势或增幅小于贸易额增幅，这表明中国的出口已经越来越"绿色"，促进绿色产品贸易已经为"一带一路"沿线国家带来显著的环境效益。

专栏7-1　科伦坡港口城

　　科伦坡港又名科伦坡港人工港，是世界上最大的人工港口之一，也是欧亚、太平洋、印度洋地区的世界航海线的重要中途港口之一。"科伦坡港口城"是斯里兰卡与中国的"一带一路"重点合作项目，计划通过填海造地的方式在首都科伦坡旁建造一座新城。建成后的新城将成为南亚地区集金融、旅游、物流、IT等于一体的高端城市综合体。

　　港口城项目从概念规划到落地实施的全过程，以"安全""节能""生态"的绿色设计理念为指引，结合填海造地项目的特点，将环境评估与工程技术相结合，在工程选址、平面布置、结构选型、施工工艺和设计优化等过程中开展绿色技术创新，达到了节约、经济、保护环境的目的。施工中详细的环境监测证明绿色设计的效果达到了预期，取得了良好的环境效益和社会效应。

二、坚持绿色发展的重要意义

2013 年首次提出"一带一路"倡议时，环境保护议题就被纳入设计中。此后，中国国家主席习近平多次在不同场合提出要共建绿色"一带一路"。2017 年 5 月，在"一带一路"国际合作高峰论坛上，习近平主席明确指出要践行绿色发展新理念，倡导绿色、低碳、循环、可持续的生产生活方式，加强生态环保合作，建设生态文明，共同实现 2030 年可持续发展目标。在"一带一路"建设中努力践行中国生态文明建设"绿水青山就是金山银山"的重要理念，不但丰富了"一带一路"建设的内涵，而且必将助推"一带一路"建设高质量发展。

（一）绿色之路是高质量发展的必然选择

绿色之路是"一带一路"倡议走向高质量发展阶段的必然选择，是中国自身发展理念成功实践的总结，也是奉献给世界的中国方案。2017 年 1 月，习近平主席在联合国日内瓦总部演讲中深刻指出："宇宙只有一个地球，人类共有一个家园。霍金先生提出关于'平行宇宙'的猜想，希望在地球之外找到第二个人类得以安身立命的星球。这个愿望什么时候才能实现还是个未知数。到目前为止，地球是人类唯一赖以生存的家园，珍爱和呵护地球是人类的唯一选择。"党的十八大以来，中国政府高度重视生态文明建设，坚持"绿水青山就是金山银山"的发展理论，不断加大生态环境治理力度，环境状况得到明显改善，为当今既要发展经济又要保护环境的沿线大多数国家避免走"先污染、后治理"老路，提供了有益的启示和借鉴，成为全球生态文明建设的重要参与者、贡献者、引领者。我国首次将碳达峰和碳中和目标纳入"十四五"规划，充分展示了我国重信守诺、积极参与国际治理、为全球应对气候变化作出更大贡献的责任担当。

"生态兴则文明兴，生态衰则文明衰。"生态环境是人类生存和发展的根基，生态环境变化直接影响文明兴衰演替。美国康奈尔大学泰勒·哈兰博士在其《绿色发展还是"洗绿"》一文中提出，绿色"一带一路"是防止全球环境危害的必由之路。在发展的进程中，加强生态文明建设，不但是沿线各国政府的责任，还是企业和人民的责任，中国在汲取自身发展经验和教训的同时，努力将发展的成功经验贡献给世界。绿色的"一带一路"是生态产业的对接，是生态文明的协作，是生态价值的彰显，是中国提供给世界的国际公共产品，绿色成为"一带一路"高质量发展最鲜明的底色。随着全球生态环境挑战日益严峻，良好生态环境成为各国经济社会发展的支撑点和人民生活质量的增长点，绿色发展成为各国共同的关切和追求的目标，也是共创未来"一带一路"建设美好时代的必然选择。

（二）绿色之路是可持续发展的必然要求

绿色丝绸之路建设不仅仅是实现全球可持续发展的必然要求和国际社会的期望，更是中国自身绿色发展理念的海外实践和主动作为，也成为推动"一带一路"建设向高质量发展转变的关键领域之一。我国的高速经济增长曾经付出了巨大的生态环境代价。大气污染（如雾霾）、水体污染、土壤污染、湿地消失、草原退化等一系列生态环境问题严重威胁着我国的可持续发展；而巨大的能源消耗及其带来的碳排放，不但让我国承受着国际压力，也成为大气污染的主要根源。因此，自党的十八大以来，中国高度重视环境与发展的问题，倡导生态文明建设，坚持把节约资源和保护环境作为基本国策，制定了《生态文明体制改革总体方案》。中国的"十三五"规划把"绿色发展"作为新发展理念之一，对推动低碳循环经济、节约和高效利用资源、加大环境治理力度、构筑生态安全屏障等做出了全面部署，并建立了一系列考核制度。在绿色发展理念的指导和相关制度安排下，我国的生态环境质量取得了明显改善。因此，在提出"一带一路"倡议之初，我国政府就非常重视绿色发展理念。《推动共建丝绸之路经济带和21世纪海上丝绸之路的愿景与行动》明确提出，“在投资贸易中突出生态文明理念，加强生态环境、生物多样性和应对气候变化合作，共建绿色丝绸之路”。习近平主席也多次强调，要着力深化环保合作，践行绿色发展理念，加大生态环境保护力度，携手打造“绿色丝绸之路”。《关于推进绿色“一带一路”建设的指导意见》提出要分享中国生态文明和绿色发展理念与实践，提高生态环境保护能力，防范生态环境风险，促进沿线国家和地区共同实现 2030 年可持续发展目标[①]。

（三）绿色之路是全球化发展的必然趋势

人类的生存发展与环境息息相关，良好生态环境成为各国经济社会发展的支撑点和人民生活质量的增长点。没有良好的生态环境，人类的发展将难以为继。随着气候变暖、环境污染问题的越发严重，更多的国家感到粗放式的发展模式不可持续，一场以绿色工业革命和可持续发展为推动力的新浪潮正在全球掀起。世界的发展谁也离不开谁，没有谁可以独立支撑，在人与环境、人类社会发展与生态保护之间，人类需要做出抉择，这不是单个国家、单个文明的事情，而是涉及人类整体生存、繁衍和发展的大事情，唯有携手合作，共同承担全球生态文明建设的责任，共同推动生态环境领域全球治理体系的完善和发展，形成共同的生态文明建设纲领和行动，才能共同面对人类发展的共同课题。党的十九大报告指出：“各国人民同心协力，构建人类命运共同体，建设持久和平、普遍安全、共同繁荣、开放包容、清洁美丽的世界。”坚持绿色发展，构建绿色“一带一路”发展之路，将美丽中国建设融入清洁美丽世界建设，以多边机制参与全球生态文明建设与保护，促进全球共同发展繁荣，是构建人类命运共同体的重要途径。将“一带一路”建设融入全球生态环境保护和可持续发展中，在具体交流、项目运作、工程建

---

① 绿色丝绸之路建设是“一带一路”高质量发展的关键领域［EB/OL］. http://www. ig-snrr. ac. cn/xwzx/xwdt_cmsm/201904/t20190425_5281449. html，2020 – 11 – 03.

设等领域融入绿色理念，分享中国经济发展和环境治理的经验成果，不但彰显了中国的国际道义责任，促进了"一带一路"沿线国家经济增长和环境保护的协调统一，而且顺应了"新全球化"绿色低碳发展的大趋势。

三、建设绿色"一带一路"的主要挑战

尽管绿色"一带一路"在项目建设、生态保护、促进经济发展等方面取得了显著成效，但是由于沿线国家地区情况千差万别、生态基础条件和环境承载潜力十分不均衡、经济社会发展水平差异明显，以及绿色技术创新能力薄弱等影响因素的存在，"一带一路"绿色发展在推进过程中仍面临众多挑战。

（一）生态基础薄弱不均衡导致绿色发展需求多样化

从地表基础条件来看，"一带一路"沿线国家相对于全球平均水平差距较大，主要问题是荒漠化严重，荒漠化率高出世界平均水平50%，全球58.15%的荒漠化土地集中在"一带一路"沿线国家和地区。尤其是西亚和北非等地由于气候、地理原因，荒漠化率更是高达65.2%。从森林资源来看，"一带一路"沿线国家总体相对匮乏，与世界平均水平也存在较大差距，并且森林资源分布不均。俄罗斯的森林面积占"一带一路"地区总森林面积的一半左右，南亚地区森林覆盖率最低。从生态环境系统角度来看，"一带一路"生物多样性水平显著低于世界平均水平，沿线地区国家的生态环境基础条件十分薄弱且非常不均衡。其中，东南亚和蒙俄地区的生态环境较好，具有较强的环境资源承载能力。东欧和西亚北非地区不仅环境基础条件较差，人口规模也较大，因此环境承载压力也较大。此外，由于资源禀赋不同，沿线国家在对待碳排放问题上也会持有不同意见。2016年4月，全球有包括"一带一路"大多数沿线国家在内的超过170个国家签署控制气候变化的《巴黎协

定》，然而中亚五国和中东几大产油国都没有参与这一协定的签订。东盟和南亚部分国家，由于经济发展较快、人口和城市规模快速增长等问题严重加剧了当地的生态环境压力，雾霾锁城和污染排放是以上国家亟须解决的问题。可见，由于各国生态基础条件、资源禀赋、经济发展阶段等因素的不同，亟待解决的环境问题也不相同，导致各国绿色发展需求不尽相同，增加了"一带一路"绿色发展的复杂性。

（二）"一带一路"沿线国家绿色发展能力不均衡

"一带一路"沿线国家在经济发展阶段、产业结构、技术水平、环保标准等方面存在较大差异，部分国家和地区在资源综合利用、生态环境治理等环节面临资金、技术和人才等方面的巨大挑战，绿色发展能力差异化比较严重。总的来看，东南亚、东北亚和中东欧等地区国家在经济增长、创新驱动、资源利用、环境保护、污染治理等方面表现良好，具有较高的绿色发展基础和能力，能够承接和推动跨区域绿色开发发展项目；相比之下，中亚、南亚和非洲等地区国家发展相对落后，技术创新能力较弱、生态环境承载能力有限、环境治理水平比较低下，在绿色发展领域尚需投入一定的资金强化绿色发展基础和能力。"一带一路"沿线国家绿色发展能力的不平衡为建立绿色标准、推动相关项目落地带来了直接挑战。

（三）传统工业化发展模式与绿色发展存在矛盾

"一带一路"沿线多为发展中国家，经济发展水平普遍不高，大多数国家仍处于工业化进程之中，对传统的粗放式经济增长模式具有较强的路径依赖性，发展过程存在典型的高投入、高消耗、高污染和低效益的特征，往往忽视了经济发展质量的提升和可持续发展能力的培养。在实际经济发展过程中，往往会更加重视经济增长的速度和快速实现工业化的需求，相对会忽视生态环境的改善和保障人民群众健康的需求，绿色发展的重要性往往低于传统的粗放式增长模式，传统发展思维往往凌驾于绿色发展理念之上。如在 PM2.5 污染方面，尽管"一带一路"沿线国家整体污染水平相对较低，但根据世界卫生组织（WHO）发布的 PM2.5 标准，能达到或接近安全水平的国家只有 4 个。大部分国家处于过渡期的 1、2 阶段，而处于高污染水平的国家高达 22 个，空气污染形势严峻。在碳排放方面，"一带一路"沿线国家的碳排放增长显著。虽然人均排放量略低于全球平均水平，但"一带一路"沿线国家的平均单位 GDP 碳排放量比全球平均水平高 50% 。此外，由于发展中国家普遍缺乏绿色经济发展的顶层设计，绿色技术创新投入不足、绿色发展激励机制不完善、绿色金融水平发展低下等其他原因的存在，也都会抬高绿色"一带一路"建设的发展成本。

（四）中国企业"一带一路"绿色开发能力不足

目前，我国企业在绿色"一带一路"建设中开展了许多尝试，在绿色技术推广、绿色产业投资、绿色园区开发、绿色城市建设等领域都取得了明显成效（见表 7-3）。但是绿色投资目前仍处在起步发展的初级阶段，企业尤其是众多中小企业对投资目的国绿色发展水平和环境不了解，对其生态环境治理政策和法规、绿色技术推广模式、绿色技术标准、绿色市场需求等现实情况不熟悉，加上企业自身绿色投资和企业国际化经营方面的人才储备数量有限，在开拓绿色"一带一路"市场时会表现出能力不足的现象。此外，由于过去长时期我国粗放式经济增长模式所带来的环境污染和生态破坏的负面影响，一些国家对我国企业绿色研发、绿色生产和绿色运输等方面的能力有所质疑，再加上中国企业在绿色发展、绿色技术和产品等方面的国际宣传力度不够，缺乏有效的信息沟通平台，造成"一带一路"沿线国家对我国近些年绿色发展模式和成果不够了解，绿色市场对接存在严重的信息不对称现象，制约了我国绿色企业、绿色产业、绿色园区、绿色城市和绿色技术等方面的国际投资和国际输出。

表 7-3 中国建设绿色"一带一路"典型项目

中国企业	投资国别	项目名称	项目简介	成效
三峡集团	巴基斯坦	卡洛特水电项目	卡洛特水电站位于巴基斯坦旁遮普省遮普市吉拉姆河，是"中巴经济走廊"优先实施项目，是三峡集团和中国水电行业第一个被写入中巴两国政府联合声明的项目，是"一带一路"首个大型水电投资建设项目，"中巴经济走廊"首个水电投资项目，也是丝路基金成立后投资的"第一单"	建设期间年直接或间接为当地提供 2000 多个就业岗位，投产后每年将为巴提供逾 31 亿千瓦时清洁能源，可有效缓解巴用电难题，大大带动了当地电力配套行业的协调发展和产业升级，有利于巴经济发展和民生改善
中国电建集团	埃塞俄比亚	阿达玛二期风电项目	首个采用中国标准、技术对环境的影响，并采取有效的污染防治措施，在施工期尽可能减少对环境的影响。在未久工程设计中，对于压站进行树木花草的种植，对风机吊装场地进行砌石、种草护坡，美化环境和防止水土流失等措施。高度重视项目所在地利益相关方权益的保护，促进了社区民众生活质量改善与社区可持续发展	每年可提供约 4.76 亿千瓦时电量，解决埃塞俄比亚首都 20% 以上的用电需求，有效弥补其电力缺口，优化电源结构，提升了埃塞俄比亚开发风能资源的技术实力
晶科能源有限公司	马来西亚	槟城太阳能电池片及太阳能组件生产线项目	工厂位于马来西亚槟城，采用全新高效多晶生产线，年产电池片 500 兆瓦和组件 450 兆瓦。工厂设备及流动资金总投资额约为 1 亿美元，于 2015 年 5 月正式建成投产	截至 2017 年年末，晶科能源马来西亚槟城项目电池片和组件产能分别达到 1700 兆瓦和 1300 兆瓦，对马来西亚提升清洁能源发电量占比具有积极作用。该工厂招工人数超过 5000 人，且近 80% 员工为本地招募，有力促进了当地就业

210

续表

中国企业	投资国别	项目名称	项目简介	成效
溢达集团	越南	越南溢达产业园项目	越南溢达设于越南—新加坡工业园区内的制衣厂（Esquel Garment Manufacturing Vietnam, EGV）于 2001 年投产后，不断改善设施，引进创新的技术和设备，减少了水资源和能源的使用，降低了污水排放量	自 2010 年起，溢达越南生产基地在化学品、水资源和能源使用量上，平均减少了 25% 至 50%

资料来源：笔者根据有关资料整理。

（五）发达国家在"一带一路"区域的绿色竞争

发达国家在世界绿色技术领域具有较强的优势和竞争力，一直是引领绿色技术发展的主导力量。同时，工业绿色转型、新能源开发、绿色生态工业园建设等领域也一直是20多年来发达国家重点推进的策略和方向，发达国家在绿色发展方面积累了许多非常宝贵的经验。近年来，随着全球气候变暖和生态环境的日益恶化，发达国家日益重视在绿色发展领域的全球主导权，不但从政策和资金方面向新能源、绿色技术领域倾斜，也通过积极推动国际性碳税机制等方式，向全球推广其技术、标准、产品，主导着全球经济的制高点和掌控着世界经济的主导权。例如，欧盟各国大多数是核能和清洁能源技术的输出国，为实现欧洲在全球能源效率和清洁能源市场方面的主导地位，不断加大对"一带一路"沿线地区国家清洁能源投资力度，并致力于与撒哈拉以南非洲地区建立以生物质能为主的能源伙伴关系，鼓励企业开展绿色投资，创新绿色金融产品，研发推广新能源技术。日本政府相继推出了"高质量基础设施建设伙伴关系"和凸显绿色联通内涵的"环境基础设施海外开发基本战略"。针对东南亚国家快速的城市化和经济增长带来的废弃物处理、环境公害、全球变暖等问题，应加大对东南亚国家的投资力度，将先进绿色技术、知识和制度运用到东南亚国家。由于许多"一带一路"发展中国家过去曾是发达国家的殖民地，发达国家在当地拥有传统影响力，也拥有绿色技术和经验优势，这势必会对我国推动绿色"一带一路"形成激烈的产业碰撞和市场竞争。

四、促进绿色"一带一路"发展的对策建议

（一）贯彻绿色发展理念

一是在鼓励和引导企业参与"一带一路"建设、参与沿线相关国家经济建设时，要用好国内既有的指导细则，如《中国海外企业环境

行为规范指南》《国别投资指南》等，提示企业绿色环保事项。同时，鼓励中资企业在"走出去"时借鉴发达国家跨国公司环保方面的成功经验，将绿色理念贯穿到产品研发设计、生产制造、采购销售和回收处理等全生命过程。二是结合国内逐步完善的生态环境管理制度、生态环境损害赔偿制度及生态补偿机制，探索建立环境评估体系，使政府可以对中资企业在海外的经营活动进行更好的监督和管理。三是针对"一带一路"沿线国家绿色发展意识不足的问题，在多种行业和领域建设一批典型绿色化与工业化兼容、和谐发展的示范项目，充分发挥示范项目的引领作用。通过媒体、国际交流合作，宣传绿色发展理念和中国成功的绿色发展经验。与相关国家打造双边、多边的生态环境合作网络，协同推进跨国界跨区域的大气污染和水污染防治工作，提升绿色发展系统服务功能。

（二）推动构建绿色协调机制

一是推动形成"一带一路"绿色合作制度框架。立足沿线国家多样化、差异化的绿色发展需求与能力，与沿线国家共建绿色低碳领域重点任务和需求清单，设计共建合作机制与平台，促进多层次绿色项目合作。例如，在东南亚和南亚地区，应注重产业发展的低能耗与低污染合作机制与平台设计，大力推动绿色环保技术，对当地传统产业进行智能化改造，合作共建静脉产业园区等。二是以市场为导向逐步建立"一带一路"绿色合作模式。充分发挥市场机制优化资源配置的作用，在推进"一带一路"绿色发展时沿着有利于培养绿色市场的思路设计与实施，明确沿线国家政府部门的责任和权利，保障市场主体拥有良好的营商环境和营商空间，促进基于市场激励的绿色投资和绿色创新。同时，鉴于绿色发展的外部性，在推进绿色"一带一路"的过程中政府应承担必要的绿色基础设施建设和适量的资金支持责任。三是建立专门的绿色技术协调管理机构，为沿线国家间、政府企业间建立绿色技术合作关系提供平台，推动降低绿色技术专利在沿线地区内使用成本。建立沿线国家绿色发展对外援助模式，促进沿线国家在绿色"一带一路"框架下签署对外援助项目，为发展相对滞后的沿线国家提供技术、资金、人才等方面的支持。

（三）提升中小企业参与绿色"一带一路"建设能力

我国中小企业参与建设绿色"一带一路"的能力不足是目前比较突出的一个问题，应充分发挥政策引导、行业协会指导、金融机构支撑等方面的作用，从政策保障、服务指导、金融支持等方面解决我国中小企业在建设绿色"一带一路"中遇到的人才缺乏、资金缺乏、技术缺乏等突出性问题。一方面，应鼓励中小企业提升自身的绿色生产制造技术，积极向跨国公司学习先进的环保经验和国际化经验；另一方面，应通过多种方式对中小企业投资项目进行精准辅导，在政策、人才、资金等方面给予倾斜。此外，应鼓励中小企业创新参与绿色"一带一路"建设的模式，积极参与大型企业主导的项目，或与上下游合作伙伴形成战略联盟抱团出海，共投共建海外绿色项目。最后，政府应构建基于现代信息技术的融合国情、生态环境、风俗民俗、市场需求、法律法规、环保政策、产业发展等方面信息的绿色投资大数据平台，加强对"一带一路"沿线国家投资的信息服务，深度挖掘绿色投资项目的相关数据，为中小企业投资提供系统性解决方案，降低中小企业投资信息收集成本和信息不对称程度，助推优质中小企业"走出去"。

（四）构建创新驱动的绿色产业链

一是应推动沿线国家和地区积极构建绿色供应链协作平台，共同参与绿色供应链标准和规则的制定，在人员流动、商品流动、标准互认等方面加强协商和合作，加快制定绿色供应链产品信息、物流信息、指标体系、数据交换等方面的共性标准，形成"一带一路"绿色供应链共同体和低碳发展命运共同体。二是充分利用全球环境基金、绿色气候基金和清洁发展机制等，结合沿线不同国家的发展现状与特点，按不同国情和绿色发展能力出台支持绿色供应链建设的个性化政策，降低绿色供应链建设成本，解决绿色供应链建设痛点。三是优选"一带一路"沿线基础好、区域代表性强、产业发展辐射力强的若干重要区域和产业，作为实现绿色供应链的关键抓手，如在汽车、电器电子、通信、大型成套装备及机械等行业积极开展绿色供应链试点示范，培育一批"走出去"的绿色供应链创新与应用示范企业，如建立以绿色物流、智慧交通、绿色港口为特色，以高附加值临港经济为载体的绿色临港产业示范区。推介我国绿色发展先进理念、模式和技术，引领、示范、带动绿色供应链发展。

（五）加强绿色金融体系建设

一是创新绿色金融模式，丰富绿色金融产品。借鉴我国绿色投融资体制实践经验，积极推动沿线国家在生态保护、清洁能源、节能环保、资源循环利用等绿色经济领域投融资建设。借鉴并引入"赤道原则"等绿色金融规则，推动企业绿色信用评估和征信体系建设，大力推进绿色信贷，支持沿线国家资质良好的金融机构参与建立绿色发展银行、绿色投资基金开发和创新绿色金融产品，充分利用财税和贸易等政策工具促进绿色产品沿线地区流通，大力发展绿色供应链金融，为企业"一带一路"绿色投资提供更多的融资选择工具。二是充分发挥国际金融机构绿色投资作用。推动亚洲基础设施投资银行、丝路基金、金砖国家新开发银行等建立绿色专项资金，全方位支持"一带一路"沿线国家生态环境友好型技术、产品和产业发展，为绿色"一带一路"建设提供充分的资金支持。三是建立绿色金融资产交易中心，为各类绿色金融资产提供债权投资交易平台，债券发行与交易服务平台，排放权（排污权）期货、期权等衍生品交易以及绿色金融资产超市等服务，打造规范化、专业化、标准化的服务"丝绸之路经济带"的绿色金融资产和绿色金融产品的交易平台。

（六）大力发展绿色贸易

一是与"一带一路"沿线国家共同协商绿色贸易发展战略。搭建绿色贸易发展协商平台，通过举办高层绿色贸易论坛开展对绿色贸易战略、绿色贸易路线图和行动计划的讨论，联合开展绿色贸易投资研究。二是与沿线国家共同建立绿色贸易规则，探索发展中国家绿色贸易的环境规则范式，降低环境产品关税和非关税贸易壁垒，防范和化解贸易与投资中的环境风险。三是共享绿色贸易发展经验。加强国内与绿色贸易有关的标准和法规建设，促进企业生产模式向绿色生产发展，加强对环保可持续领域的科技创新。充分利用国际性绿色贸易会议和论坛，向"一带一路"国家讲述和分享我国在发展过程中的生态环境治理经验和绿色贸易故事①。

（执笔人：夏友仁）

参考文献

［1］郭建伟. 以绿色金融促进绿色丝绸之路建设［J］. 清华金融评论,2017(10):40－42.

［2］推进"一带一路"建设工作领导小组办公室. 共建"一带一路"倡议进展、贡献与展望［M］. 北京:外文出版社,2019.

［3］蓝艳. 中国与"一带一路"沿线国家贸易结构及对国内环境的影响分析［J］. 环境科学研究,2020(7):1－13.

［4］王维. 建设绿色"一带一路"［J］. 中国发展观察,2019(8):22－23.

［5］蓝庆新. 绿色"一带一路"建设现状、问题及对策［J］. 国际贸易,2020(3):90－96.

［6］许勤华,王际杰. 推进绿色"一带一路"建设的现实需求与实现

---

① 以绿色贸易为抓手推进"一带一路"建设［EB/OL］. http://www.qstheory.cn/zoology/2017－05/16/c_1120980641.htm,2020－11－09.

路径[J]. 教学与研究,2020(5):43-50.

[7] 李师源."一带一路"沿线国家绿色发展能力研究[J]. 福建师范大学学报(哲学社会科学版),2019(2):24-34.

[8] 田颖聪."一带一路"沿线国家生态环境保护[J]. 经济研究参考,2017(15):104-120.

[9] 杨达,熊雪晖. 日本对东南亚的"绿色联通"战略:图景擘画、手段组合与案例透视[J]. 南洋问题研究,2020(3):12-23.

[10] 董锁成,李泽红."一带一路"绿色发展模式与对策[J]. 公关世界,2018(6):86-89.

[11] 柴麒敏."一带一路"绿色供应链建设的重难点[J]. 中华环境,2018(7):41-43.

第八章

推动健康『一带一路』高质量发展

健康是促进人的全面发展的必然要求，是经济社会发展的基础条件，实现健康长寿是全球各国人民的共同愿望。"一带一路"是民心工程，也是民生工程，健康是民生关注的重要领域，因此，共建"健康丝绸之路"是推动"一带一路"高质量发展的重要体现。随着"健康丝绸之路"（简称健康"一带一路"）倡议的提出，中国逐渐成为全球卫生治理公共产品的重要提供者和相关理念、机制的倡导者。新冠疫情的暴发深刻警醒世人全球公共卫生治理的重要性和紧迫性。中国率先成功遏制疫情扩散，而且通过双边和多边等多种形式，通过医疗队、物资和疫苗等方面的援助和支持，帮助世界各国共渡难关。此次疫情使得中国健康"一带一路"所倡导的国际卫生合作的战略意义进一步彰显。本章将提炼建设健康"一带一路"的重要意义和成效，研判推动健康"一带一路"倡议所面临的挑战，梳理健康"一带一路"倡议的重要合作领域，探讨推进健康"一带一路"建设可行的路径选择，推动完善全球公共卫生治理，提升卫生健康水平，共商共建共享，为生命护航。

一、共建健康"一带一路"的重要意义

（一）是"一带一路"国家携手有效战胜全球疫情的必然选择

　　携手打造健康"一带一路"，着力深化医疗卫生合作，加强在传染病疫情通报、疾病防控、医疗救援、传统医药等领域互利合作，在人类面对严峻全球公共卫生危机的当下，具有重要意义。人类社会不仅面临

治理赤字、信任赤字、和平赤字、发展赤字，也始终面临健康赤字和安全赤字。自 20 世纪 70 年代始，新传染病以每年新增一种或多种的速度出现。2007 年 8 月，世界卫生组织发布的《构建安全未来：21 世纪全球公共卫生安全》报告警告：全球正处在史上疾病传播速度最快、范围最广的时期。随着经济全球化以及交通和物流的快速发展，世界变成了"地球村"，流行病跨越国界传播越发迅速，新病原体的出现速度也超过了过去任何一个时期。西非埃博拉出血热、中东呼吸综合征、寨卡病毒、新冠疫情等新发和再发传染病的肆虐，已成为各国所面临的潜在重大公共安全问题。疫情迅速扩散是全球化时代人员跨境流动和病毒具有较长潜伏期、存在大量无症状感染者的结果。为防控传染病，全球经济按下"暂停键"，新冠疫情冲击了人类健康、经济增长、社会发展、国家安全和国际关系等多个方面，已不再是一个国家的事情，成为全球面临的综合性挑战。抗击新冠疫情的实践表明，筑墙于事无补，独善其身是不可能的，各国唯有团结协作，着眼长远，提升全球公共卫生治理水平，才可能在与病毒的战斗中赢得先机。

（二）是"一带一路"高质量发展的重要组成部分

2020 年 6 月 18 日，在"一带一路"国际合作高级别视频会议上，结合当下疫情形势，习近平主席寄予了"一带一路"倡议新期待："我们愿同合作伙伴一道，把'一带一路'打造成团结应对挑战的合作之路、维护人民健康安全的健康之路、促进经济社会恢复的复苏之路、释放发展潜力的增长之路。通过高质量共建'一带一路'，携手推动构建人类命运共同体。"2015 年，原国家卫计委发布了《关于推进"一带一路"卫生交流合作三年实施方案（2015—2017）》。2017 年，习近平主席在日内瓦访问世界卫生组织时提出，中国欢迎世界卫生组织积极参与"一带一路"建设，共建"健康丝绸之路"。世界卫生组织赞赏中国在全球卫生安全和卫生治理领域的领导能力，愿加强同中方在"一带一路"框架下合作。中国同世卫组织签署《中华人民共和国政府和世界卫生组织关于

"一带一路"卫生领域合作的谅解备忘录》，促进与"一带一路"沿线
国家等重点合作伙伴开展合作，携手打造"健康丝绸之路"。2017 年 8
月，30 多个国家的卫生部长和相关国际组织领导人齐聚北京，达成
《"一带一路"卫生合作暨健康"一带一路"北京公报》，该公报描绘
了更为清晰、详细的共建健康"一带一路"的路线图（见表 8-1）。各
界就此所做的努力已经取得初步成果，但在疫情暴发之前，公共卫生领
域合作的标志性项目、品牌项目较少。"一带一路"国家多为发展中国
家，公共卫生问题普遍突出，大多缺少基本公共卫生设施和服务，传染
性疾病可能会摧毁其整个卫生系统，导致更高的死亡率和更严重的经济
萧条。新冠疫情暴发后，公共卫生领域合作的重要性更加凸显，未来健
康"一带一路"将成为共建"一带一路"的关键领域和基础性工作，
公共卫生合作将成为共建健康"一带一路"的新着力点。

表 8-1　健康"一带一路"倡议合作进程

时间	合作机制	主要内容
2015 年	《关于推进"一带一路"卫生交流合作三年实施方案（2015—2017）》	统筹规划、整合资源，加强与"一带一路"沿线国家卫生领域高层互访，推动与"一带一路"沿线国家特别是周边国家签署卫生合作协议。举办"丝绸之路卫生合作论坛""中国—中东欧国家卫生部长论坛""中阿卫生合作论坛"和"中国—东盟卫生合作论坛"等交流活动
2017 年 1 月	《中华人民共和国政府和世界卫生组织关于"一带一路"卫生领域合作的谅解备忘录》	促进与"一带一路"沿线国家等重点合作伙伴在国家、区域及全球层面开展务实合作，促进我国及沿线国家卫生事业发展，携手打造"健康丝绸之路"
2017 年 5 月	《中华人民共和国政府与世界卫生组织关于"一带一路"卫生领域合作的执行计划》	形成以多双边为基础，服务六大经济走廊和沿线支点国家的卫生合作战略布局。建立政府主导、上下联动、多方参与的合作机制。以早期收获为抓手，发挥示范效应，增强沿线民众获得感

时间	合作机制	主要内容
2017 年 8 月	《"一带一路"卫生合作暨健康"一带一路"北京公报》	以"共筑健康'一带一路',同享健康发展"为主题,提出协作机制和愿景,鼓励政府、国际和区域组织、私营部门、民间社会和广大民众一起参加,树立稳固友好联系,增进相互理解与信赖
2020 年	"一带一路"国际合作高级别视频会议	把"一带一路"打造成团结应对挑战的合作之路、维护人民健康安全的健康之路

（三）是提升"一带一路"沿线国家人民健康水平的重要途径

健康是发展的核心,是发展的先决条件和结果,是衡量可持续发展的有效指标,发展和保持"一带一路"相关国家卫生体系活力、推动"一带一路"卫生及健康领域的合作,不仅有利于增进人民健康,还将为推动经济发展做出贡献。经济全球化、社会城市化、人口老龄化使健康威胁不断增加,世界各国疾病负担不断加重。2020 年 10 月 17 日,《柳叶刀》杂志发布了《2019 全球疾病负担研究专题报告》(*Global Burden of Disease Study* 2019, GBD)。数据显示,自 1990 年起,非传染性疾病、伤害和传染病受到广泛关注,由非传染性疾病和伤害所致疾病负担比例从 1990 年占全部负担的 21%,提高到 2019 年占全部负担的 34%。1990—2019 年,导致全球疾病负担增加的 10 个主要疾病包括:缺血性心脏病、糖尿病、卒中、慢性肾脏病、肺癌、年龄相关性听力损失、HIV/AIDS、其他肌肉骨骼疾病、腰背痛、抑郁症（见表 8 - 2）。全球经济的不确定性对于实现全民健康影响巨大,加强卫生体系建设之路任重道远。妇幼健康是家庭和谐、社会持续发展的重要因素,加强合作提升"一带一路"各国妇幼健康水平,对于促进社会持续发展具有重要意义。优先在卫生健康事业和产业发展、卫生工作者培训和卫生健康设施建设方面加强合作和增加投资,对于减少贫穷、刺激经济发展和促进全球安全有深远意义。

表 8 – 2 1990—2019 年导致全球负担增加的疾病和死亡风险因素

排名	疾病和风险
导致全球疾病负担增加的 10 个主要疾病	缺血性心脏病、糖尿病、卒中、慢性肾脏病、肺癌、年龄相关性听力损失、HIV/AIDS、其他肌肉骨骼疾病、腰背痛、抑郁症
女性死亡风险因素前五位	高收缩压（525 万）、饮食风险因素（348 万）、高空腹血糖（309 万）、空气污染（292 万）、高 BMI（254 万）
男性死亡风险因素前五位	烟草（656 万）、高收缩压（560 万）、饮食风险因素（447 万）、空气污染（375 万）、高空腹血糖（314 万）

资料来源：*Global Burden of Disease Study* 2019，GBD.

（四）是促进"一带一路"国家文明互鉴和健康产业高质量合作的必然选择

传统医药在"一带一路"相关国家有着悠久的应用历史，是优秀传统文化的重要载体，是各国卫生保健的重要组成部分，在促进文明互鉴、维护人民健康等方面发挥着重要作用。中医药及其他传统医药为保障世界人民健康做出了巨大贡献，具有独特的优势。充分挖掘和发展中医药和其他传统医药，相互学习和借鉴对于人类战胜疾病、保障健康具有重要意义。开展全方位、多层次、高水平的医药科技研发对于促进医学科研创新和成果转化具有重要促进作用。人类同疾病较量最有力的武器就是科学技术，人类战胜大灾大疫离不开科学发展和技术创新。面对新冠疫情在全球扩散蔓延的严峻形势，各国必须共同努力，充分发挥科技的渗透性、扩散性特征，在人类面临公共卫生重大挑战的关键时刻，向科技创新要答案、要方法，这是国际社会最终战胜疫情的根本之道。加强全球公共卫生领域科技创新合作是构建人类命运共同体的重要内容。加强医药科技研发和健康产业合作，有助于满足民众多层次、多样化的健康服务需求，提升全民健康素质。

二、共建健康"一带一路"取得的成效

（一）各国携手应对新冠疫情危机

健康"一带一路"倡议是中国在公共卫生治理能力发展到一定阶段的重大创新之举，面对日益复杂的全球公共卫生风险，健康"一带一路"正成为中国为深化全球卫生合作提供的重要公共产品。随着抗疫取得显著成效，中国积极向沿线国家提供大量医疗物资和多种形式的卫生援助，连续发布9版诊疗方案、9版防控方案，并翻译成多种语言同沿线各国分享交流。与欧盟、东盟、非盟、上合组织等国际组织和受疫情影响的国家举行专家视频会议，向中东、欧洲、东南亚、非洲等国家派遣医疗专家团队协助抗疫。同世界各国共享新冠病毒基因组信息，搭建数据和科研成果共享平台，坚定支持世卫组织就加速新冠肺炎疫苗和药物研发、生产和公平分配发出的全球合作倡议。大力推进构筑全球"免疫屏障"，截至2022年4月，中国已累计向120多个国家和组织提供了22亿剂新冠疫苗。正向非洲国家追加提供10亿剂疫苗，向东盟国家提供1.5亿剂疫苗，向中亚国家无偿提供500万剂疫苗。

（二）持续加强国际卫生交流合作

近年来，中国卫生部门已经与大多数健康"一带一路"沿线国家及国际组织建立了多层级、跨部门、多议题的卫生交流与合作机制，涉及医学人才培养、医药研发、全球卫生安全、卫生制度、信息共享等多个方面。迄今中国已与100多个"一带一路"沿线国家或地区签署了双边和多边卫生合作协议，共同发起和参与10余个国际（区域）卫生合作机制，初步形成了全方位、跨领域的"一带一路"卫生合作战略布局。比如，中国—阿拉伯国家卫生合作、中国—东盟卫生合作、中国新疆与中亚诸国卫生合作、上合组织成员国卫生领域合作等机制，强调在传染性和非传染性疾病防控、应对卫生领域突发事件、远程医疗、促

进医疗人员和机构交流等方面开展合作。中国在许多沿线国家投资当地医疗卫生企业，设立医疗卫生相关培训学校，建设妇幼医院等相关基础设施。

（三）推动全球卫生治理方案创新

随着深度融入国际社会及综合国力的稳步提升，中国积极创新公共产品提供方式，增强卫生公共产品供给的能力，提升中国在全球卫生治理体系中的地位。例如，中国明确提出建立"一带一路"卫生政策研究网络、公共卫生合作网络、医院联盟和健康产业可持续发展联盟，对"一带一路"沿线国家实施妇幼健康工程以及加强卫生人力资源互动等规划。不断探索中非卫生合作新形式，如深化对口医院示范合作，加强人才培养和技术交流，支持非洲疾控中心建设，帮助非洲国家建立符合国情和发展水平的公共卫生体系，搭建国家远程医疗体系的资源平台。"澜湄合作"机制与健康"一带一路"倡议的对接催生了新的区域卫生治理模式，将公共卫生和初级卫生保健服务相结合，开展适应当地文化的健康教育，形成了以"民办官助"为特征的多元化卫生治理方式。

三、共建健康"一带一路"面临的挑战

经过持续努力，健康"一带一路"从倡议发起到政策落地已经取得了一系列阶段性的成果，为沿线国家带来的政策红利逐渐显现。但随着其在广度和深度方面的不断延伸和拓展，健康"一带一路"建设也面临日益增多的严峻挑战。

（一）各国国情各异增加了建立公共卫生防线的难度

"一带一路"沿线各国经济社会发展水平不一，国家治理能力参差不齐，导致各国的公共卫生意识和对流行病的防控水平存在着巨大的差异。许多国家由于经济发展相对落后，对公共卫生安全和公众健康的重视度明显不足，缺乏足够的资金、技术与人力储备等方面的资源，无力

建立和维持完善的公共卫生防控体系。沿线各国在卫生安全政策、卫生治理理念与能力、医疗资源投入、公共卫生法规和标准等方面存在显著差异，导致在缺乏外部卫生资源注入和能力建设援助的情况下，很难形成均质化、一体化的公共卫生防线。传染性疫情的特征决定了一旦在防线的任何一个薄弱环节出现漏洞，都可能演变成难以遏阻的公共卫生危机。在此次新冠疫情面前，沿线部分国家暴露出卫生资源、医疗技术和治理能力的严重赤字，衍生为更大范围的经济和社会危机。例如，中亚地区医疗系统和灾害应急机制长期处于落后状态，难以对新冠疫情进行有效防控。在疫情冲击下，数百万中亚劳工移民被迫从俄罗斯等地回流，使十分匮乏的卫生资源更加紧张。为控制疫情采取的紧急管制措施导致大量企业停产、贸易链中断和边境关闭，致使中亚部分国家陷入出口萎缩、经济瘫痪和社会危机进发的连锁反应状态，更加难以有效遏制疫情的蔓延。在叙利亚、也门、黎巴嫩、土耳其等国，难民问题、武装冲突与疫情扩散交织在一起，这些因素的叠加效应令中东地区原本脆弱的公共卫生体系不堪重负。习近平主席在第73届世界卫生大会开幕式上强调，发展中国家特别是非洲国家公共卫生体系薄弱，帮助它们筑牢防线是国际抗疫斗争的重中之重，应向其提供更多物资、技术、人力支持，建立全球和地区防疫物资储备中心，进一步完善公共卫生安全治理体系。在推动健康"一带一路"进程中，重要挑战是从战略高度强化对公共卫生问题的危机意识，确保卫生资源的投入，建立起尽可能完整且均质化的区域乃至全球公共卫生治理防线，否则势必将严重削弱共建健康"一带一路"公共卫生体系的集体努力和成效。

（二）公共卫生危机的爆发削弱了集体行动力

在新冠疫情流行的残酷现实面前，全球许多国家出于本能加高了国家的藩篱，使国家间开展务实合作和采取集体行动的意愿和能力均遭受重创。即便是在欧盟内部，也频频出现单方面封闭边境和争抢抗疫物资、拒绝向疫情严重的国家提供必要援助，甚至截留他国过境卫生防疫物资等诸多乱象。部分国家在危机期间"各扫门前雪"的行为，导致全球层面的疫情应对呈现出各自为战、以邻为壑的"趋向无政府状态"和"分裂的地缘政治色彩"。WHO 和许多双多边治理机制遭遇严重挑战，令既有的全球和地区层面卫生合作机制无法发挥应有的指导和统筹作用。此次新冠疫情的大流行使得全球卫生治理政治化和碎片化的痼疾凸显，妨害了全球卫生公共产品的供给，对发展中国家的影响更为直接。例如，人口超过 13 亿的非洲占全球人口的 17%，但卫生支出却不足全球的 2%，人均健康支出仅 12 美元，医疗资源供给极度匮乏，非洲也因此被普遍视为全球疫情防控战的"短板"和关键战场。而全球卫生治理机制的低效、国际卫生合作的缺位，以及随之而来的卫生资源国际转移和配置功能弱化，对非洲本就孱弱的公共卫生治理能力造成了进一步的沉重打击。

（三）尚未形成稳定、成熟、长效的卫生治理机制

完善的机制建设有助于提高健康"一带一路"建设的透明度、参与度、效率与合法性，构建一套能够为各方所普遍接受并能有效运作的多边卫生合作机制，是健康"一带一路"可持续发展的重要基础。在全球卫生治理领域，制度、机制和信息的碎片化现象长期存在，参与者的目标和能力相差悬殊，彼此之间缺乏有力的国际协调机制，严重制约了全球卫生治理的成效，亟须形成一体化与网络化的全球"卫生治理基本框架"。应确保健康"一带一路"与 WHO 主导的全球卫生治理机制，以及其他区域或双边卫生合作机制间的兼容互补。共建健康"一带一路"的行为主体非常多元，涵盖了发展程度各异的民族国家、政府与非政府国际组织、公司企业、教育与科研机构、社会团体、个人等诸多层级的行为主体。将为数众多且能力、意愿和利益各异的行为主体纳入一个协调统一的多边卫生治理框架之内，需要机制上的探索和创新，需要各国卫生健康政策和规则上的对接。

（四）健康"一带一路"推进受到多重干扰

面对中国的迅速崛起，以美国为首的西方国家将打压和遏制中国影响力的提升作为其重要的战略目标，这在一定程度上对健康"一带一路"建设产生了严重的负面影响。对于中国提出的"一带一路"倡议，部分国家出于政治目的和意识形态偏见，频频对中国进行抹黑和诋毁，包括攻击中国力图谋求"掠夺性"商业利益、输出政治模式以及谋求地缘政治主导权等。即便是致力于公共健康的健康"一带一路"倡议，为了应对新冠疫情，中国为沿线国家所提供的支持和援助，也被别有用心地解读为"拓展地缘战略影响力"的政策杠杆。在这些言论的蛊惑和干扰下，部分沿线国家也随之出现跟风盲从、左右摇摆的迹象，对健康"一带一路"倡议的质疑之声亦不鲜见。由此可见，新冠疫情的暴发不仅对健康"一带一路"应对跨国公共卫生危机的效能提出了考验，也暴露出在共建健康"一带一路"过程中所存在的分歧和内在的脆弱性。

四、健康"一带一路"的推进战略和策略

（一）通过国际多边机制携手共建全球公共卫生治理体系

与"一带一路"国家开展国际多边合作，与国际组织、联合国机构、国际公约组织、国际规约组织建立卫生健康领域的合作对话交流机制，增进互动协作，倡导实现公共卫生防控和健康促进可持续发展。倡导"一带一路"相关国家加强与世界卫生组织、联合国艾滋病规划署等国际组织的沟通与协调，支持和维护世界卫生组织在全球卫生治理中发挥重要作用，支持其改革进程。中国将继续支持世界卫生组织、联合国艾滋病规划署、全球基金、全球疫苗免疫联盟等国际组织在相关领域开展工作。支持以世界卫生组织为代表的国际卫生治理多边机制发挥核心作用，WHO 是联合国框架下最重要的全球卫生治理机构，肩负着领导和协调应对跨国突发公共卫生危机的使命。中国始终坚定支持 WHO

在国际卫生治理体系中的核心地位，打造统一高效的、与国际机构合作顺畅的平台和团队，构建覆盖国际突发公共卫生事件评估、预警、处置、救援等全流程的制度体系。建立新型融资投资机制，推动国际机构援助资金贷款投入传染病防治以及医院改造等项目，同时大力开展联合应急演练和宣传培训。推动卫生应急学科体系的国际化发展，建立"全球卫生能力"专家队伍，培养"国际公共卫生保障"专业人才，解决"一带一路"沿线国家专业人员不足以及区域间配置不均衡等问题。最后，组建"全球公共卫生人才库"，鼓励各国向世界卫生组织等相关国际组织派遣工作人员，并积极参与国际组织的管理、监督、执行、评估等工作。

（二）构建 21 世纪跨国界开放的新型公共卫生安全体系

长期以来，通过医疗物资援助、卫生设施援建、医护人员代培、卫生疫情联防等方式，我国加强了与"一带一路"沿线国家的团结与合作，受到当地人民的热烈欢迎，也为世界卫生进步做出了卓越贡献。共建健康"一带一路"应主要倡导在全周期疾病防控、疫情救治和妇幼保健、疫情应急物资保障、卫生人才互动和培养、公共卫生基础设施建设等重点领域开展合作。

1. 共建全周期疾病防控体系

首先，可以对现有的国际（区域）卫生合作机制进行拓展，升级改造突发性传染病报告机制和通报系统。强化沿线国家监测预警能力和信息共享合作，改进不明原因疾病和异常健康事件监测机制。其次，可以依托大数据、人工智能等技术，精准分析突发公共卫生事件的特点，完善疫情"监测—预警—响应"的协同运行机制。提高评估监测敏感性和准确性，建立智慧化预警多点触发机制。最后，可以建立跨区域的应急检测和数据监测联合工作平台，通过对疫情区域、就诊信息的科学鉴别进行及时处置。健全网络直报、舆情监测、医疗卫生人员报告、科研发现报告等多渠道疫情监测和快速反应体系，提高重大公共卫生风险发现、报告、预警、响应和处置能力。

2. 共建疫情救治和妇幼保健合作体系

重大疫情救治能力提升的合作。通过合作提升疫情救治能力，统筹应急状态下医疗卫生机构动员响应、区域联动、人员调集，建立健全分级、分层、分流的重大疫情救治机制，加强国家医学中心、区域医疗中心等基地建设，打造重大疫情救治队伍，通过合作机制配置沿线国家的救治资源，提高医疗保障能力，提升基层医疗卫生机构筛查、防控和救治能力。加强防控经验交流合作，本着公开、透明、负责任的态度，毫无保留地分享疫情防控和救治经验，尽己所能为有需要的国家提供大量支持和帮助，切实推进健康丝绸之路建设。

妇幼保健领域的合作。部分发展中国家妇幼保健问题突出，比如非洲人口占世界人口的12%，但孕妇死亡人数占全球的50%，5岁以下婴幼儿死亡人数占全球的49%，生殖健康和妇幼健康领域的合作成为健康"一带一路"的主要领域。一是建立常态化交流合作机制。通过技术交流、项目实施、经验共享、能力建设等多种形式开展合作，特别是在青少年性与生殖健康、家庭健康促进、妇幼保健、健康老龄化等领域进行深层次交流。二是整合资源。聚焦威胁百姓健康和生命的最突出问题，特别是加大青少年艾滋病感染、孕产妇和婴幼儿死亡等方面的干预力度和资源投入。三是突出非政府组织合作优势，贴近民生需求，深入基层社区，打造民心相通的合作品牌。推广儿科及妇产科适宜技术，提升相关国家妇幼健康与救治服务能力，增进其妇女儿童健康水平。

3. 共建疫情应急物资保障合作体系

开展加强应急物资供给和保持物流畅通的合作，"一带一路"的许多基础设施、民生项目、卫生健康项目都为抗疫发挥了重要作用。例如，2018年12月，比利时政府与阿里巴巴集团签署协议，成为欧洲首个世界电子贸易平台（eWTP）共建国。疫情期间，为了更好地运输抗疫物资，阿里巴巴旗下的菜鸟网络将杭州至比利时列日机场的包机频次提高至每周五班。世界电子贸易平台列日枢纽不仅是欧洲的救援中心，更成为跨境贸易复苏的主动脉，往来于列日机场与中国之间的货运量同比增长7%。"一带一路"沿线国家应按照集中管理、统一调拨、平时服务与灾时应急、采储结合、节约高效的要求，围绕打造国际医疗防治、物资储备、产能动员"三位一体"的物资保障体系，完善应急物资储备品种、规模和结构，创新储备方式，优化产能保障和区域布局，健全公共卫生应急物资保障工作机制，使重要应急物资在关键时刻调得出、用得上。

4. 共建卫生人才互动和培养合作体系

重视开展人员交流，通过开展互派卫生和医学专家、举办各类卫生专业技术培训班和研修班，加强经验交流和人才培训工作。加强"一带一路"国家间医学院校、医疗机构、研究院（所）及相关机构之间的紧密交流与合作。开展卫生体系建设、卫生管理、医院管理、护理管理、临床医学、传染病和慢性病防控、医学研究、健康养老、健康产业等方面的人才培养和交流项目，推动"一带一路"国家在卫生安全、卫生发展和卫生创新人才培养等方面的合作。围绕维护卫生安全、促进卫生发展和推动卫生专业技术人员和管理人员开拓视野、互学互鉴、凝聚共识，提升沿线国家的医疗卫生服务能力和医疗服务机构管理水平，推动沿线国家医学人才培养、医学教育改革和医疗卫生服务水平提高。与沿线国家的医药卫生机构建立常态化卫生健康人才培养与交流机制，开展卫生健康人才培养和医学人文交流活动、技术创新及成果转化方面的合作，多方动员政府和社会资源，开展务实合作。

5. 共建公共卫生基础设施建设合作体系

疫情之后，各国在公共卫生领域的合作需求会大幅上升，应在健康"丝绸之路"框架下，加大公共卫生基础设施建设力度，切实完善惠及全人类、高效可持续的全球公共卫生体系。为此，需要在更广泛的领域开展共建共享，从源头上拓展区域公共产品的生产，实现供给结构的优化增量。在物质层面，鼓励各方积极参与沿线国家卫生健康基础设施建设，加强重大传染病救治基础设施建设，加大对传染病医院和综合医院传染病房、病床的投入，提升实验室能力，指导发热门诊规范化建设，预留足够扩容改造空间。其中，卫生能力较为脆弱的低收入发展中国家是重点对象，它们在某种意义上是构建区域卫生健康共同体的短板。为此需开拓更为多元便捷的融资渠道，除沿线国家现有融资机制外，还可加强与世界银行、亚投行、亚洲开发银行、金砖国家新开发银行等多边金融机构的合作，鼓励私人资本参与，共同构建区域卫生安全长效融资机制。

6. 共建公共卫生政策研究合作体系

构建"一带一路"卫生健康共同体，在某种意义上需要各国贯通国内卫生治理与国际卫生治理，通过加强卫生政策对话与协调，彼此制定目标相通的政策，在更高水平上实现政策沟通。沿线各国在促进全民健康覆盖和可持续发展方面存在政策交集，具备在可持续发展范式下开展卫生治理合作的内生动力。在联合国《2030年可持续发展议程》所列的17个目标中，第3项提出到2030年达到消除艾滋病毒、结核病、疟疾和被忽视的热带疾病等流行病，防治肝炎、水传播疾病和其他传染病的基本目标。这对于"一带一路"沿线国家来说存在着很大的合作空间，如相关疫苗研制、药物和检测试剂研发、区域联控联防等。因此，需要开展各国卫生医疗政策研究合作，实现医疗服务规则、药品和医疗器械准入等制度的衔接。

（三）深入挖掘和共享"一带一路"沿线国家的健康资源

通过共建健康丝绸之路，充分挖掘发展中国家的传统医学资源宝库，同时共享发达国家先进的现代医疗技术，架起发展中国家和发达国家卫生健康领域沟通的桥梁。

1. 加强"一带一路"沿线国家传统医药学领域的交流和合作

"一带一路"国家中有很多属于本民族的传统医学，各国的医学应该通过相互交流合作，共同为人类的健康保驾护航。中国的中医学、印度的阿育吠陀医学和阿拉伯医学并称世界三大传统医学，相互可以学习借鉴。中西医分工协作的医疗模式可以让发展中国家以负担得起的价格保障国民健康状况。在"一带一路"合作倡议下，中医药的传播需要通过多渠道、多层面的双边或者多边交流与合作，将我国"尊重生命、济世救人、医乃仁术"的行医宗旨传递好，应用中医思维、中医理论指导临床实践，不断提升中医药在国际上的影响力，让中医在世界范围内得以更好的应用，发挥医药在疾病预防和疾病治疗当中的特殊功效，为人类健康事业发挥其应有的作用。

印度阿育吠陀医学不仅是一门医学，还代表着一种健康的生活方式。根据阿育吠陀的观点，人类应该和自然界和谐共存，而疾病的产生是由于这种和谐被打破了。通过利用自然界及其产物恢复这种基本平衡是阿育吠陀医学的主要目的。这种观念不仅贯穿于治疗病痛的过程，而且贯穿于疾病预防的过程。阿育吠陀医学的诊治更倾向于人的特性而非疾病的特性。在做出诊断之前，病人的年龄、居住环境、社会及文化背景及体质都是要考虑的因素。诊断的主要手段包括触摸、检查和交谈，并利用草药去盈补亏。基本作用是激发专门器官的功能。因此，阿育吠陀医学的目标是通过调节饮食而化解健康问题，同时不会产生副作用。阿拉伯医学产生于 8 世纪，是在继承了古希腊、古罗马医学的哲学原理和医学理论，并融合了地中海周边地区诸民族及波斯、印度医学的基础上，于公元 10 世纪形成的，传入中国后，对中国传统医学产生了积极影响。支持世界卫生组织于 2013 年发布的《2014—2023 年传统医学战略》以及第 62 届和 67 届世界卫生大会关于传统医学的决议，深化"一带一路"国家政府部门及民间机构间传统医学的交流合作，根据各国有关传统医药的法律法规，促进药品准入政策衔接，以及传统医学知识技术、药品研发和医疗人员交流。建立疫情防控救治重大急救药品和医疗器械绿色审批通道。

2. 加强"一带一路"沿线发展中国家与发达国家在现代医学领域的合作

发达国家在医疗技术方面和医疗设施方面都走在全球前列，比如，瑞士和意大利在生物制药、抗生素方面占据着强大的全球市场地位，德国的医疗器械技术全球领先，临床经验方面法国较强。通过共建健康"丝绸之路"，发展中国家与发达国家应加强在现代医学领域的交流合作，提升关键核心技术攻关的能力，加快推进人口健康、生物安全等领域科研力量布局，整合全球生命科学、生物技术、医药卫生、医疗设备等领域的重点科研资源，布局一批临床医学研究中心，加大卫生健康领域科技投入，加强生命科学领域的基础研究和医疗健康关键核心技术研究，加快提高疫情防控和公共卫生领域战略科技力量和战略储备能力。要加快补齐"一带一路"国家高端医疗装备短板，突破技术装备瓶颈。加强传染病诊断、预测预警研究、诊断试剂研制、疫苗和药物研发的科研攻关工作。鼓励运用大数据、人工智能、云计算等新技术，深度融合公共卫生、医疗服务等信息，在疫情监测分析、病毒溯源、防控救治和资源调配等方面更好发挥助力和支撑作用。

（四）加强"一带一路"沿线国家健康养生产业可持续发展合作

建设产业园区、健康生态养生园区，把"一带一路"国家的健康养生资源转化成财富。

"一带一路"倡议促进了中国企业积极开拓海外市场的投资机会。在政治互信、经济融合、文化包容的背景下，将继续发挥沿线国家的相对优势，为优质企业深耕国外市场、实现战略布局创造崭新机遇。

提供高质量产品与服务，推动健康产业的国际合作。在抗击新冠疫情过程中，中国企业在海外不仅向当地提供多种援助，更坚守岗位，克服交通中断、材料短缺、卫生防护不足等重重困难，为保障当地生产和民生供应、稳定全球产业链做出积极贡献。当前，国际社会在卫生健康领域需求强烈，中国企业可发挥在远程医疗技术、电子商务等方面的优势，在健康"丝绸之路"建设中加以推广和应用。未来，中国企业还应与各国企业进一步加强传染病防控、妇幼保健、卫生援助、疫苗研制等领域的国际合作，提供更多教育培训、人才培养等健康领域的公共产品。同时，应注重发挥"一带一路"产能合作引领作用，加强医药产业园等特色园区建设，进一步加强在健康、医药卫生等领域的合作。

中国除向共建国家提供更多医疗物资、医疗技术和经验、医疗团队等支持外，应鼓励有实力的医疗企业、公共卫生治理团队等到"一带一路"沿线国家设立子公司、智库分支机构，着眼于公共卫生治理能力提升，与相关国家、重点城市探索合作，针对未来可能发生的公共卫生危机做好风险预判、危机应对、疫苗研发等工作，拓展"一带一路"公共卫生合作领域，共建健康丝绸之路，将"一带一路"真正打造成一条发展之路、合作之路、健康之路。

（五）建立健康"一带一路"合作的长效机制

1. 建立多边合作机制

建立长效性国际卫生合作机制、规范及相应规则制度。治理维度包括国家、区域和全球多个层面，议题则涵盖公共卫生安全、卫生发展援助、卫生人才培养、医疗知识和技术传播、卫生治理理念和原则塑造、医药研发和贸易等诸多领域。创新和倡导能被国际社会普遍接受的卫生治理理念、原则和规范，搭建卫生合作和信息共享平台，实现卫生公共产品合理配置，推动健康"一带一路"机制的形成和完善。通过多部门之间的统筹协调，在病毒检测、药物研制、疫苗开发和抗疫经验分享等方面向各国提供援助，帮助公共卫生体系薄弱的发展中国家提高应急响应速度和疫情防控能力。

建立"一带一路"公共卫生合作网络。启动一批新的医疗卫生合作项目，并争取在丝路基金及其他多边合作基金中设立卫生专项合作基金，支持有关项目的开展。卫生合作将实现以下功能：加强卫生安全防控，促进卫生事业发展；推动大国卫生外交，引领全球卫生治理；创造健康投资环境，拓展医药贸易市场；健康融入所有政策，构筑健康"一带一路"；以传统医药为载体，提升中国医术影响力。

2. 建立联防联控合作机制

生物安全是全球公共卫生安全的核心和基础，事实证明，如何确保碎片化和脆弱的生物安全防控链条的安全、严密防控生物安全的"潘多拉之盒"，是全球卫生治理面临的重大任务。为此，应从战略高度重视生物安全，并以之作为健康"一带一路"建设的指导原则和根本目标。实践中，应以健康"一带一路"为政策抓手之一，确保足够的资源投入用以构建生物安全的跨国防护网络，"携手帮助公共卫生体系薄弱的发展中国家提高应对能力，拉起最严密的联防联控网络"，最终形成国内和国外联动，涵盖法律、机制、规范、技术等多个层面的生物安全保障体系。通过搭建有效的沟通合作框架，汇聚更多跨域环境治理等方面的共识；通过定期召开高级别会议，推进可持续的治理过程；通过人文交流、环保合作等渠道，形成多元化的治理手段，为其他国家提供更多绿色、健康的公共产品。现阶段，可进一步以澜沧江—湄公河合作机制等既有多边治理架构为抓手，充分尊重各个国家的公共卫生政策独立性，以自愿参与和自主决策为机制，充分凝聚相关国家公共卫生治理共识，有效调动各国合作积极性，为共建国家共同商议、集体发声和协作行动提供平台，打造健康丝绸之路的区域典型治理体系。

3. 成立"一带一路"医院联盟

在现有的中国—东盟医院合作联盟、"一带一路"医院合作与发展联盟等多个联盟组织的基础上，成立"一带一路"医院联盟，联盟致力于推动成员间的务实合作，就共同感兴趣的领域达成共识，在前沿医学科技、重大疾病防治、疫苗研发、临床研究等领域开展联合研究和技术攻关，搭建传染病防治等跨境医联体和地中海贫血防治等专科发展平台。联盟成员加强各国卫生健康政策的交流合作，密切各方在重点领域中的政策协调和磋商；共同应对本地区和可能传入本地区的重大传染病的威胁，协同防范重大自然灾害带来的公共卫生风险；鼓励各国在慢性非传染病方面的预防和管理等领域开展经验交流和协同作战；支持各国医疗机构之间开展多层次、多形式、多角度的学术、技术和人才交流；积极在传统医学方面开展全方位的交流与合作。

4. 成立健康产业发展联盟

成立"一带一路"健康产业可持续发展联盟，围绕互利互惠、共同安全的目标，培育形成一批合作项目，支持发展健康服务贸易、健康医疗旅游和养生保健产业，探讨"一带一路"国家相关药品和医疗器械准入标准互认等合作；通过中医药国际教育与培训可以培养大批来自"一带一路"沿线国家的中医药临床、科研、教育从业者，充分发挥中医药在治疗与预防当地常见病、多发病以及慢性高发疾病等方面的积极作用，为沿线国家民众提供中医药健康养生服务。帮助沿线国家提高公共卫生管理和疾病防控能力，积极推动医疗行业相关标准的联合开发与制定，在医疗基础设施、药品研发试验、联合开展科学研究、医院先进管理方式等重点领域，力争取得显著成效，提升国内医疗机构的竞争力和影响力，惠及各国百姓。

5. 加强医疗卫生政策法规的衔接

与相关国家建立医疗卫生领域交流机制，推动高层互访，尽早在卫生领域构建国家级和部门间的合作框架，推动建立卫生政策交流与合作的长效机制。与沿线国家一起积极参与制定国际标准和规范，加强全球卫生治理议程的立场协调。在政府间的政策交流方面，应进一步推动制度化的交流机制的建立，尤其是推动在双边卫生合作和多边卫生治理中立场协调与政策衔接的磋商机制。重视与沿线国家签署的双边或多边卫生合作谅解备忘录和倡议等的实施和落实。将医疗卫生产品和服务合作作为贸易谈判的重点内容。

6. 创新跨国跨区域医疗卫生合作方式

创新医疗援外模式。中国将继续做好"一带一路"国家援外医疗队派遣工作，开展对口医院合作，通过"光明行""微笑行"等短期义诊及捐献药械等多种形式，向"一带一路"国家提供卫生援助。加强援外医疗队伍建设，按照长短结合原则，增派短期医疗队员。完善援外医疗工作激励机制，医院在福利待遇、职称评聘、职务晋升等方面应当向外派人员做适当倾斜。医院在派出医疗队提供医疗服务的同时，还应进一步加强与当地医疗机构合作，通过创新医疗合作模式，提高援助效果。注重将医疗服务和医学培训相结合，专家团赴受援国开展技术指导，进行病房查房、手术演示、读片指导、病例讨论、讲座培训、座谈交流等。

加大对外援助中对医疗健康培训的支持力度。在国家计划向参与"一带一路"建设的发展中国家和国际组织提供援助中，应拿出相当比例的资金用于医疗人员和国民的医疗健康培训工作，发挥培训的酵母和杠杆作用。整合商务部、教育部、国家留学基金委等部门的对外培训资金，将资金直接划拨给负责培训的牵头单位。在孔子学院开展中医药治未病的养生保健培训。制订详细的医疗人员培训计划，采取医疗基本理论技能培训和操作展示、观摩、参观相结合的培训方式，培训内容应涵盖中医科、急诊科、普外科、骨科、心内科、神经外科、神经内科、血液净化、放射科、检验科、药事管理等相关专业。通过短期培训和长期培训，帮助受援国医务人员提高专业诊疗水平和对疑难复杂疾病的处置能力。

鼓励企业和民间组织积极参与。积极鼓励各类政府和民间组织以及公司企业的有序参与，民间组织也日益参与到沿线区域卫生公共产品的供给中来。例如，2017 年中国红十字基金会发起成立"丝路博爱基金",重点资助"中巴急救走廊"、阿富汗儿童先心病救助等项目。中国医疗机构和慈善机构在缅甸开展"光明行"义诊活动,为当地患者实施白内障手术;在湄公河次区域国家开展青少年生殖健康和艾滋病预防教育培训。此外,海南成美慈善基金会启动尼泊尔妇女儿童健康项目,马云公益基金会、阿里巴巴公益基金会则在 2020 年捐赠防疫物资等方面表现突出。民间组织通常运作机制灵活,且具有一定的资金和专业优势,能够对政府角色发挥补位作用。最后,市场主体的支撑角色也是不可或缺的,除了在医药制造、卫生防疫物资生产等方面发挥主力军作用外,包括中国在内的相关企业也正在为沿线国家公共卫生事业承担更多社会责任。

（执笔人：张瑾）

参考文献

［1］习近平 . http://qh. people. com. cn/n2/2020/0519/c181467 － 34027070. html. 团结合作战胜疫情 共同构建人类卫生健康共同体［N］. 人民日报,2020 － 05 － 19 .

［2］习近平在北京考察新冠肺炎防控科研攻关工作［EB/OL］. http://www. xinhuanet. com /politics /leaders /2020 － 03 /02 /c _1125652961. htm,2020 － 04 － 11.

［3］习近平在二十国集团领导人特别峰会上的重要讲话［EB/OL］ht － tps：//www. fmprc. gov. cn /web /zyxw /t1761878. shtml, 2020 － 04 － 02.

［4］陈芳,王宾 . 与中国携手推动实现人人享有健康:专访世界卫生组织总干事谭德塞［EB/OL］. http：//www. gov. cn /xinwen /2018 － 07/ 22/content_5308407. htm,2020 － 04 － 20.

［5］"健康丝绸之路"生命护航［N］. 人民日报,2020 － 03 － 24 .

［6］信强,文少彪 . 健康"一带一路"视角下的中国与全球卫生治理 ［J］. 现代国际关系,2020(6):19 － 27.

［7］杨洪伟.构筑健康"一带一路"［J］.中国卫生,2016(7).

［8］金振娅."健康丝绸之路"惠及数十亿人民［N］.光明日报,2017－08－19.

［9］于宜民.构建人类健康共同体视域下社会资本对公众健康的影响机制［J］.社会科学辑刊,2020(5).

［10］张彩霞.全球卫生治理面临的挑战及其应对策略［J］.中国卫生政策研究,2012(7).

第九章

推动『一带一路』高质量发展的建议

当前，区域经济一体化已成为一个国家或地区参与全球竞争和国际分工的重要载体。从我国参与跨国区域经济合作实践看，RCEP 是 2012 年由东盟发起，包括东盟十国、中国、日本、韩国、澳大利亚和新西兰共 15 方成员制定的协定，我国是主动参与，但发起者和主导者是东盟。中欧全面投资协定上，我们与欧盟进行了对等谈判，作了一定让步，有利于消减美国对我国的战略挤压，有利于按高标准规则倒逼我国国内改革，但欧盟在涉港、涉疆等问题上追随美国对我国施压，在我国进行反制的情况下，欧盟某些政客对完成协定审批制造障碍。中国对加入 CPTPP 释放了积极信号，但这个多边机制以日本为主导。此外，我国与 26 个国家和地区签署了 19 个自贸协定，但这些协定更多为双边安排，难以成为我国参与全球区域布局与全球竞争的重要抓手。因此，我国在开展跨国区域布局和国际合作中，要坚持以"一带一路"作为主线、主框架的布局。为了使之走得更远、行进更为顺利，提出如下建议：

一、全面理解和准确把握"一带一路"高质量发展内涵，在进一步凝聚共识的基础上善用国际组织的力量替代中国政府单方面力量，把中国倡议、中国方案变成真正的全球公共产品

习近平主席有关推动"一带一路"高质量发展的一系列重要论述，深刻揭示了高质量共建"一带一路"的内涵，为"一带一路"发展指明了方向。应深入学习、全面理解和准确把握其内涵，把共商共建共享原则落到实处，把开放、绿色、廉洁理念落到实处，把实现高标准、惠

民生、可持续目标落到实处，让"一带一路"建设成果惠及合作各方。应清醒地认识到，高质量共建"一带一路"达成了广泛共识，但美国对"一带一路"倡议的干扰会长期存在，某些西方国家对"一带一路"的质疑和指责从未间断，一些发展中国家对"一带一路"仍存在错误认知。此外，"一带一路"涉及不同发展水平、不同文化背景的数十个国家，几十亿人口，种族、宗教、语言、法律、政治体制、生活习惯等方面千差万别，其推进过程中的风险不可避免。高质量共建"一带一路"是一项国家事业，也是一项人类发展事业，是一项长期的系统工程，需要在实践中动态及时有效应对面临的各种风险挑战，不断凝聚合作共识，才能实现健康、长远、可持续发展。

与 RCEP、CPTPP 等多边框架相比，中国真正掌握战略主动的正是具有远见的"一带一路"倡议，我们的主攻方向也应该是"一带一路"倡议。在"一带一路"这一跨国经济合作行动中，作为积极的倡议者、推动者、参与者，中国同时也应成为受益者。要更扎实、更有章法地开展相关工作，抓住疫情影响下全球公共产品提供方更加多元化的契机，积极推动"一带一路"的多边化、国际化和机制化，更加主动与联合国《2030 年可持续发展议程》的目标和工作进行对接，加强与联合国各类附属和专门机构工作目标与计划对接，加强同世界卫生组织等的合作，加强国际宏观经济政策协调，推动"一带一路"更多转化为国际组织的决议、标准、规则、议案，形成类似于联合国新千年计划这样的国际性倡议、计划与行动，使"一带一路"倡议真正成为全球公共产品，成为全球各国共同应对挑战的合作之路、维护人民健康安全的健康之路、促进经济社会恢复的复苏之路、释放发展潜力的增长之路。中国可与各类国际组织签署合作框架或者协议，如与国际运输组织签署合作协议，更好地推进在"一带一路"相关国家，按照国际运输组织的标准进行交通运输的互联互通，从而把"一带一路"建设转化为与重要国际组织的机制性合作工作来推进。

二、高度重视分类施策,化解"一带一路"建设中面临的外部风险,巩固扩大"一带一路"建设基本面

大国博弈是我们推进"一带一路"建设面临的长期课题,在当前中美大国博弈日益激烈的背景下,美国因素成为"一带一路"建设推进中最不稳定的外部因素。近年来,遏制中国已成为美国两党共识,但特朗普政府的具体遏制举措并未获得广泛认可。拜登政府延续了特朗普政府对华强硬政策,在一些具体做法上更加注重联合盟友体系,全方位布局亚太和全球以遏制中国,牵制"一带一路"建设。因此,应有理、有利、有节地开展中美缠斗和"扭抱",多维度做好对美相关工作,化解"一带一路"建设的风险与压力。一是应抓住拜登政府执政下中美"斗而不破"的可能常态,从危机中寻机遇,在竞争中求合作,加强中美在疫情防控和全球公共卫生领域,以及气候变化、互联网等领域的合作,为构建以"协调、合作、稳定"为基调的中美关系大局创造有利条件,营造对我有利的外部环境。二是引导美国工商界以第三方身份等多种方式参与"一带一路"建设。与美国政府及一些政客不同,美国工商界有务实、创新的传统,政治和意识形态禁忌少。因此,应注重加大与美国商会、相关美国企业等民间力量的沟通协调,为美国企业参与"一带一路"建设打造更便利的"接口",推动"以经促政"。三是继续加强国际友城合作,调动美国州地参与"一带一路"建设积极性。美国地方政府能实实在在看到"一带一路"框架下中美合作的巨大空间,应从地方政府和企业层面出发,缓解美国社会、民众对中美关系和"一带一路"的错误认知,推动"地方促联邦"。四是加强中美智库和媒体之间的交流和合作研究,消减舆论压力。当前美国对"一带一路"倡议的负面看法和错误解读部分来自智库和学界,应在加强中美"一带一路"合作特别是第三方合作基础上,加强智库和媒体交流,共同回答"一带一路"建设过程中的重大关切与疑虑,消减"一带一路"

倡议舆论压力。

为更好应对美对"一带一路"的战略挤压，应建立并巩固以中国周边为基础的"一带一路"框架合作网络。由于美日、美韩的军事同盟关系，日本在政治上保持着和美国的高度一致，韩国在政治上也向美国靠拢，但中日韩经济纽带关系难以割裂，应抓住中日经贸关系升温下，日本有在"一带一路"框架下开展中日第三方市场合作的积极性，可加强"一带一路"与日本主导的 CPTPP 对接合作。积极推进中、日、韩自贸区进程，形成利益驱动下日本、韩国自主积极参与"一带一路"建设的局面。处理好中印关系，经济上拉住印度，妥善处理中印边界领土争端；同时，处理好中印巴大三角关系，以调解者身份处理印巴关系，主张并强化三国在上合组织等多边框架下的合作与争端解决，为"一带一路"建设营造良好的周边外部环境。

加强与俄罗斯及西方发达国家的"一带一路"深度合作，避免以美国为首的西方国家对我形成全面合围之势。深化中俄全面战略合作伙伴关系。深挖中俄共建"一带一路"合作潜力，共同推动中国与亚欧联盟的战略、规划对接，将"一带一路"建设落到实处，推动中俄冰上"丝绸之路"建设，共同开发北极航线通道，使中俄在资源共享、技术共享、发展机遇与成果等方面有新突破，形成紧密相连的产业链合作网络。全面落实中欧全面投资协定，拉紧中欧利益纽带，推动科技创新、基础设施、金融、能源等重点领域合作，巩固第三方市场合作成果，形成利益共享、风险共担的共建格局。

参与共建"一带一路"的广大亚非拉发展中国家，很多与我国都有良好的合作根基，特别是拉美、非洲等国在"一带一路"框架下的合作，拓展了我国经济与"一带一路"发展新空间，有利于巩固扩大"一带一路"建设基本面。我们应继续积极主动，但也不能搞成中国"包办"，不能放任各种错误认知、误解和误读干扰"一带一路"建设，应加大共商共建共享原则和"一带一路"理论内涵和愿景目标的诠释和宣传，大力构建于我有利的话语体系。在发挥好政府引导作用的同时，调动国内外各方面积极性，广泛吸引企业、社会机构、民间团体和国际组织多维度参与"一带一路"建设。应坚持以企业为主体、以市场为导向，遵循国际惯例和债务可持续性原则，健全多元化投融资体系，有效缓解"一带一路"建设中的经济风险和舆论风险。

三、积极拓展第三方市场合作，形成更多发达国家共同参与的利益共享与风险共担机制平台，缓解"一带一路"面临的地缘政治压力和舆论压力

第三方市场合作是由中国首创的国际合作新模式，是共建"一带一路"新的重要平台，也是引导推动发达国家参与高质量共建"一带一路"的重要方式。积极推动第三方市场合作，尤其是与欧洲和亚洲发达国家在商业上建立紧密的合作伙伴关系乃至商业联合体，打造多方参与的利益共享与风险共担的利益攸关方和责任共同体，有利于使"一带一路"建设在高度不稳定的国际形势下得以顺利推进。

近年来，在"一带一路"合作框架下，中方已与法国、日本、意大利、英国等14个国家签署了16份第三方市场合作文件。在达成共识的基础上，中国与有关国家建立了第三方市场合作委员会或者合作工作组，逐步建立和完善了政府间的协调制度和合作机制，通过举办第三方市场合作论坛、开展战略经济对话、建立第三方合作基金等方式，确定了合作的主要区域、重点行业，形成了重点合作的项目清单，搭建起企业间交流信息、增进了解、探讨合作的平台。中法企业第三方市场合作已在油气、核电、机场、环保等多个领域开展并取得积极成效。在首届中日第三方市场合作论坛上，中日两国企业和金融机构签署了50余项合作协议，协议总金额超过180亿美元。新冠疫情期间，中意举办了第三方市场合作视频连线会议，共同商讨第三方市场合作取得的进展和下一步合作的重点。基础设施成为第三方市场合作的重点领域。发达国家

在工程设计、法律、咨询、管理等方面具有独特优势，中国在施工效率、工程技术创新、成本管控、供应链管理、性价比等方面经验丰富，共同合作可以取得双赢的局面，同时满足第三方市场国家的发展需求。非洲、东南亚和拉美地区是中国企业与发达国家企业开展第三方市场合作的重点区域。莫桑比克马普托大桥、埃塞俄比亚吉布3水电站、黎巴嫩贝鲁特供水隧道项目、巴基斯坦卡西姆燃煤电站项目、秘鲁首都利马地铁2号线等一批重大项目均是第三方市场合作范例，2019年初启动的刚果（布）1号公路特许经营项目是中国、刚果和法国三方合作的标志性成果。总体看，第三方市场合作契合了项目所在国的发展需求，拓展了发达国家跨国公司的业务空间，提高了中国企业的国际化运营水平，促进了"一带一路"的高质量建设。

要充分利用中欧全面投资协定巩固已有的中欧第三方市场合作成果，继续拓展与其他国家建立第三方市场合作机制，通过搭建第三方市场合作工作机制平台、举办第三方市场合作论坛、设立第三方市场合作基金等多样化方式，发挥各方技术、资金、产能、市场等互补优势，充实和加强"一带一路"国际合作的内涵，促进互利共赢，深化利益捆绑与风险共担，消减美国对共建"一带一路"的战略挤压。面对一些国家对我国"债务陷阱"的不实指责，可考虑加大引入发达国家作为第三方参与重大投资项目的风险评估，建立对项目评估、跟踪、启动前的可行性研究等一系列风险管理流程，建立投资风险屏障，减少或避免国际社会对"一带一路"项目透明性、公开性的质疑，为"一带一路"高质量发展营造良好的国际环境。

四、在聚焦重点的基础上，适当调整和丰富"一带一路"相关布局与表述，推动"一带一路"建设行稳致远

在下一步推进重点中应突出"人类命运共同体"核心价值观，突出共商、共建、共享、共赢的处理国家合作关系的重大原则，突出

"五通"的核心内容,突出"陆海空网"立体化空间布局以及多维度推进"一带一路"的路径,如健康"丝绸之路"、绿色"丝绸之路"、能源"丝绸之路"、数字"丝绸之路"等。

(1)要推动"一带一路"贸易投资高质量发展。"一带一路"贸易投资基础好,见效快,各参与方容易达成共识,有利于化解各种质疑,成为"一带一路"高质量发展的先行示范。因此,应以东盟、中日韩、中东欧、非洲等为重点经贸合作区域,以境外经贸合作园区建设、跨境电子商务合作等数字贸易、第三方市场合作为重点,推动进口与出口、货物贸易与服务贸易、贸易与双向投资、"引进来"与"走出去"、贸易投资与产业协调发展,促进国际国内要素有序自由流动、资源高效配置、市场深度融合,实现贸易投资高质量发展,开创开放合作、包容普惠、共享共赢的贸易投资新布局。积极推动共建"一带一路"相关国家加强贸易投资规则衔接,推动削减非关税壁垒,提高技术性贸易措施透明度,提升贸易投资便利化水平,共同扩大对外开放,推动经济全球化朝着更加开放、包容、普惠、平衡、共赢的方向发展。同时,优化创新,探索"一带一路"贸易投资新方式,深化产业合作,探索构建基于各自比较优势的新型产业分工体系,重构"一带一路"产业链、价值链、供应链、服务链,形成共建、共赢、共享的包容性经济发展模式,为推动"一带一路"相关国家经济社会发展和构建人类命运共同体作出更大贡献。

(2)推动高水平建设数字"一带一路"。这是推进"一带一路"高质量发展的应有之义,也是加快构建中国开放型经济新体制以及加速新一轮经济全球化的重要驱动力。应深刻把握数字经济发展的崭新机遇,充分发挥数字化在国家经济社会发展中的基础性、先导性和战略性作用,以数字"一带一路"建设为契机,加大信息基础设施投资,促进数字软硬"互联互通",破除数字经济和数字贸易发展的壁垒,全力构建以我国为主的数字"一带一路"区域价值链,打造数字贸易规则

"朋友圈"，构筑"数字命运共同体"。积极推动"一带一路"数字技术创新合作，积极利用我国在数字经济方面的市场优势、技术优势，深入地对接不同区域、不同国家、不同合作对象的需求，妥善应对"数字地缘政治"等新的难题，注重与东盟、欧盟等各方在数字贸易、数据治理规则制定方面加大协调力度，积极参与构筑数字经济发展的区域平台和数字规则治理的新框架，推动数字"一带一路"建设朝着相互尊重、公平正义、合作共赢的方向发展。

（2）坚持绿色发展。绿色之路是"一带一路"倡议走向高质量发展阶段的必然选择，是中国自身发展理念成功实践的总结，也是奉献给世界的中国方案。因此，应鼓励和引导企业参与"一带一路"建设、参与沿线相关国家经济建设时贯彻绿色发展理念，逐步完善生态环境管理制度、生态环境损害赔偿制度及生态补偿机制，探索建立环境评估体系。立足沿线国家多样化、差异化的绿色发展需求与能力，与沿线国家共建绿色低碳领域重点任务和需求清单，建立专门的绿色技术协调管理机构，设计共建合作机制与平台，促进多层次绿色项目合作，推动形成"一带一路"绿色合作制度框架，逐步建立以市场为导向的"一带一路"绿色合作模式，提升中小企业参与绿色"一带一路"建设能力。同时，与"一带一路"沿线国家共同协商绿色贸易发展战略，大力发展绿色贸易，创新绿色金融模式，丰富绿色金融产品，建立绿色金融资产和绿色金融产品交易平台，建设绿色金融体系，推动沿线国家和地区积极构建绿色供应链协作平台，逐步构建创新驱动的绿色产业链，形成"一带一路"绿色供应链共同体和低碳发展命运共同体。

（4）携手共建健康"丝绸之路"。应抓住疫情之下形成的深化卫生健康国际合作重要性的共识，把"健康丝绸之路"作为今后一个时期民心相通和"一带一路"建设的重要着力点，发挥其基础性和先导性作用，使之成为共建"一带一路"高质量发展的新动能和亮点。继续加强深化与沿线国家在疫情救治、应急物资保障、妇幼保健、公共卫生基础设施、卫生人才互动和培养、传统医学和医疗科学研发、卫生政策以及健康产业可持续发展等的合作，构建公共卫生安全体系；建议成立"一带一路"公共卫生合作网络，建立长效性、多双边国际卫生合作机制、规范及相应规则制度，建立联防联控合作机制。探索在现有的中国—东盟医院合作联盟、"一带一路"医院合作与发展联盟等多个联盟组织的基础上，成立"一带一路"医院联盟，搭建"一带一路"健康产业可持续发展联盟，通过深入合作，强化医疗卫生政策法规的衔接，将医疗卫生产品和服务合作作为多双边合作的重点内容，推动建立卫生政策交流与合作的长效机制。同时，创新医疗援外等跨国跨区域医疗卫生合作方式，深化与"一带一路"相关国家在世界卫生组织、联合国艾滋病规划署等国际组织中的沟通与协调，与国际机构携手参与全球公共卫生治理。

此外，对一些表述进行调整、更新，改善一些原来提法的局限性。根据实践取得的进展对"一带一路"相关表述作一些重要调整。如对实践中已经形成或者正在形成而尚未体现的新通道、新空间布局等进行一些调整，增加中老经济走廊、中缅经济走廊的提法；非洲相关参与国，应作为21世纪海上丝绸之路的重要方向；全面落实中欧全面投资协定，加强与欧盟国家合作和战略配合；做好中国—中东欧合作与中国欧盟合作是互补多赢的宣传介绍，突出亚欧互联互通；淡化孟中印缅经济走廊提法，将其直接表述为中老、中缅经济走廊，积极推动中老泰铁路全面建成，同时深入谋划中老泰经济走廊方案，在中缅重要交通通道建设取得重大进展的基础上，加大中缅经济走廊共建力度，并进一步推动形成中缅孟经济走廊；注重巴基斯坦与印度两个国家之间的战略平衡，一方面巩固中巴经济走廊，另一方面，重视中印关系，对涉及领土主权、国家安全等核心利益方面的问题与印度进行有理、有利、有节的斗争，也要努力稳定并开拓两国可以合作、彼此受益的重要领域；包括农业、能源、生态环保、医药卫生及文化交流等。同时，保持对印度政策和对印度周边邻国政策的双平衡，要从中巴经济走廊建设、中缅经济走廊建设、中尼跨喜马拉雅互联互通建设着手，深化中国与整个南亚的一体化进程，推动中国与南亚地区共建"发展共同体""命运共同体"。

五、优化完善以高峰论坛为引领、各领域多双边合作为支撑的国际合作组织架构与机制平台，为"一带一路"高质量发展提供有力支撑

共商、共建、共享是实现"一带一路"高质量发展的必由之路。"三共"的实质是践行多边主义，让合作契合各方共同利益，满足各方共同需要，让合作"成色"更足、吸引力更大、持续性更强，这是高质量发展的应有之义。经过多年的共同努力，共建"一带一路"国际合作已形成以高峰论坛为引领，各领域多双边合作为支撑的基本架构，为"一带一路"建设长远发展提供了有效机制保障。下一步应从以下几方面发力：

（1）继续以"一带一路"国际合作高峰论坛为引领，逐步推动"一带一路"国际合作高峰论坛机制化、实体化发展。高峰论坛是"一带一路"框架下最高规格的合作平台。在当前国际国内形势发生深刻复杂变化和疫情常态化背景下，应以关键通道、关键城市、关键园区、关键项目取得的重大成效树立"一带一路"样板工程和最佳实践范例，在国际高峰论坛框架下开展多边研讨、交流与合作，为第三届国际高峰论坛做好储备，表明推动"一带一路"建设的决心和行动不变，给国际经济与全球社会注入稳定强心剂。同时充分借鉴相关国际论坛的成熟经验与做法，探索设立秘书处常态化组织机构，逐步完善相关决策机制、协调机制、执行机制、外围机制等关键职能，有序推动向机构实体化、人员专职化和部门专业化发展，更好发挥其在"一带一路"建设中的重要支撑和引领作用。近期，可考虑成立由沿线各国政府派出代表组成的推进"一带一路"建设的组织协调机构，通过线上交流形成联

合工作机制,负责"一带一路"规划和实施方案制定、建设进展评估、重大项目选择、相关信息统计发布及相关重大问题协商等,并制定"一带一路"年度建设工作安排。

(2)健全和完善多边合作平台,加快"一带一路"规则标准融合衔接。积极推动"一带一路"与联合国及其附属的基金会、环境署、粮食署、海事组织、国际电联、贸易与发展会议等附属机构在改善民生方面的合作,积极拓展与上海合作组织、欧洲联盟、东南亚国家联盟、亚太经合组织、金砖国家组织等沿线地区和跨地区国际组织在贸易、投资、产业及全球价值链方面的合作,有序推进交通、农业、法治、知识产权等方面的标准对接,不断健全完善现有覆盖交通运输、开发融资、税收征管、绿色环保、知识产权、廉洁建设等诸多领域的多边对话合作平台,为拓展深化相关"一带一路"合作提供有力支持。

(3)探索建立多样化的机制化平台。探索建立域外国家参与"一带一路"建设的开放机制平台,世界各国、国际和地区组织只要有意愿都可参与进来,成为"一带一路"的支持者、建设者和受益者,携手推动更大范围、更高水平、更深层次的大开放、大交流、大融合。安全稳定是"一带一路"建设的重大风险因素,应建立"一带一路"沿线国家的安全对话与合作机制,形成制度化的共同对话框架和常态化的安全合作机制,保障"一带一路"建设安全。积极推动参与国的宏观经济政策协调与沟通,统筹兼顾财政、货币、就业、产业和结构性改革政策,减少相关国家政策的不确定性、不连续性和不均衡性,为加强形成趋同化、协同化和有利于世界经济发展的政策取向提供新平台和渠道。

六、全面加强机制化建设,推动"一带一路"高质量发展

机制化建设有助于明确各方的权利和义务,是重大合作倡议行稳致远的强大保障,也是"一带一路"高质量发展的必然要求。应坚持问

题导向、实践导向，即通过解决实践中出现的问题来促进机制建设，推动"一带一路"建设由项目导向逐步向规则导向转变，为高质量共建"一带一路"提供坚实支撑。

（1）加强基础设施和产能合作项目发展机制建设。基础设施和产能合作等重大项目建设是"一带一路"高质量发展的重点所在。应强化项目遴选调查与风险评估机制，完善"一带一路"建设重点项目信息储备库，对项目进行全方位、全过程的动态跟踪、监测与预警；健全完善项目合法合规经营制度，规范企业投资行为，鼓励企业在进行项目建设时环注重保护环境、履行减贫等社会责任，积极回应当地社会诉求，实现项目建设中的各方共赢。

（2）完善贸易畅通机制。贸易畅通是"一带一路"高质量发展的重要内容，也是我国参与和促进经济全球化健康发展的具体行动。应积极对接 RCEP，最大限度地消除贸易壁垒、加强贸易便利化；按照构建高标准自由贸易区网络的要求，对标 WTO 和 RTA 规则，以及 CPTPP、美墨加等 RTAs 的合理部分，推动以周边为基础，面向欧亚非和拉美大市场的高标准自由贸易网络建设，扩大"一带一路"沿线的自贸协定"朋友圈"；加强海关、检验检疫、标准、投资保护、出入境管理等方面的合作，进一步推动贸易自由化便利化进程；坚定维护 WTO 多边贸易体制，同时，推动互联网、物联网、人工智能、区块链与贸易的有机融合，加快发展跨境电商等外贸新业态、新模式，促使"一带一路"更多的国家融入全球产业链、供应链、价值链网络体系中，培育我国外贸竞争新优势，构建以我国为主的适应新模式新业态的互联、开放、普惠、共享的全球普惠贸易规则体系。

（3）健全风险共担、收益共享的投融资机制。投融资机制建设是"一带一路"高质量发展的重要支撑和保障，也是建设高质量、可持续、抗风险、价格合理、包容可及的基础设施的必然要求。应统筹国际和国内资源、政府和社会资本、直接和间接融资，打造互利共赢、多元平衡、风险共担、收益共享的融资机制。全面落实《中欧双边投资协定》,进一步落实好《"一带一路"融资指导原则》,继续发挥共建"一带一路"专项贷款、丝路基金、各类专项投资基金等的作用,支持多边开发融资合作中心有效运作,引导鼓励多边和各国金融机构参与共建"一带一路"投融资。创新投融资模式,推广股权投资、PPP 项目融资等方式,充分发挥公共资金的带动作用,动员长期资本及企业部门资本参与,针对不同性质项目分类施策,建立健全各有侧重的融资保障体系。

(4)健全完善债务可持续性保障机制。通过机制化建设保障债务尤其是低收入国家的债务可持续性是"一带一路"高质量发展的重要内容。面对以美国为首的西方国家所谓的"中国债务陷阱论""债权外交论"等质疑,债务可持续性保障机制建设显得尤为重要和紧迫。应进一步落实好《"一带一路"债务可持续性分析框架》,提高投融资决策科学性,加强债务管理能力。鼓励多边开发机构与沿线国家开展联合融资,将人民币海外投资与推动"一带一路"沿线国家主权债务安全有机结合,发挥中国境内银行和所在国银行的贷款尤其是银团贷款功能,实现资源联合投入、风险共担。发挥债券、股票市场直接融资作用,支持沿线国家政府和信用等级较高的企业以及金融机构在中国境内发行人民币债券。鼓励符合条件的中国境内金融机构和企业在境外发行人民币债券和外币债券,在沿线国家使用所筹资金。

(5)积极构建争端解决机制。伴随"一带一路"建设进入高质量发展新阶段,争端解决机制成为一项不可或缺的机制化安排。在当前 WTO 争端解决机制遭遇危机背景下,推动"一带一路"框架下争端解决机制发展尤为重要。应进一步落实推动《关于建立"一带一路"国际商事争端解决机制和机构的意见》,在现有 WTO 争端解决机制和《华盛顿条约》建立的投资争端解决机制(ICSID)基础上,灵活运用多种手段积极构建符合"一带一路"建设沿线国家国情特点并被广泛接受的国际商事争端解决机制和机构。深化国际司法交流合作，尽快建立"一带一路"建设参与国法律数据库及外国法查明中心，推行"以发展促规则"或"边发展边规则"的争端解决模式，逐步形成完善的争端机制解决体系，营造稳定、公平、透明、可预期的法治化营商环境。

（6）强化海外利益与安全保障机制。面对错综复杂的国际形势，未来一段时期共建"一带一路"的不确定性和风险挑战明显加大，需要统筹发展与安全，构建海外利益保护体系和风险防控机制。应进一步完善风险评估、监测预警和应急处置"三位一体"安保机制，建立高效统一、协调联动的"一带一路"建设总体风险、国别风险和项目风险监测预警体系；针对沿线国家不同情况，建立科学的项目风险评价体系和方法。同时，加强顶层设计，健全完善国家海外利益安全制度体系、政策体系和法律体系，加快与"一带一路"沿线国家商签投资协定，完善海外投资保险制度，鼓励开展相关培训，增强企业境外经营的合法合规性。通过强化海外利益与安全保障机制，推动"一带一路"项目在当地落地生根、持久发展，推动企业和人员更加安全放心地走出去。

（7）建构"一带一路"高质量持续发展评价体系。"一带一路"高质量可持续发展是涉及多国别、多主体、多领域、多层面、多环节的非常复杂和长时段的系统工程，应从以高质量发展所内含的绿色发展、协调发展效率、包容、可持续性等维度设计可定量描述的"一带一路"高质量发展指标体系，定期评价，及时、准确地监测分析"一带一路"高质量建设状况，以及各因素对高质量建设进程的影响，以便及时给有关部门提供有效调整应对之策。

七、加强统筹协调，发挥"一带一路"在加快构建新发展格局中的引领作用

"一带一路"是双循环的重要载体和平台，应统筹协调国内国外两个大局，发挥其在构建以国内大循环为主体、国内国际双循环相互促进的新发展格局中的引领作用，推动"一带一路"高质量发展。

（1）坚持内外联动，加强"一带一路"建设与国家重大区域战略对接。应加强驻外使馆力量配置。与美相比，我驻外人员配置明显不足，也没有配置推进"一带一路"建设的驻外力量。建议强化驻外使馆力量配置，将驻外经济参赞覆盖到重点"一带一路"沿线国家，统筹负责配合国家战略，与所在国深入开展"一带一路"框架下合作。应坚持以服务国内发展为基本立足点。加强"一带一路"建设与京津冀协同发展、长江经济带发展、粤港澳大湾区建设、长三角一体化发展、黄河流域生态保护和高质量发展等国家重大区域发展战略的对接，发挥国内经济的支撑辐射和引领带动作用，促进中西部地区、东北地区在更大范围、更广领域、更深层次上开放，助推内陆沿边地区成为开放前沿，带动陆海内外联动、东西向互济的开放格局。重构全新的产业链、供应链和价值链，以5G等新型基础设施互联互通建设为抓手，逐步形成新的以周边为基础，逐渐覆盖"一带一路"国家的互联互通网络，实现参与各国的协同发展，加快发展，面向发展，形成引领经济全球化发展大势和世界经济增长的新引擎。

（2）支持地方发挥优势、找准定位，高质量融入"一带一路"建设。应率先从"一带一路"国内重点省份做起，优先把功夫下在国内。支持重点省份立足本地实际，提高自身经济水平、基础设施水平和经济带动能力，以内外联动的大视野创造性地推动"一带一路"建设。比如中巴经济走廊，起点在新疆南部的城市喀什，中老、中缅经济走廊的国内重点省份是云南，中国—中南半岛经济走廊的国内重点省份是广

西，中国—中亚—西亚经济走廊的重点省份是新疆，中蒙俄经济走廊的重点省份是内蒙古和东北三省，内蒙古、黑龙江省要抓住机遇，加大工作力度。要把重点省份基础设施建设做好，促进这些省份的经济社会稳定发展，以增强重点省份对"一带一路"的持续带动能力。同时，加快自贸试验区、海南自由贸易港建设，推进开放区特别是综合保税区、边境合作区转型升级，加强各类开放合作平台与"一带一路"建设的联动，发挥战略支撑作用。推动中欧班列高质量发展，推进西部陆海新通道建设，形成发展和对外合作的集群优势，促进国内区域发展与"一带一路"建设融合发展。

（3）加强政企统筹，进一步厘清政府和市场、政府和企业的关系。随着"一带一路"建设推进并进入高质量发展新阶段，应充分发挥市场在资源配置中的决定性作用和企业的主体作用，中国企业能否按照国际通行规则运作经营，积极履行企业社会责任，不仅直接影响着其在沿线国家中的形象，还影响着国外民众对华认知。应引导企业主体根据当地民众需求和自身实际，遵循市场经济规律、国际通行规则和商业原则开展经贸合作，积极履行社会责任，在推动项目建设"硬联通"的同时，实现中外民心的"软联通"。同时，突出加强政府在宏观谋划、金融支撑、投资环境、安全保障和政策支持等方面的服务保障作用，通过"一带一路"建设倒逼国内改革开放，从而在更高水平、更大范围、更深层次推进"一带一路"建设。

（4）统筹"走出去"和"引进来"，畅通国内国际双循环。双向开放才能实现更好的利益融合与高质量发展。应促进和规范境外投资有序发展，明确提出以企业为主体，以市场为导向，按照商业原则"走出去"，通过多种方式优化资源配置、开拓国际市场。在全面梳理现有相关政策和管理规定基础上，健全完善对外投资政策与服务体系。同时，全面实施外商投资准入负面清单制度，进一步落实《中华人民共和国外商投资法》《外商投资法实施条例》，加强实施情况督查，不断健全配套措施,为"一带一路"沿线国家企业在华投资营造更好的营商环境。

八、增强智库、媒体对"一带一路"发展的积极作用,为"一带一路"行稳致远提供强大支撑

"一带一路"是一项理论与实践紧密结合的世纪工程,实现高质量发展,需要在组织架构、项目建设、体制机制、可持续发展等环节上下功夫,形成更多可视性样板工程、范例、实践和成果;也需要加强学术研究、理论支撑和话语体系建设,为"一带一路"行稳致远提供支撑,把握前进航向。

(1)加快构建"一带一路"理论与话语体系。发挥智库、媒体外宣对"一带一路"理论与话语体系构建的支撑作用,进一步厘清和深化"一带一路"建设的理论内涵,从人类命运共同体、区域合作等角度阐释"一带一路"建设,聚焦重点国家、重点项目、重点园区取得的最佳实践,突出正面宣传"一带一路"建设对世界经济复苏、发展潜力、携手应对公共卫生安全挑战、减贫扶贫、改善当地民生等方面的积极作用。结合构建人类命运共同体和以合作共赢为核心的新型国际关系,从全球治理等层面深挖"一带一路"建设理论内涵,逐渐形成基于实践的"一带一路"高质量发展理论与话语体系。

(2)强化"产学研"合作,深入开展调研。在"一带一路"建设推进中,不同区域、不同国家的发展水平、资源条件、制度文化、发展诉求及合作需求差异较大,即使在同一个行业,比如制造业,差异也很大。可以考虑针对重点通道、重点国家和重点项目,形成政府、行业协会、智库、企业协同下的可行性研究、项目推进实施、跟踪、成本回收、项目收益评估等新型运作模式。长期、深入、动态开展国别研究和实地调查研究,对参与国的法律制度、政策、民族、宗教、文化特点以及地缘政治等方面的潜在风险进行深入研究,深入分析"一带一路"对

参与国经济社会发展的长期影响，以及重大项目的区域、国别及产业领域规划，重大项目规划落实对资源环境、市场供需及对外经贸关系平衡影响，聚焦重点国家、重点领域、重点园区、重点项目建设，适时形成具有战略前瞻性和引领性的研究及咨政建议，助推"一带一路"高质量发展。

（3）支持国内智库开展"一带一路"合作与交流。通过与相关国家智库的研讨交流等多种方式，向全球阐释"一带一路"建设取得的进展与成效。进一步做实"一带一路"智库合作联盟，广泛联合"一带一路"参与国智库及其他国际智库，联合开展重大问题研究、建立智库索引、共享研究资源（资金、人力、设施和成果发布渠道）等，提升"一带一路"智库合作平台机制水平，共同探讨和提出"一带一路"高质量、持续发展合理化建议。

（4）积极回应国际舆情，有针对性做好工作。面对国外舆论出现的对"一带一路"的误解和误读，我们可以更加主动作为，总结成功经验和案例，召开境外"一带一路"宣讲会和研讨会，或通过与国外智库合作研讨交流的形式，正面宣传"一带一路"建设成果，有理有效积极回应国际舆情；面对国际社会提出的有关债务可持续发展的质疑，充分利用《"一带一路"债务可持续性分析框架》开展相关评估，及时公布结果以矫正视听，同时，系统梳理"一带一路"建设项目中的有关债务问题，及时总结经验教训。面对参与共建"一带一路"发展中国家的误解、误读和错误认知，应鼓励我国内主流媒体通过设立分支机构或收购所在国有影响力媒体等方式，在共同创办的网站、报刊、自媒体、电视节目上，正面宣传"一带一路"建设取得的成就，尤其是当地合作取得的重大进展，及时将中国声音、中国理念、中国文化等传递给所在国，为"一带一路"建设营造良好的舆论氛围。

（执笔人：颜少君）